사용자를 생각하는 UI/UX 디자인
UX 디자인하기

AI 시대, 실무자가 알아야 할 UX 디자인의 전 과정

가쓰라 마코토(桂信)/주식회사 엑스톤 지음
김정환 옮김

[일러두기]

1. 이 책의 일부 절(節)은 일본의 뉴스 애플리케이션인 '야후! 뉴스'를 분석하는 내용으로, 실제 앱 화면을 그대로 싣고, 내용 이해에 필요한 부분만을 우리말로 번역하였다.
2. 옮긴이 주는 본문에 [ ]로 표시하였다.
3. 인명, 도서명, 회사명, 애플리케이션이나 프로그램명 등의 원어 병기는 우리말(원어) 형태로 적었다.
4. 용어의 원어 병기는 우리말(원어) 형태로 적었다.

시작하며

나는 다양한 서비스의 UI/UX를 검토, 개발·운용하는 일본 기업, 주식회사 엑스톤Xtone의 대표를 맡고 있다. 지금까지 뉴스, 포인트 서비스, 만화, 라디오, MaaS, IoT, 헬스케어, C to C, 출산, 육아 등 매우 광범위한 분야의 프로젝트를 진행했는데, 우리에게 상담하러 온 기업의 이야기를 들어보면 서비스의 성질이나 목표, 과제 등이 제각각 다르다. 따라서 매번 같은 프로세스로 프로젝트를 진행해서는 좋은 결과를 얻지 못한다. 개별 프로젝트에서 가장 좋은 결과를 낼 맞춤형 프로세스를 선택해야 한다.

오늘날 UI/UX 디자인은 제품 또는 서비스의 성공에 필수 요소이다. 그렇다 보니 책이나 인터넷 등 UI/UX 디자인 자체를 공부할 수 있는 수단이 다양해졌는데, 공부한 내용을 막상 프로젝트에 적용하면 생각처럼 되지 않아서 고민하는 사람이 많다. 결정적인 무엇인가가 부족해 프로젝트가 정체되는 광경도 종종 본다. 그 원인은 지식으로 아는 UI/UX와 실행으로 쓰는 UI/UX가 그게 다르다는 데 있다.

그래서 이 책은 독자 여러분을 프로젝트 멤버로 맞이해 가상 프로젝트를 진행하는 형식으로 썼다. 실제로 우리가 현장에서 실천하는 프로세스에 따라 프로젝트를 진행하는 가운데 UI/UX의 기초 지식뿐만 아니라 UI/UX의 질을 더욱 높이는 노하우도 전달하려고 한다.

『UX 디자인하기』와 『UI 디자인하기』 두 권으로 구성한 세트 중에 'UX 디자인'을 다루는 이 책의 최종 목표는 가상 프로젝트에서 리서치와 사용자 조사 등을 실시한 뒤, 여기에서 얻은 과제와 통찰을 바탕으로 기획 또는 콘셉트를 검토하고 이를 실현하는 데 필요한 기능의 요건을 정의하는 것이다. 한편 『UI 디자인하기』에서는 UX 디자인 단계에서 정의한 요건을 바탕으로 UI를 설계, 디자인한다. 이 책을 읽고 흥미를 느꼈다면 다음 책도 꼭 읽어보길 바란다.

주식회사 엑스톤 가쓰라 마코토

CONTENTS

시작하며 ··· 003

서장

UI/UX란? ··· 010
UX(User Experience) ··· 010
UI(User Interface) ·· 011
UI/UX를 생각한다 ·· 011
다양한 접근법과 UI/UX의 보급 ··· 012

뉴스 앱을 만들자 ·· 014
오리엔테이션 ·· 014

큰 검토 주제를 정리하자 ··· 016
최종 목표와 스토리의 연관성 ··· 016

각 과제의 우선도와 접근법을 정리하자 ································ 018
과제❶ : 어떻게 해야 사용자가 우리 뉴스 앱을 설치하고
        구동하도록 만들 수 있을까? ································· 018
과제❷ : 어떻게 해야 사용자가 많은 뉴스를 보게 할 수 있을까? ······· 018
과제❸ : 어떻게 해야 사용자를 My Channel의 다른 서비스로 유도할 수 있을까? ········· 018
과제❹ : 어떻게 해야 사용자가 My Channel의 다른 서비스를
        이용하게 할 수 있을까? ······································ 019
과제의 우선순위 정하기 ··· 019

프로젝트를 계획하자 ·· 020
프로젝트의 검토 프로세스 ·· 020
인풋과 아웃풋을 반복하면서 최종 목표를 향해 ··················· 022
일정 ·· 022

1장 리서치   024

① 시작은 인풋부터 ·· 026
지식의 양과 질은 프로젝트에 그대로 영향을 끼친다 ·········· 026

사람 주변의 정보에도 주목한다 ·· 028

2 기업 리서치 ··· 029
프로젝트 팀 내에서 '가치관 공유'의 중요성 ·························· 029
오리엔테이션 내용의 확인 ·· 030
① 기업의 웹사이트를 본다 ··· 030
② 담당자에게 묻는다 ··· 031

3 사전 지식의 강화 ·· 034
이번에 필요한 사전 지식 ··· 034
비즈니스 모델 ··· 034
사용자의 방문을 유도하고자 하는 서비스 ···························· 036

4 마켓 리서치 ··· 038
프로젝트의 시장 상황 ··· 038
데스크 리서치 ··· 038
뉴스 앱에 관한 조사 결과 ··· 039
조사 결과에서 힌트를 찾는다 ··· 045

5 경쟁자 리서치 ·· 047
선구자를 분석한다 ·· 047
앱 분석의 단계 ·· 047
'야후! 뉴스'의 분석 ·· 048
분석 결과 ·· 064
경쟁자를 분석해 출발선을 상향 조정한다 ··························· 066
일선에서 활약하는 UI/UX 디자이너에게 배운다 ··················· 066

2장 사용자 조사   068

1 사용자 조사란 무엇인가 ··· 070
사용자 조사의 종류와 목적 ·· 070
정성 조사와 정량 조사 ·· 070
탐색형 정성 조사 ··· 071
가설을 검증하기 위한 정성 조사 ······································· 072
객관적인 시점을 얻기 위한 정량 조사 ································ 072
사용성 검증을 위한 정성 조사 ·· 073
정성 조사와 정량 조사의 사용 ·· 073

② 아이디어를 얻기 위한 정성 조사 ······ 075
기본적인 흐름 ······ 075
❶ 조사의 목적과 밝혀내고 싶은 내용 정리 ······ 076
❷ 피험자 요건 정의 ······ 078
❸ 사전 설문 조사 작성 ······ 080
❹ 인터뷰 내용 확정 ······ 084
❺ 피험자의 선정과 소집 ······ 090
❻ 사전 확인 ······ 092
❼ 리허설 ······ 092
❽ 인터뷰의 실시와 복기 ······ 094
❾ 인터뷰 결과의 분석 ······ 107

3장 기획 112

① 페르소나의 정의 ······ 114
페르소나란? ······ 114
페르소나를 만드는 목적과 효과 ······ 115
페르소나를 만드는 방법 ······ 116
페르소나를 만든다 ······ 117

② 기획을 검토하는 방법 ······ 121
'기획'이란? ······ 121
아이디어를 내기 위한 접근법 ······ 121
이번에는 '① 사용자 조사 결과를 바탕으로 한 검토'를 실시한다 ······ 123

③ 뉴스 앱에 대한 불만을 해결할 아이디어의 검토 ······ 124
인터뷰에서 얻은 통찰 ······ 124
통찰을 분석한다 ······ 124
기사를 나중에 다시 읽을 수 있는 보존 기능 혹은
읽은 기사 검색 기능을 검토한다 ······ 125
사용자의 명시적인 행동이 필요한 방법에 관해서 검토한다 ······ 128
사용자의 명시적인 행동이 불필요한 방법에 관해서 검토한다 ······ 130
뉴스 앱에 대한 불만을 해결할 아이디어의 검토 결과 ······ 135

④ 사용자 행동의 편의성을 향상시킬 아이디어의 검토 ······ 137

인터뷰에서 얻은 통찰 ·· 137
사용자의 행동을 정리한다 ··· 137
고객 여정이란? ··· 137
고객 여정을 만드는 목적과 효과 ·· 138
고객 여정을 만드는 방법 ·· 138
고객 여정을 만든다 ·· 141
개선해야 할 포인트를 정리한다 ·· 148
해결책의 아이디어를 궁리한다 ··· 148

5 뉴스 동영상을 활용한 아이디어의 검토 ··················· 157
인터뷰에서 얻은 통찰 ·· 157
공통항을 찾아내서 가설을 세운다 ······································ 157
관련된 조사 결과를 되돌아본다 ··· 158
추상도를 높여서 공통항을 찾아낸다 ·································· 158
UI/UX의 심리학을 활용한 UI 제작 ··· 160

6 아이디어의 수용성 검증 ··· 163
아이디어가 유효한지 확인하기 위한 조사 ······················· 163
조사의 목적과 밝혀내고자 하는 것 ····································· 163
인터뷰 내용의 정의 ··· 164
인터뷰 결과와 분석 ··· 166

7 아이디어 선정 ··· 169
Ⓐ 한 번 봤던 기사의 보존이나 열람 기록을 활용한 기사의 재이용 강화 ··············· 169
Ⓑ 기사를 본 뒤에 할 행동의 편의성을 높이기 위한
　 기사의 관련 정보 또는 부가 기능 강화 ························ 170
Ⓒ 짧은 동영상을 활용한 수동적인 뉴스 미디어 ············ 171

8 콘셉트 정의하기 ··· 173
콘셉트의 역할 ··· 173
콘셉트를 만드는 방법 ··· 174
콘셉트 워드의 포인트 ··· 175
뉴스 앱이 제공하는 가치와 그것을 실현하기 위한 기능·요소를 생각한다 ············· 177
콘셉트 워드를 만든다 ··· 180

9 UI/UX의 방침 ··· 182
UI를 검토하기 전에 UI/UX의 방침을 결정한다 ···················· 182

4장 요건 정의 — 184

1. 요건 추출하기 — 186
- UI를 검토하는 데 필요한 요건 정의 — 186
- 요건을 올바르게 추출하여 UI/UX의 정확도를 높인다 — 186

2. 객체 지향 UI와 태스크 지향 UI — 188
- 객체 지향 UI — 188
- 태스크 지향 UI — 189
- 객체 지향 UI와 태스크 지향 UI를 상황에 맞춰 사용한다 — 189

3. 스토리에서 요건 추출 — 191
- 스토리에서 기능이나 콘텐츠를 추출한다 — 191
- 스토리에서 요건을 정의한다 — 192

4. 요건 정의 — 196
- 기본 기능 — 196
- My Channel 연동 — 200
- 와이어프레임이나 디자인의 검토는 『UI 디자인하기』에서 — 202

5장 출시 후 UI/UX의 개선 프로세스 — 204

1. 출시한 뒤가 진짜 시작이다 — 206
- 출시한 뒤에 시작되는 본격적인 프로모션 — 206
- 개선과 시책의 지속적인 실시 — 207

2. 데이터 분석 — 208
- KGI/KPI — 208
- 접속자 분석 — 212
- 매직 넘버 — 212

3. A/B 테스트 — 214
- 사용자의 실제 경험을 비교한다 — 214
- A/B 테스트로 가설을 검증한다 — 214

4. 사용성 테스트 — 216
- 실제로 조작하는 모습을 관찰한다 — 216

5　휴리스틱 평가와 전문가 평가 ·········· 219
UI/UX 전문가의 평가 ·········· 219
휴리스틱 평가 ·········· 219
전문가 평가 ·········· 221

6　워크숍 ·········· 225
운영자의 생각을 정리하는 워크숍 ·········· 225
워크숍에서 중요한 점 ·········· 231

7　개선이냐, 리뉴얼이냐 ·········· 233
리뉴얼을 실시하는 타이밍 ·········· 233
리뉴얼은 운영자의 사정이며, 사용자가 떠날 위험성이 있다 ·········· 233
시스템이 복잡해졌다면 UI/UX를 재검토할 타이밍 ·········· 234
단계적인 리뉴얼 ·········· 234
최선의 리뉴얼 계획 ·········· 235

마치며 ·········· 236

찾아보기 ·········· 246

서장
UI/UX란?

'UI'와 'UX'라는 두 용어를 이어 붙인 UI/UX. UI는 사용자 인터페이스(User Interface), UX는 사용자 경험(User Experience)의 약칭이다. UX가 더 광범위한 의미이므로 먼저 UX, 이어서 UI를 설명한다.

UX(User Experience)

UX는 '사용자가 제품 또는 서비스를 이용하면서 얻는 경험'을 가리키며, 흔히 '사용자 경험'이라고 불린다. 사용자가 제품 또는 서비스를 이용했을 때 느끼는 '즐겁다' '기쁘다' '아름답다' 같은 감정이나 '다른 회사의 제품보다 사용하기 쉽다' '보기 편하다' 같은 서비스의 질, 나아가 서비스에 대한 인상 등 사용자가 그 제품 또는 서비스에서 느낀 모든 경험이 UX이다. 경험의 범위에는 이용 전, 이용 중, 이용 후의 경험, 그리고 사용자가 제품 또는 서비스를 알게 되어서 잊어버리기까지의 종합적인 경험이 포함된다.*

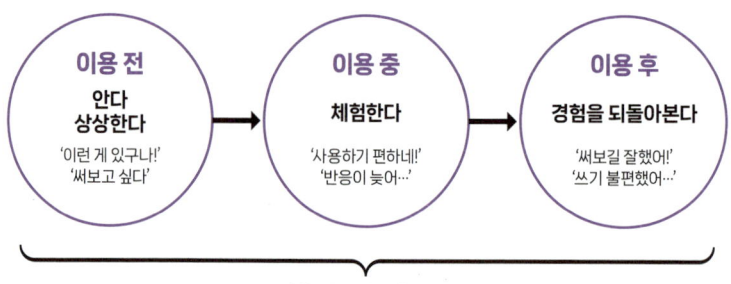

---

* 참고: 'UX 백서(USER EXPERIENCE WHITE PAPER)'
https://experience.aalto.fi/wp-content/uploads/2020/04/UX-WhitePaper.pdf

UI(User Interface)

사용자 인터페이스는 사용자가 접하는 화면, 즉 애플리케이션*이나 웹사이트 등에서 사용자가 실제로 조작하는 화면을 가리킨다. 화면의 색, 글꼴, 형상 등의 디자인이나 버튼, 문자, 영상 등의 레이아웃처럼 사용자의 시야에 들어오는 모든 정보가 UI의 범주에 들어간다.

UI/UX를 생각한다

사용자가 앱이나 웹 서비스를 이용하는 경험을 할 때의 접점은 UI이다. 그러므로 UI는 UX의 일부 요소라고 말할 수 있다. 요컨대 UX와 UI라는 두 요소는 UI로 구성되는 앱이나 웹사이트를 만들 때 떼려야 뗄 수 없는 관계이다. 그래서 앱이나 웹 서비스의 기획을 생각할 경우 "UI/UX를 생각한다"라고 표현한다.

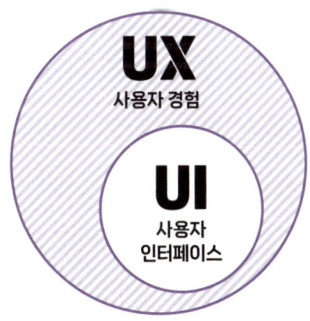

UI/UX를 생각할 때의 커다란 특징은 '사용자 경험'과 '사용자 인터페이스'에 '사용자'라는 말이 공통으로 들어 있다는 사실이 상징하듯이 '사람'을 중심에 둔다는 것이다.

---

*   편집자 주: 이하 본문에서는 '앱'이라고 적는다.

제품 또는 서비스를 생각할 때의 시점은 기술, 비용, 비즈니스 등 다양하다. 각각의 시점에서 기획을 검토하면 각기 다른 가치관에 입각하게 되므로 저마다 다른 기획이 탄생한다. 즉, 어떤 시점으로 제품이나 서비스를 검토하는가에 따라 중시하는 요소가 크게 달라질 수밖에 없다.

UI/UX를 축으로 생각하면 기본적으로 제품 또는 서비스를 이용하는 '사람'이 중심이 되고 '답은 이것을 이용하는 사람의 내부에 존재한다'고 여기게 된다. 따라서 UI의 사용성(Usability)을 높일 뿐만 아니라 사용자와 기업, 사용자와 서비스 사이에 발생하는 온갖 커뮤니케이션에 대해 부가가치가 높은 사용자 경험을 설계하는 하나의 목표를 세울 수 있다.

다양한 접근법과 UI/UX의 보급

'사람을 중심으로 생각한다'라는 접근법은 결코 새로운 것이 아니다. '디자인 사고(Design Thinking)'나 '인간 중심 설계(Human Centered Design)' 등, 이용하는 사람을 중심에 두는 사고는 오래전부터 존재했다. 'UX'라는 용어 자체도 1988년 도널드 노먼Donald A. Norman이 저서 『디자인과 인간 심리The Design of Everyday Things』에서 처음으로 언급했다고 하니, 벌써 30년도 더 된 개념이다.

내가 이 일을 시작한 2005년 시점에는 이미 나는 물론이고 내 주변 사람들도 '사용자 중심으로 생각하는' 일을 지극히 당연하게 여겼다. 다만 당시의 웹 서비스는 기술적으로 아직 발전 과정이었기에 사용자 중심으로 생각하는 한편, 기술이나 콘텐츠를 기반으로 서비스를 검토했던 인상이 강하다. '이런 기술이 생겼으니 무엇을 할 수 있을지 생각해보자'라거나 '어떻게 해야 이 콘텐츠를 전개할 수 있을지 궁리하자' 같은 식이었다.

그랬던 흐름이 크게 바뀌게 된 계기는 역시 애플Apple이 2007년 1월에 발표한 아이폰의 등장이 아닐까 싶다.

역대 아이폰

아이폰은 우리의 생활을 크게 바꿔놓았다. 하드웨어와 소프트웨어뿐만 아니라 콘텐츠 발신, 전송, 고객 지원에 이르기까지 모든 면에서 그때까지 본 적이 없을 만큼 세련되었으며, 모든 과정의 중심에 항상 '사람'이 있었다. 결국 사용자가 감동과 편리함을 느끼게 하는 데 성공한 아이폰은 수많은 팬을 확보하며 폭발적으로 보급된다. 아이폰의 영향으로 제품이나 서비스를 이용할 때뿐만 아니라 이용하기 전후의 사용자 경험(UX)도 함께 디자인해야 한다는 인식이 확산되었고, 비즈니스 세계에서도 넓은 의미에서의 디자인(장식으로서의 디자인이 아닌 설계로서의 디자인)이 중요해지기 시작했다. 이에 더해 아이폰은 물론, 그 후에 등장한 안드로이드 스마트폰도 사용자가 직접 화면을 터치해 조작하는 방식이었기에 'UI'의 중요성 또한 커졌다.

이런 흐름으로 앱 또는 웹사이트의 디자인을 검토할 때 UI/UX라는 용어가 점차 보급되었다. 'UI/UX를 생각할' 때의 발상이나 방법은 매우 다양하다. 이 책에서는 가상 프로젝트를 진행하며 그 발상과 방법에 관해서 설명하려고 한다. 독자 여러분도 프로젝트 멤버의 일원으로서 나와 함께 UI/UX를 생각해주시길.

POINT

UI/UX 검토의 포인트
- UI/UX를 검토할 때는 제품이나 서비스를 이용하는 '사람'을 중심에 놓고 생각한다.
- '답은 그것을 이용하는 사람의 내부에 있다'가 기본적인 발상이다.

서장 뉴스 앱을 만들자

이 책에서 진행할 가상 프로젝트는 뉴스 앱을 만드는 것이다.

뉴스 앱은 독자 대부분에게 친숙할 테니 UI/UX를 검토할 때 이미지를 상상하기 비교적 쉽지 않을까 생각했다. 독자 여러분의 스마트폰에도 뉴스 앱이 한 개 정도는 설치되어 있을 것이다. 많은 사람이 이동 시간에 뉴스 앱을 켜서 최신 뉴스를 보거나 푸시 알림으로 속보를 접하는 등 정보를 얻고 있다. 이 책에서는 그런 뉴스 앱을 원점에서부터 생각해보고자 한다.

오리엔테이션

제약이 없는 프로젝트는 거의 없으므로 이번 뉴스 앱 개발 프로젝트에도 몇 가지 전제 조건과 제약을 설정하기로 하겠다. 클라이언트가 제시한 오리엔테이션의 내용은 다음과 같다.

- 현재 시사 뉴스는 물론이고 쇼핑과 요리법 등 다양한 콘텐츠와 서비스를 제공하는 'My Channel'이라는 사이트를 운영하고 있는데, 인지도 향상에 한계를 느끼고 있다.
- 뉴스의 경우, 각 매체와 계약을 맺고 그곳에서 콘텐츠를 제공받는다.
- My Channel이라는 브랜드의 인지도를 높이고 자사의 콘텐츠와 서비스 이용자를 늘리기 위해 현재 사이트 내에서 이용자가 많은 뉴스 부문을 분리해 뉴스 앱을 제공하려고 생각 중이다.
- 다만 뉴스 앱은 경쟁자가 많아 신규 진입이 쉽지 않으므로 독자적인 기능이나 콘텐츠가 필요하다고 생각한다.
- 가능하면 향후 앱 내에서 수입도 확보하고 싶다.
- 앱 개발을 시작할 수 있도록 사양 책정과 디자인 제작을 하고 싶다.
- 기간은 4개월.

설정한 내가 생각해도 제약이 상당히 까다롭다. 다만 12월 초순에 의뢰를 받아서 이듬해 3월 말까지 4개월에 걸쳐 검토하는 프로젝트는 실제로도 종종 있으니 그런 이미지를 떠올리길 바란다.

　가상의 프로젝트이기는 하지만, 나도 프로젝트를 즐기면서 어떤 사용자 경험을 제공하는 뉴스 앱으로 만들지 진지하게 검토할 것이다. 출발부터 결과가 보이는 프로젝트는 거의 없다. 그렇기에 더더욱 어떤 형태의 결과물이 나올지 두근거리는 마음으로 즐기는 자세가 필요하며, 그러려면 결과물을 향해 나아가기 위한 검토 프로세스의 설계가 중요하다.

　프로세스의 검토를 시작하기에 앞서 이번 오리엔테이션의 포인트를 정리해보자. 클라이언트의 이야기를 들은 뒤에는 항상 간단명료하게 정리하고 의식해야 할 포인트를 명확히 해두어야 한다.

> **POINT**
>
> **프로젝트의 포인트**
> - 최종 목표
>   우선도① My Channel의 인지도 향상
>   우선도② My Channel의 다른 서비스로 고객을 유도
>   우선도③ 앱 내에서의 수입 확보
> - 목표를 달성하기 위한 수단
>   뉴스 부문을 분리해 뉴스 앱을 만든다.
> - 과제
>   우리 앱만의 독자 기능이나 콘텐츠가 필요하다고 생각하는데, 그것이 무엇인가?
> - 최종 아웃풋
>   해당 앱의 사용자 경험
>   개발 회사에 제공하기 위한 앱의 사양과 디자인
> - 프로젝트 기간
>   4개월

> **POINT**
>
> **UI/UX 검토의 포인트**
> - 클라이언트가 제공한 정보는 항상 간단명료하게 정리하고 최종 목표와 과제를 명확히 한다.

서장
큰 검토 주제를 정리하자

먼저, 처음에 설정한 포인트를 바탕으로 검토해야 할 주제를 정리한다. UI/UX를 검토할 때 중요한 일 중 하나는 정보를 얻을 때마다 그 정보를 분석한 뒤, 검토에 어떻게 활용할지 생각하는 것이다.

최종 목표와 스토리의 연관성

앞에서 정리한 '최종 목표'와 사용자가 이 앱을 사용할 때의 이상적인 스토리 사이에 관계성을 명확히 해야 한다. 이를 위해 사용자의 이용 스토리를 단계별로 그린 다음 최종 목표와 연결해보자.

사용자의 이용 스토리와 최종 목표

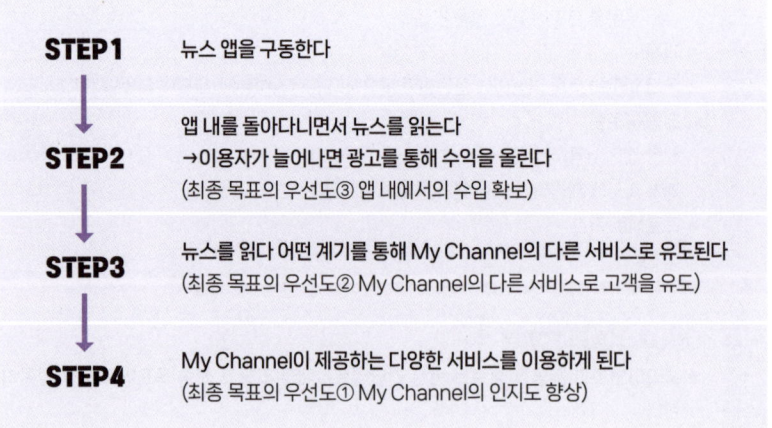

이렇게 보면 가장 우선도가 높은 우선도①을 달성하기 위해서는 STEP4에 도달해야 하며, 그러려면 사용자가 앱을 구동하도록 유도한 뒤 STEP2와 STEP3을 순서대로 달성해야 한다고 정리할 수 있다.

다음으로, 각 단계를 실현하기 위해 해결해야 할 과제를 정의하자.

UX 각 단계의 과제

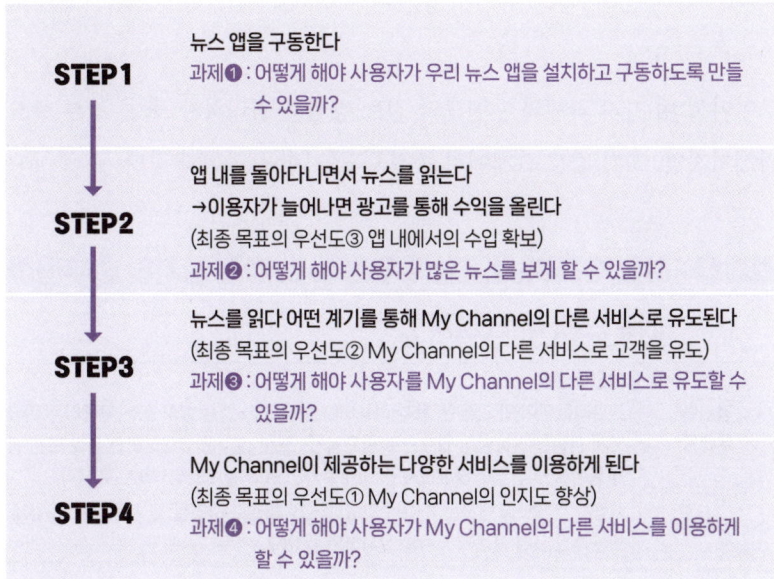

이 네 가지 과제를 해결할 방법을 고민하면 오리엔테이션에서 설정한 과제인 '우리 앱만의 독자 기능이나 콘텐츠가 필요하다고 생각하는데, 그것이 무엇인가?'를 찾아내는 길로 이어질 듯하다. 크고 막연한 과제는 작은 과제로 쪼개서 검토의 허들을 낮추는 편이 바람직하다.

> **POINT**
>
> **프로젝트의 포인트**
> - 검토 과제 정리
>   과제❶ : 어떻게 해야 사용자가 우리 뉴스 앱을 설치하고 구동하도록 만들 수 있을까?
>   과제❷ : 어떻게 해야 사용자가 많은 뉴스를 보게 할 수 있을까?
>   과제❸ : 어떻게 해야 사용자를 My Channel의 다른 서비스로 유도할 수 있을까?
>   과제❹ : 어떻게 해야 사용자가 My Channel의 다른 서비스를 이용하게 할 수 있을까?
>
> **UI/UX 검토의 포인트**
> - 새로운 정보를 얻을 때마다 정리하고, 그것을 어떻게 검토에 활용할지, 우선순위는 어떻게 정할지, 어떤 접근법을 따를지 끊임없이 생각한다.

각 과제의 우선도와 접근법을 정리하자

이어서 네 가지 과제의 우선도와 검토 방법을 정리하자. 물론 전부 중요한 과제이지만, 초기 검토 단계에서 중점을 둘 사항은 다음과 같다.

과제❶: 어떻게 해야 사용자가 우리 뉴스 앱을 설치하고 구동하도록 만들 수 있을까?

검토의 우선도	우선도 높음. 프로젝트 전체의 과제인 '독자 기능이나 콘텐츠'가 앱을 설치 또는 구동하는 이유에 크게 관여할 가능성이 있으므로 중요할 듯. 또한 설치를 유도하려면 홍보 또는 광고를 통한 외부 유입이 중요하지만, 이것은 UI/UX와 별개의 영역이므로 생략.
접근법	사용자가 무엇을 원하는지 아는 것이 과제의 해결로 이어질 듯. 사용자를 더 깊게 이해할 수 있도록 사용자 조사를 실시하면 좋겠다.

과제❷: 어떻게 해야 사용자가 많은 뉴스를 보게 할 수 있을까?

검토의 우선도	초기 단계에서는 우선도 낮음. 이 과제는 앱 내에서의 유도, 이동과 관련된 부분이므로 먼저 어떤 기능이나 콘텐츠를 제공할지를 생각하는 편이 좋을 듯.
접근법	과제❶과 ❸을 검토한 뒤에 화면의 설계와 함께 검토하자. 다만 다른 회사의 뉴스 앱이 어떻게 이 과제를 해결하려 하고 있는지는 참고가 될 터이므로 경쟁자 리서치를 실시.

과제❸: 어떻게 해야 사용자를 My Channel의 다른 서비스로 유도할 수 있을까?

검토의 우선도	우선도 높음. 이 과제는 앱을 제공하는 커다란 이유 중 하나이다. 다른 과제에도 영향을 끼치므로 병행해서 검토하는 것이 좋을 듯.
접근법	먼저 My Channel의 다른 서비스에 관해서 아는 것부터 시작해, 뉴스 앱을 이용하는 사용자와의 친화성을 확인.

과제❹: 어떻게 해야 사용자가 My Channel의 다른 서비스를 이용하게 할 수 있을까?

검토의 우선도	초기 단계에서는 우선도 낮음. 이 과제는 사용자의 이용을 유도하고자 하는 서비스의 내용에 좌우되므로 우선도를 낮춰도 좋을 듯. 또한 과제❸을 검토할 때 사용자를 유도하고자 하는 서비스가 정리되므로 그 후에 검토하는 것이 원활.
접근법	뉴스 앱 내에서 다른 서비스를 전부 제공할 수는 없으므로 다른 서비스를 이용하게 하기 위해 앱에서 할 수 있는 일에는 한계가 있다. 다만 뉴스 앱을 다른 서비스와 연동함으로써 사용자의 편의성을 높일 수 있다면 다른 서비스의 이용을 촉진 가능. 그러므로 어떻게 연동할지를 검토하자.

과제의 우선순위 정하기

위와 같이 정리한 결과, 과제의 우선순위를 정할 수 있었다.

우선도 높음	과제❶: 어떻게 해야 사용자가 우리 뉴스 앱을 설치하고 구동하도록 만들 수 있을까? 과제❸: 어떻게 해야 사용자를 My Channel의 다른 서비스로 유도할 수 있을까?
우선도 낮음	과제❷: 어떻게 해야 사용자가 많은 뉴스를 보게 할 수 있을까? 과제❹: 어떻게 해야 사용자가 My Channel의 다른 서비스를 이용하게 할 수 있을까?

POINT

프로젝트의 포인트
검토해야 할 과제의 우선순위는 다음과 같다.
- 우선도 높음
  과제❶: 어떻게 해야 사용자가 우리 뉴스 앱을 설치하고 구동하도록 만들 수 있을까?
  과제❸: 어떻게 해야 사용자를 My Channel의 다른 서비스로 유도할 수 있을까?
- 우선도 낮음
  과제❷: 어떻게 해야 사용자가 많은 뉴스를 보게 할 수 있을까?
  과제❹: 어떻게 해야 사용자가 My Channel의 다른 서비스를 이용하게 할 수 있을까?

POINT

UI/UX 검토의 포인트
- 과제를 정리했다면 그 과제를 해결하기 위한 접근법과 우선순위를 정리한다.

프로젝트의 검토 프로세스

마지막으로 프로젝트의 프로세스를 설정한다. 앞에서 정리한 네 가지 과제에 대한 접근법을 바탕으로 일곱 개 프로세스로 나눠서 프로젝트를 진행하려고 한다. 이때 각 과제를 어떤 프로세스에서 다룰지도 명확히 한다. 그러면 각 프로세스의 개요를 간단히 살펴보자.

① 프로젝트의 배경과 시장을 안다

클라이언트가 이 앱을 만들려는 이유나 비즈니스 모델에 관해서 이해한다. 또 구체적인 검토를 시작하기에 앞서 시장 상황이나 경쟁 서비스의 전략을 조사하고 UI/UX 검토에 힌트가 될 만한 요소가 있을지 분석한다.

② 사용자를 안다

어떤 이들이 타깃 사용자인지, 현재 유사 앱을 이용하고 있는 사용자들은 어떤 식으로 이용하고 있는지 조사한다. 그리고 기존 앱의 과제나 사용자의 잠재 욕구를 찾아내 UI/UX의 검토에 활용한다.

③ 기획을 검토한다

①과 ②에서 얻은 정보를 바탕으로 이 프로젝트의 최종 목표를 달성하기 위한 아이디어를 창출해 새로운 뉴스 앱을 기획한다.

이 단계에서 다룰 과제는 우선도 높음

과제❶ : 어떻게 해야 사용자가 우리 뉴스 앱을 설치하고 구동하도록 만들 수 있을까?

과제❸ : 어떻게 해야 사용자를 My Channel의 다른 서비스로 유도할 수 있을까?

④ 사용자의 의견을 듣는다

③에서 검토한 기획을 타깃이 될 법한 사용자에게 보여주고, 반응을 지켜보면서 기획이 수용될지 검증한다. 이때 기획의 개선을 위한 힌트를 찾아내 개선한다.

⑤ UI를 설계한다

완성한 기획을 바탕으로 뉴스 앱에 필요한 기능이나 요소를 정리한 다음 UI를 설계한다.

이 단계에서 다룰 과제는 우선도 낮음

과제❷ : 어떻게 해야 사용자가 많은 뉴스를 보게 할 수 있을까?

과제❹ : 어떻게 해야 사용자가 My Channel의 다른 서비스를 이용하게 할 수 있을까?

⑥ UI를 디자인한다

UI의 시각 디자인을 최종 완성한다.

⑦ 개발팀에 디자인을 전달하고 지원한다

UI/UX의 검토를 완료했다면 개발팀에 디자인을 전달한다. 개발 중에는 필요한 지원을 계속하며 앱의 품질을 높일 수 있도록 노력한다.

인풋과 아웃풋을 반복하면서 최종 목표를 향해

　이 검토 프로세스를 살펴보면 UI/UX를 검토하는 과정인 ①~⑥ 중에서 절반인 ①, ②, ④가 인풋 프로세스임을 알 수 있다.

　UI/UX를 검토할 때 가장 중요한 점은 인풋과 아웃풋을 반복하면서 검토와 개선을 거듭하는 가운데 최종 목표를 향해 나아가는 것이다. 기획이나 디자인 업무의 경우 아웃풋에 눈이 가기 쉽지만, 아웃풋의 질이 좋으려면 우선 인풋의 질이 좋아야 한다.

　질 높은 인풋을 이어가려면 감도를 높인 상태로 일상에서 다양한 정보, 앱, 서비스, 사람 등과 끊임없이 접촉해야 한다.

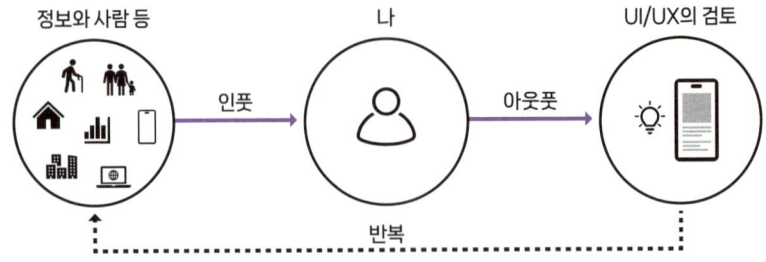

일정

　①~⑥의 프로세스를 일정에 반영하면 정확히 4개월짜리 일정이 된다.

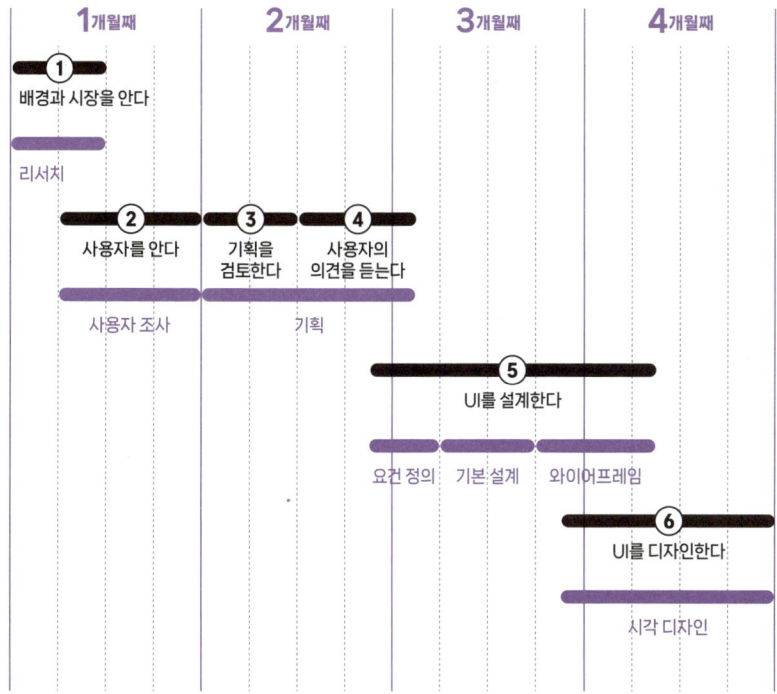

그러면 이제부터 4개월간의 프로젝트를 함께 진행하자.

> **POINT**
>
> **프로젝트의 포인트**
> - 우리 프로젝트에 주어진 기간은 4개월이며, 다음과 같은 프로세스로 진행한다.
>   ① 프로젝트의 배경과 시장을 안다
>   ② 사용자를 안다
>   ③ 기획을 검토한다
>   ④ 사용자의 의견을 듣는다
>   ⑤ UI를 설계한다
>   ⑥ UI를 디자인한다

> **POINT**
>
> **UI/UX 검토의 포인트**
> - 좋은 인풋을 계속하면 아웃풋의 질이 향상된다.
> - 인풋과 아웃풋을 반복하면서 프로젝트를 진행한다.
> - 감도를 높인 상태로 일상에서 다양한 정보, 앱, 서비스, 사람 등과 끊임없이 접촉한다.

UX

1장
리서치

일정

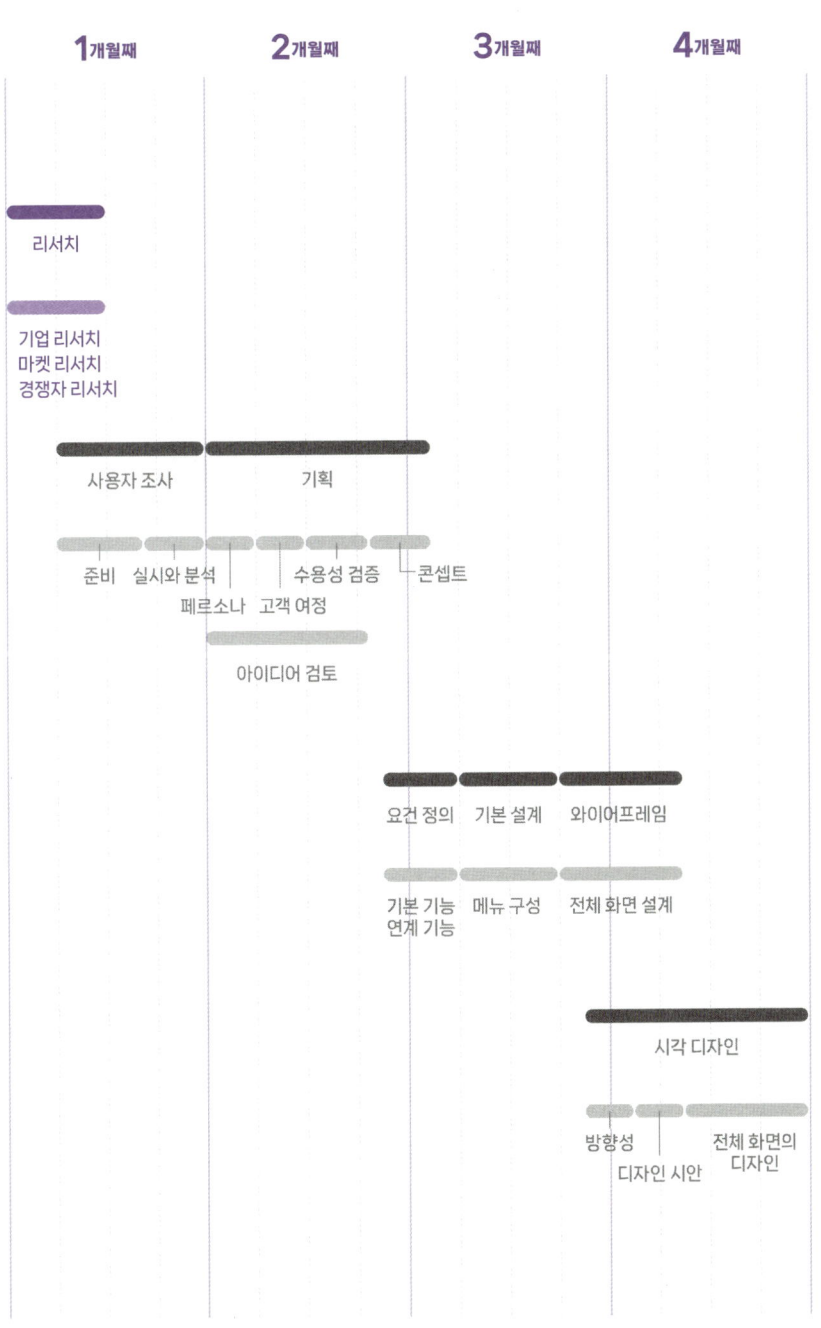

1 1 시작은 인풋부터

　UX 검토가 아직 익숙하지 않을 경우, 다짜고짜 '어떤 앱으로 만들어야겠다'부터 생각하는 경우가 종종 있다. 그러나 양질의 아웃풋을 위해서는 양질의 인풋이 필요하다. 본격적으로 인풋을 하기 전이라도 문득 떠오른 아이디어가 있다면, 아주 중요한 직감일 수 있으니 나중에 활용할 수 있도록 메모해 놓고, 일단은 프로젝트와 관련된 주변 정보를 수집해서 분석하자.

지식의 양과 질은 프로젝트에 그대로 영향을 끼친다

　사람의 작업 속도와 작업물의 품질은 그 사람이 보유한 지식의 양과 질에 큰 영향을 받는다. 여러 사람과 함께 일해보면 양질의 정보가 많은 사람일수록 다양한 아이디어를 생각해내고 설득력 있는 의견을 제시하는 일이 많다.

프로젝트를 생각하는 주체 또한 사람이므로 프로젝트 멤버가 보유한 지식의 양과 질은 그대로 프로젝트의 속도와 질에 큰 영향을 끼친다. 구체적으로는 프로젝트 멤버가 내놓는 아이디어의 양과 질, 판단의 정확성, 그리고 실행 속도에서 차이가 발생한다.

개인의 지식에는 한계가 있다. 그래서 프로젝트 멤버들이 자신의 기존 지식이나 새로 조사한 지식을 공유하고 집단 지성을 발휘하는 것이 중요하다. 우리 회사에서는 프로젝트마다 최소 4~5명의 팀을 구성해 클라이언트 쪽 팀과 공동으로 검토를 진행하여 프로젝트의 품질을 높이고 있다.

새로운 프로젝트의 경우, 그 분야에 정통한 멤버가 전혀 없는 경우도 있으므로 프로젝트의 최초 단계에 인풋을 위한 리서치를 실시할 필요가 있다. 이때 리서치를 실시하는 이유는 크게 두 가지이다.

① 자신이 보유한 정보의 양이나 감성을 과신하지 않기 위해

최소한의 정보만으로도 무엇을 해야 할지 머릿속에서 순식간에 정리하고 놀라운 아이디어를 끊임없이 내놓는 사람이 있는데, 이것은 그 사람이 진부터 지니고 있었던 풍부한 지식이 기반이 되었기에 가능한 일이다.

한편 대다수는 그런 식으로 갑자기 놀라운 아이디어를 내놓지 못한다. 그러므로 자신이 보유한 정보의 양이나 감성을 과신하기보다는, 착실히 정보를 모으는 노력이 검토와 아웃풋의 질을 높이는 데 효과적이다.

② 프로젝트를 더 깊이 이해하기 위해

우리는 뉴스 앱을 만드는 프로젝트를 진행할 텐데, 지금 단계에서는 대부분 어떤 뉴스 앱이 있는지 아는 정도일 것이다. 만약 각각의 뉴스 앱에 어떤 특징이 있고 어떤 전략을 쓰는지 같은 정보는 물론, 얼마나 많은 사람이 어느 정도의 빈도로 뉴스 앱을 사용하는지 등의 통계 정보를 안다면 프로젝트가 놓인 상황을 객관적으로 이해하고 검토의 질을 높일 수 있다.

프로젝트에 강한 흥미를 품고 더 깊게 알려고 파고드는 일은 서비스를 설계하는 데 매우 중요하다. 뉴스 앱은 이미 경쟁자가 많은 듯한데 클라이언트는 왜 굳이 경쟁이 치열한 분야에 뛰어들려고 할까? 객관적으로 바라보면 의문이 들겠지만, 기업은 틀림없이 커다란 의도가 있을 터이다. 기업을 아는 것 또한 매우 중요한 일로, 클라이언트뿐만 아니라 클라이언트의 기업에 관해서도 잘 알아야 한다. 해당 기업에서 뉴스 서비스를 시작하려는 의미를 확실히 이해하면 프로젝트를 진행하는 과정에서 여러 가지 판단을 할 때 많은 도움이 된다.

사람 주변의 정보에도 주목한다

이쯤에서 '뭐야? UX는 사용자에 관해서 열심히 생각하는 게 아니었어?'라고 생각한 독자도 있을 듯하다. 물론 서비스의 중심은 어디까지나 '사람'이지만, 사람 주변에는 수많은 요소가 존재한다. 프로젝트의 최초 단계에서 그런 주변의 정보를 알아두면 그 중심에 있는 '사람'이 더욱 선명하게 드러나기에, 주변 정보를 파악하는 것 또한 중요한 과정이다.

> **POINT**
> **UI/UX 검토의 포인트**
> - 프로젝트 멤버가 보유한 지식의 양과 질은 그대로 프로젝트의 품질에 영향을 끼친다.
> - 자신의 감성이나 직감을 과신하지 말고 프로젝트에 필요한 정보를 모은다.
> - 프로젝트나 프로젝트 주변의 상황을 깊이 이해할수록 올바른 판단을 내리기 쉽다.

1-2 기업 리서치

프로젝트 팀 내에서 '가치관 공유'의 중요성

⊙ 기업의 의도를 안다

프로젝트에는 반드시 기업의 의도가 존재한다. 그 기업이 프로젝트를 진행하도록 승인한 이유 말이다.

서비스는 시작할 때도 시작한 뒤에도 많은 돈이 들어가므로 기업 상층부 결정권자들의 승인이 우선이다. 만약 자사의 프로젝트라면 승인의 이유를 알 수 있겠지만, 문제는 클라이언트의 의뢰를 받아서 외부에서 프로젝트를 검토하는 경우이다. 이때는 내부 사정을 자세히 알 도리가 없다.

⊙ 가치관을 공유하면 서로를 이해할 수 있다

그렇다면 왜 프로젝트의 승인 이유를 알아야 할까? 바로 상대와 '가치관을 공유'하기 위해서이다. 이때 상대는 이 프로젝트의 클라이언트 측 멤버이다. 기업마다 고유한 가치관이 존재하므로 가치관이 다른 기업의 사람들이 갑자기 섞이면 협업에 어려움을 느낄 수 있다. 우리도 상대도 서로의 이야기에 의문을 품을 수 있는데, 서로의 가치관을 공유해 공통의 가치관을 형성하면 상대가 하는 이야기의 배경이나 이유를 이해하게 된다. 당연한 말이지만, 가치관을 공유하려면 먼저 상대방을 잘 알아야 한다.

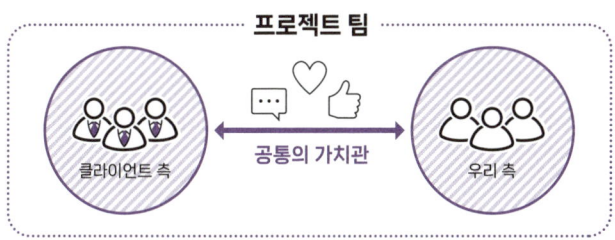

오리엔테이션 내용의 확인

그러면 오리엔테이션의 내용을 다시 한번 되돌아보자.

목표의 우선도	우선도① My Channel의 인지도 향상 우선도② My Channel의 다른 서비스로 고객을 유도 우선도③ 앱 내에서 수입 확보
목표를 달성하기 위한 수단	뉴스 부문을 분리해 뉴스 앱을 만든다
과제	독자 기능이나 콘텐츠가 필요하다고 생각하는데, 그것이 무엇인가?
최종 아웃풋	해당 앱의 사용자 경험 개발 회사에 제공할 앱의 사양과 디자인
프로젝트 기간	4개월

먼저 알고 싶은 것은 이 프로젝트를 실행하는 이유이다. 그런 건 보통 대외비인데 어떻게 아느냐고 생각하기 쉽지만, 간단히 알 수 있는 방법이 두 가지 있다. 이 두 가지 방법을 어느 하나가 아니라 둘 다 활용한다는 점이 중요하다.

① 기업의 웹사이트를 본다

◎ 가장 손쉽게 접근할 수 있는 정보원

기업의 웹사이트는 그 기업에 관한 정보가 가득 담긴 중요한 정보원임에도, 안 보는 사람이 의외로 많다. 프로젝트의 검토 대상이 자사의 제품이나 서비스가 아니라 클라이언트 기업의 제품이나 서비스라면 클라이언트 기업의 웹사이트를 살펴보는 것은 매우 중요한 일이다.

클라이언트가 의뢰한 일을 하려면 먼저 클라이언트 기업을 알아야 한다. 이념은 무엇이며, 그 이념에 따라 어떤 사업을 하고 있는지 같은 기본적인 정보가 그 기업의 웹사이트에 전부 실려 있다.

⊙ 기업의 웹사이트를 볼 때 포인트

일단은 웹사이트를 보러 가자. 클라이언트가 상장 기업이라면 IR 페이지에 들어간다. 그곳에는 반드시 결산 자료와 중기 경영 계획에 관한 자료가 있을 테니, 이 두 자료를 꼭 읽어보자. 대부분의 경우 PDF 파일을 다운로드할 수 있다.

IR 자료라고 하면 잔뜩 적힌 숫자를 상상하며 부담감을 느끼는 사람도 많을 것이다. 물론 기업의 경영 지표를 보는 것도 중요하다. 다만 이번에 특히 주목할 내용은 그 기업이 현재 어떤 사업을 하고 있으며 어떤 사업을 시작하려고 하는지, 그리고 3~5년 후의 비전은 무엇이며 어떤 전략에 입각해 그것을 하려고 하는지에 관한 부분이다. 이런 정보를 인풋하면 그 기업이 우리에게 의뢰한 프로젝트를 왜 승인했는지 이해할 수 있다.

이번 프로젝트의 클라이언트는 가상의 기업이어서 실제 웹사이트가 없으므로 다음과 같은 정보를 얻었다고 가정하겠다.

UX 클라이언트의 정보

기업 개요	● 인터넷 회선, 전기·가스 등을 제공하는 인프라 사업이 중심인 회사. ● 이와 관련한 주변 서비스에 힘을 쏟고 있어서, 다수의 제품을 개발해 자사의 브랜드 가치와 고객 만족도 향상을 꾀하고 있음. ● 그 일환으로 오래전부터 포털 사이트를 운영하고 있으며, 그 사이트에서 시사 뉴스 등을 제공함.
기업 이념	● "안심과 기쁨을 전달한다" ● 안심하고 일상생활을 할 수 있는 환경, 더욱 충실한 일상생활을 위한 서비스 제공으로 더 많은 이들의 생활을 지원함.
중기 계획	● 현재는 인프라 사업이 큰 수익원이지만, 주변 서비스와 제품을 통한 수익을 늘려 지속적인 성장을 지향함.

② 담당자에게 묻는다

⊙ 청취는 가장 중요한 조사

반드시 클라이언트 측 담당자에게 물어보자. 단순하지만 가장 효과적인 방법이다. 이런 프로젝트를 의뢰받았을 경우는 다음과 같이 물어볼 때가 많다.

"이번 프로젝트가 귀사에서 어떤 위치를 차지하는지, 혹은 어떤 의미를 지니는지 알고 싶습니다."

이렇게 물어보면 담당자는 틀림없이 명확하게 설명해줄 것이다. 입장을 바꿔서 생각해보면 쉽게 알 수 있다. 내가 상담한 내용과 나에 대해서 조금이라도 더 이해하려고 노력하는 자세를 보이는 상대를 어느 누가 불쾌하게 느끼겠는가? 물어서 설명을 듣고, 설명에 잘 이해가 안 가는 부분이 있다면 그 자리에서 다시 질문하거나 나중에 회사 웹사이트에서 찾아본다.

⊙ 오리엔테이션을 활용한다

어떻게든 상대를 이해하기 위해 노력하자. 오리엔테이션을 할 때 질문을 많이 하는 것이 이상적이다. 프로젝트를 제대로 진행하기 위해서는 최초 단계에서의 청취가 매우 중요하므로, 오리엔테이션에서 담당자의 이야기를 듣다가 궁금한 점이 생기면 반드시 물어보기 바란다. 담당자에 따라서는 다짜고짜 프로젝트의 구체적인 설명에 들어가는 사람도 있지만, 첫 오리엔테이션에서 우리가 궁금한 부분을 확실히 해결해주는 사람도 있다. 담당자가 "이 프로젝트의 배경은……"이라며 회사의 현재 상황이나 발주를 결정하기에 이른 경위 등을 설명해줬다면 정보를 보충하는 차원에서 회사 웹사이트를 확인해 이해를 강화하자.

⊙ 오리엔테이션을 하는 쪽이라면

만약 당신이 프로젝트를 의뢰하는 쪽이라면 부디 오리엔테이션에서 그 프로젝트의 배경을 설명해주기 바란다. 그러면 상대도 더 나은 제안을 할 수 있으며, 무엇보다 같은 가치관을 공유하여 향후 논의와 판단이 수월해진다.

⊙ 청취 결과

이번의 경우 가상 프로젝트라서 실제 담당자가 없으므로, 청취 결과 다음과 같은 정보를 얻었다고 가정하겠다.

- 원래 My Channel은 '고객 한 사람 한 사람에게 유용한 서비스를'이라는 콘셉트로 시작한 포털 사이트로, 사용자 개개인에게 적절한 콘텐츠를 제공하는 개인화 엔진을 강화하고 문제가 생겼을 때나 원하는 정보가 있을 때 즉시 해결할 수 있도록 돕는다는 목표 아래 콘텐츠를 지속적으로 확충하면서 운영을 계속하고 있다.
- 현재 제공하는 뉴스 서비스도 사용자가 로그인하면 엔진이 열람 기록과 다른 서비스의 이용 상황을 바탕으로 좀 더 사용자의 취향에 맞는 뉴스를 표시해준다.
- 오래전부터 인프라 사업이 중심이었던 관계로 고객의 연령층이 높아지고 있어서, 기업이 앞으로도 성장하기 위해서는 젊은 고객의 확보가 필수라고 생각한다.
- 다만 완전히 새로운 대책을 궁리해서 진행하려면 비용과 시간이 너무 많이 투입되므로, 일단은 현재 웹사이트 등에서 제공하고 있는 콘텐츠나 서비스를 재개발한다는 것이 회사의 방침이다.
- 일단은 현재 주 고객인 50대 이상의 사용자도 이용할 수 있으면서 20대~30대 정도의 고객을 추가로 확보할 수 있는 콘텐츠나 서비스를 목표로 삼고 싶다.
- 남성과 여성 모두 이용할 수 있어서 사용자의 성별이 한쪽으로 편중되지 않았으면 한다.

여기까지, 프로젝트의 본질적인 배경을 파악했다.

> **POINT**
>
> **프로젝트의 포인트**
> - 클라이언트는 인프라 사업이 주축인 기업.
> - '안심과 기쁨을 전달한다'라는 비전에 따라, 중기적 목표로 인프라 이외의 서비스 사업에서 수익을 늘리려 한다.
> - My Channel은 '고객 한 사람 한 사람에게 유용한 서비스를'이라는 콘셉트로 시작한 포털 사이트.
> - 사용자 개인 취향에 맞는 뉴스를 보여주는 개인화 엔진을 보유하고 있다.
> - 단기간에 다양한 서비스를 전개하기 위해 일단은 기존의 콘텐츠나 서비스를 활용하며 진행하고자 한다.
> - 현재 주 고객인 50대 이상의 남녀뿐만 아니라 20대~30대 남녀도 이용해주기를 바란다.

> **POINT**
>
> **UI/UX 검토의 포인트**
> - 먼저, 클라이언트가 왜 그 프로젝트를 실시하는지 이해한다.
> - 함께 프로젝트를 진행할 클라이언트의 가치관을 알아야 더욱 깊은 이해와 올바른 판단이 가능하다.

13 사전 지식의 강화

이번에 필요한 사전 지식

구체적인 검토 또는 조사를 시작하기에 앞서 사전 지식을 조금 더 인풋하자. 지금까지 얻은 정보 가운데 최초 단계에서 알아둘 항목이 크게 두 가지 정도 있다.

첫째는 '최종 목표의 우선도③ 앱 내에서의 수입 확보'라는 부분이다. 이는 곧 어떻게 해야 수입을 확보할 수 있는가, 즉 비즈니스 모델이다. 클라이언트가 뉴스 앱의 비즈니스 모델을 어떻게 생각하고 있는지 확실히 알아둘 필요가 있다.

둘째는 '최종 목표의 우선도② My Channel의 다른 서비스로 고객을 유도'에서 '다른 서비스'가 무엇이냐는 것이다. 이것을 파악해놓느냐 아니냐는 앱에 탑재할 기능을 검토할 때 영향을 줄 가능성이 있다.

최초 단계에서 이 두 가지를 이해한 다음 구체적인 조사에 들어가면 이후에 더욱 유의미한 검토를 할 수 있을 것이다. 따라서 클라이언트를 상대로 위의 두 항목에 관한 청취를 실시한다.

비즈니스 모델

UI/UX는 비즈니스를 성공시키기 위한 수단 중 하나이고, 우선은 회사가 운영하는 서비스의 비즈니스 모델을 이해할 필요가 있다.

수입을 생각하기에 앞서 지출에 관해 조금 이해하고 넘어가자. 일반적으로 웹 서비스나 앱에 들어가는 기본적인 비용은 서비스의 기획·관리 등을 하는 담당자의 인건비, UI/UX의 검토 비용, 개발 비용, 인프라 비용, 홍보 비용

등인데, 뉴스 앱의 경우는 여기에 뉴스 콘텐츠를 구입하는 비용이 추가로 들어간다. 뉴스 콘텐츠를 제공하는 회사를 '콘텐츠 제공자'라고 부르며, 뉴스를 상품으로 판매하는 콘텐츠 제공자가 있는가 하면 표시된 횟수에 따라 대금 지급을 요구하는 콘텐츠 제공자도 있다. 또한 저렴하게 혹은 무료로 콘텐츠를 제공하는 대신 광고 수입의 분배를 요구하는 콘텐츠 제공자도 있다. 따라서 각 콘텐츠 제공자와 맺은 계약 내용을 이해하고 그것을 관리하는 시스템도 필요하다.

한편, 우리가 만들 뉴스 앱의 수입 구조는 주로 세 가지이다.

⊙ 광고

화면에 표시한 다양한 광고를 사용자가 터치함으로써 수입이 발생한다. 사용자가 광고를 터치할 확률을 생각하면 기본적으로는 많은 화면에 표시하는 편이 전체 터치 횟수를 늘릴 수 있으며, 적절한 위치에 적절한 내용을 표시할수록 광고를 터치할 확률이 높아진다. 그러므로 사용자가 앱의 이곳저곳을 돌아다니도록 능숙하게 유도하면서 적절한 타이밍에 최적의 광고를 표시하는 것이 중요하다. 보통 뉴스 앱에서는 광고가 수입원의 대부분을 차지한다.

⊙ 지속적인 과금

앱이 사용자에게 특별한 콘텐츠나 서비스를 제공할 수 있다면 사용자로부터 지속적인 과금을 유도할 수 있다. 일본의 뉴스 계열 앱 중에서는 '뉴스픽스NewsPicks'와 '니혼게이자이신문 온라인' 등이 유료 과금 시스템을 채택하고 있다. 돈을 내야 볼 수 있는 독자 콘텐츠를 준비하고 여기에 가치를 느낀 사용자에게서 매달 이용료를 받는다.

⊙ 고객 유도

앱 자체에서 수익을 올리는 것이 아니라 사용자를 자사의 다른 서비스로 유도해 그곳에서 돈을 쓰게 함으로써 회사 전체의 수익 증가로 연결한다. 이를테면 동영상 서비스에 유료 회원으로 가입하거나 상품을 구매하도록 유도하는 식이다.

우리가 만들 뉴스 앱의 경우, 클라이언트에게 의견을 물어본 결과 '광고'와 '고객 유도'는 필수라는 전제 아래 진행한다. 그 밖의 비즈니스 모델은 UI 검토와 병행해서 검토한다.

사용자의 방문을 유도하고자 하는 서비스

우리가 만드는 뉴스 앱에는 'My Channel의 다른 서비스로 고객을 유도'하는 최종 목표이자 비즈니스 모델이 있다. 그래서 현재 My Channel의 웹사이트에서 제공하고 있는 서비스를 조사하고 그중 앱에서 이용할 수 있어 보이는 뉴스 이외의 서비스를 다음과 같이 정리했다.

콘텐츠	개요
날씨	지역 단위로 찾아볼 수 있는 날씨 정보
환승 정보 검색	지하철 등의 환승 정보 검색
운세	황도 12궁 별자리 점
동영상 서비스	독자 콘텐츠는 아니지만 다른 회사와 제휴한 동영상 서비스
게임	스마트폰 앱을 중심으로 한 게임
패션 쇼핑 사이트	최근에 젊은층을 끌어들이기 위해 20대~30대를 타깃으로 만든 온라인 쇼핑 사이트
일용품 쇼핑 사이트	일용 잡화를 취급하는 온라인 쇼핑 사이트
식료품 쇼핑 사이트	신선 식품을 제외한 식료품과 음료를 취급하는 온라인 쇼핑 사이트
사전	모르는 단어를 사전이나 위키백과와 연동해서 조사할 수 있는 사이트
여행 예약	국내를 중심으로 한 여행 검색·예약 사이트

부동산 검색	임대·매수 등의 부동산 물건을 소개하는 사이트
요리	요리법을 검색할 수 있는 사이트
쿠폰	각종 음식점에서 이용할 수 있는 쿠폰을 제공

고객을 어떤 서비스로 유도할지는 아직 결정되지 않았지만, 분명한 것은 뉴스 앱이 이들 서비스로 고객을 유도해 이용을 촉진해야 한다는 점이다. 서비스와 앱을 연동하는 방식은 향후의 기획과 요건 정의 과정에서 검토할 것이다.

> **POINT**
> **프로젝트의 포인트**
> - '광고'와 '고객 유도'를 필수 비즈니스 모델로 삼는다.
> - 앱에서 이용할 수 있을 것 같은 My Channel의 다른 서비스 가운데 어떤 서비스로 고객을 유도할지는 앞으로 검토할 예정이다.

> **POINT**
> **UI/UX 검토의 포인트**
> - 사전에 파악해두는 편이 좋은 내용이나 의문점은 절대 뒤로 미루지 말고 즉시 해결한다.
> - 관심이 가는 내용은 전부, 최소 한 번쯤 클라이언트를 대면해서 최대한 파악한다.

14 마켓 리서치

프로젝트의 시장 상황

클라이언트가 왜 뉴스 앱을 만들려고 하는지 이해했다면 이제 사람들이 뉴스 앱을 어떻게 이용하고 있는지 확인할 차례이다.

시장 상황을 조사하면 프로젝트 이해에 도움이 되며, 그 과정에서 향후에 기획을 검토할 때 필요한 수많은 힌트를 발견할 수도 있다.

데스크 리서치

시장을 조사하라고 하면 제일 먼저 드는 생각이 '어떻게 조사하지?'일 것이다. 조사 회사에 의뢰하는 방법도 있지만, 비용이 많이 드는 경우도 있어서 대개는 인터넷을 이용해 직접 조사한다.

현재 다양한 기업과 관공서가 조사를 실시해 인터넷에 결과를 공개한다. 유료 자료도 있지만 무료로 볼 수 있는 것도 많다. 인터넷에서 이런 자료를 조사하는 방식을 '데스크 리서치'라고 부른다. 가령 검색 엔진에 '뉴스 앱 통계' '뉴스 앱 이용 상황' '뉴스 앱 설문 조사' 등을 검색하면 다양한 조사 결과가 나온다. 그것을 하나하나 살펴보면서 프로젝트에 도움이 될 만한 내용을 확인한다.

인터넷상에 공개된 조사 결과를 살펴볼 때의 포인트는 크게 두 가지이다.

⊙ 조사 시기

가령 10년 전의 조사 결과라면 현재 상황과 너무 다른 까닭에 참고 자료로 활용하기 어렵다. 다만 문제는 시의적절한 조사 결과가 꼭 존재한다는 보장도 없다는 것이다. 그렇다면 얼마나 과거의 조사 결과까지 참고해도 될까?

최근 들어서 우리 서비스에 지대한 영향을 끼칠 수 있는 세상 또는 서비스상의 큰 변화(예: 신종 코로나바이러스, AI의 등장)라든가 관련 업계의 큰 변화(예: 큐레이션 미디어의 증가)가 있었다면, 그 변화가 일어난 뒤의 조사 결과만을 참고하는 것이 바람직하다. 만약 그런 변화가 없었을 경우, 우리는 '3년 이내의 조사 결과일 것'을 기준으로 삼는다.

⊙ 조사 결과의 공정성

일정한 사람들에 대해 정량적으로 조사를 실시하므로 누구에게 어떤 조사를 했는지가 중요하다. 가령 "어떤 뉴스 앱을 사용하고 있습니까?"라는 질문을 10명에게 한 조사와 100명에게 한 조사는 결과의 비율이 크게 달라지며, 결과의 신뢰도에 영향을 준다. 한편 "야후! 뉴스Yahoo! News, 구노시Gunosy[구노시는 일본의 스타트업 기업인 주식회사 구노시가 2013년부터 운영한 정보 큐레이션 서비스·뉴스 앱이다-옮긴이], 라인 뉴스LINE NEWS 가운데 어떤 뉴스 앱을 사용하고 있습니까?"라는 질문은 선택지를 너무 한정했다는 의문을 제기할 수 있다. 이런 의문을 느끼려면 어느 정도의 선제 지식이 필요하기도 하지만, 조사 결과를 많이 살펴보다 보면 자연스레 판단할 수 있게 된다.

뉴스 앱에 관한 조사 결과

실제로 인터넷에서 유용해 보이는 조사 결과를 발견했다. 공개된 다음의 두 가지 조사 결과를 바탕으로 시장 상황을 정리하겠다.

- '2021년 모바일 뉴스 앱 시장 동향 조사' −ICT 총연[*]
- '2022년도 정보 통신 미디어의 이용 시간과 정보 행동에 관한 조사' −총무성[**]

[*] https://ictr.co.jp/report/20211220.html/
[**] https://www.soumu.go.jp/iicp/research/results/media_usage-time.html

⊙ 뉴스 앱의 사용 인구

2021년 3월 말 현재 5,671만 명. 이후의 성장은 둔화할 것으로 예측된다. 앱을 이용하지 않고 웹사이트만을 이용하는 사람은 3,442만 명이었다(출처: ICT 총연).

⊙ 앱에 게재된 매체·기사의 수

양의 측면에서는 스마트폰 뉴스 앱인 스마트뉴스SmartNews가 압도적이어서, 매체의 수는 2위의 약 2.7배인 3,000매체, 기사의 수는 2위의 약 3.9배인 3만 4,104건에 이르렀다.

제휴 매체 수는 1위 스마트뉴스, 2위 라인 뉴스, 3위 구글 뉴스Google News, 4위 야후! 뉴스, 5위 구노시였고, 게재 기사의 수는 1위 스마트뉴스, 2위 구글 뉴스, 3위 야후! 뉴스, 4위 라인 뉴스, 5위 구노시였다.

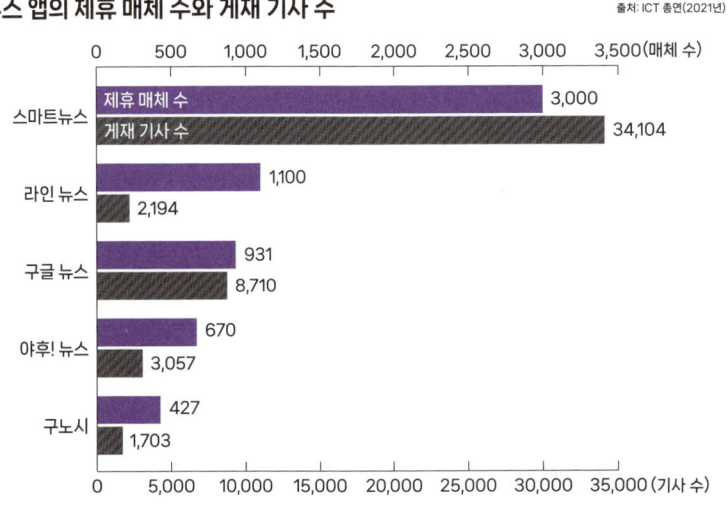

UX 뉴스 앱의 제휴 매체 수와 게재 기사 수   출처: ICT 총연(2021년)

⊙ 이용자가 많은 뉴스 앱

야후! 뉴스와 스마트뉴스가 양강 체제를 구축했으며, 라인 뉴스, 구노시,

구글 뉴스의 순서로 뒤를 잇는다.

⊙ 뉴스 앱의 만족도

포털 계열 앱에서 만족도 1위는 야후! 뉴스, 신문 계열의 경우에는 니혼게이자이신문 온라인이다.

⊙ 뉴스 앱 사용자의 남녀 비율

비즈니스 계열 뉴스 앱의 경우는 남성의 비율이 70퍼센트까지 상승하는 경향이 있다.

UX 남녀별 사용자의 비율이 높은 뉴스 앱

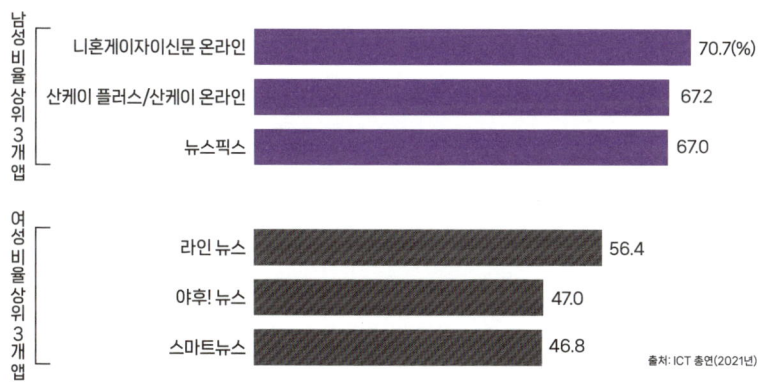

출처: ICT 총연(2021년)

⊙ 신문과 뉴스 사이트/앱의 이용 상황

일본 총무성의 조사 결과*를 살펴본 결과, 신문이나 뉴스 사이트, 뉴스 앱의 이용 상황에 몇 가지 경향이 있음을 알 수 있었다.

먼저, 연령별로 다음과 같은 뉴스 매체 이용 경향을 보였다.

---

* 2022년도 정보 통신 미디어의 이용 시간과 정보 행동에 관한 조사

- 야후! 뉴스, 구글 뉴스 같은 포털 사이트/앱은 30대~50대가 가장 많이 이용하고 있다.
- 스마트뉴스, 구노시 등의 큐레이션 서비스는 20대~60대의 이용률에 그다지 큰 차이가 없다.

그리고 연령대가 높아질수록 다음과 같은 경향이 있음을 알게 되었다.

- 종이 신문의 이용이 늘어난다(30대가 20.4퍼센트인 데 비해 60대는 67.6퍼센트).
- 신문사의 뉴스 사이트를 이용하는 비율이 약간이나마 높아지는 경향이 있다.
- 라인 등의 소셜 미디어가 제공하는 뉴스 서비스의 이용은 감소하는 경향이 있다(20대가 65.9퍼센트인 데 비해 60대는 37.5퍼센트).

또한 가장 많이 이용하는 뉴스 서비스가 10년 사이에 어떻게 변화했는지 살펴보니 모든 연령대에서 다음과 같은 경향이 발견되었다.

- 종이 신문이 크게 감소했다(59.3퍼센트→18.0퍼센트).
- 뉴스 서비스/앱의 이용은 증가 추세에 있지만, 최근 수년 동안은 둔화 상태이다.

UX 가장 많이 이용하는 뉴스 서비스의 추이

	종이 신문	신문사의 유료 뉴스 사이트	신문사의 무료 뉴스 사이트	포털 사이트의 뉴스 서비스	소셜 미디어의 뉴스 서비스	큐레이션 서비스	아무것도 이용하지 않는다
2013년도	59.3	0.3	1.9	20.1			18.3
2014년도	48.5	0.3	1.5	31.6	2.9	2.3	12.8
2015년도	41.9	0.7	1.7	35.0	6.5	3.3	10.9
2016년도	37.3	0.5	1.3	34.7	14.4	3.0	8.9
2017년도	35.9	0.7	1.2	35.7	15.7	2.7	8.1
2018년도	30.7	0.5	1.7	38.1	16.4	5.4	7.2
2019년도	28.5	0.7	1.6	40.3	17.7	5.1	6.0
2020년도	20.4	0.7	2.7	44.9	17.5	6.5	7.5

| 2021년도 | 18.4 | 0.9 | 2.2 | 46.5 | 17.9 | 6.4 | 7.4 |
| 2022년도 | 18.0 | 0.9 | 2.1 | 47.0 | 18.7 | 6.5 | 6.7 |

(%) 출처: 총무성(2022년)

※포털 사이트의 뉴스 서비스: 야후! 뉴스, 구글 뉴스 등
 소셜 미디어의 뉴스 서비스: 라인 뉴스 등
 큐레이션 서비스: 스마트뉴스, 구노시 등

⊙ 목적별 미디어의 활용

목적별 미디어의 활용은 다음과 같은 경향을 보였다.

'사건이나 세상의 움직임을 알기 위해' 이용하는 미디어

- 60대 이상부터 인터넷보다 텔레비전을 이용하는 경향이 급격히 높아진다.
- 미디어의 신뢰성에 관해서는 20대를 제외한 모든 세대가 텔레비전을 가장 신뢰하며 50대 이상에서는 인터넷에 대한 신뢰가 크게 낮아지는 경향이 있다.

UX 사건이나 세상의 움직임을 빠르게 알기 위해 이용하는 미디어

	TV	라디오	신문	잡지	서적	인터넷	기타
전연령대	37.3	0.8	1.3	0.0	0.1	60.1	0.4
10대	24.3	0.0	0.0	0.0	0.0	75.0	0.7
20대	20.3	0.0	0.5	0.0	0.5	77.9	0.9
30대	22.0	0.0	0.0	0.0	0.0	77.1	0.8
40대	34.2	0.9	1.9	0.0	0.0	63.0	0.0
50대	47.6	1.3	2.0	0.0	0.0	49.2	0.0
60대	63.6	1.8	2.2	0.0	0.0	32.0	0.4

(%) 출처: 총무성(2022년)

UX 사건이나 세상의 움직임에 관해서 신뢰할 만한 정보를 얻기 위해 이용하는 미디어

	TV	라디오	신문	잡지	서적	인터넷	기타
전연령대	53.1	0.8	12.7	0.3	1.3	30.8	1.1
10대	55.7	0.0	10.7	0.0	0.7	32.1	0.7
20대	43.8	0.5	7.4	0.0	2.3	44.2	1.8
30대	46.5	0.8	10.2	0.4	2.4	37.6	2.0
40대	50.2	0.6	11.9	0.3	0.9	34.8	1.3
50대	57.7	1.0	16.0	0.7	0.3	24.4	0.0
60대	63.2	1.5	17.3	0.4	1.1	15.8	0.7

(%) 출처: 총무성(2022년)

'취미나 오락에 관한 정보를 얻기 위해/업무 또는 조사에 필요한 정보를 얻기 위해' 이용하는 미디어

- 전반적으로 인터넷의 이용 비율이 높지만, 60대 이상부터 급격히 이용률이 감소하고 그만큼 텔레비전·신문·서적의 이용률이 증가하는 경향이 있다.

UX 취미나 오락에 관한 정보를 얻기 위해 이용하는 미디어

	TV	라디오	신문	잡지	서적	인터넷	기타	그런 정보는 딱히 필요 없다
전연령대	15.6	0.4	0.7	4.0	1.0	75.4	0.8	2.1
10대	6.4	0.0	0.0	2.1	0.0	90.7	0.0	0.7
20대	5.5	0.0	0.0	1.8	0.0	90.3	1.4	0.9
30대	7.3	0.0	0.0	1.2	0.4	88.6	0.0	2.4
40대	13.8	0.0	0.0	3.4	0.0	79.6	0.9	2.2
50대	16.6	1.6	1.0	4.6	2.0	71.7	0.3	2.3
60대	36.8	0.4	2.9	9.2	2.9	43.0	1.8	2.9

(%) 출처: 총무성(2022년)

UX 업무 또는 조사에 필요한 정보를 얻기 위해 이용하는 미디어

	TV	라디오	신문	잡지	서적	인터넷	기타	그런 정보는 딱히 필요 없다
전연령대	3.3	0.1	1.3	0.8	5.8	84.9	1.0	2.8
10대	0.7	0.0	0.0	0.7	7.1	87.9	0.0	3.6
20대	1.8	0.0	0.5	0.5	5.1	90.3	0.9	0.9
30대	1.6	0.0	1.2	0.4	4.9	89.0	0.4	2.4
40대	1.9	0.0	0.6	0.9	4.4	89.0	0.9	2.2
50대	4.6	0.3	1.6	1.0	4.9	84.7	0.3	2.6
60대	7.7	0.4	2.9	1.1	9.2	70.6	2.9	5.1

(%) 출처: 총무성(2022년)

이상이 데스크 리서치로 얻은 조사 결과이다.

조사 결과에서 힌트를 찾는다

이번 데스크 리서치에서는 무료로 공개된 두 가지 조사 결과를 보고 우리 프로젝트를 둘러싼 환경을 이해하는 데 도움이 되는 정보나 뉴스 앱을 이용하는 사용자의 특징 등 향후의 검토에 힌트가 될 만한 정보를 많이 발견할 수 있었다. 이런 정보를 알고 있는 상태에서 검토하는 것과 모르는 상태에서 검토하는 것은 검토의 질에서 큰 차이가 난다. 이처럼 필요한 인풋을 하나하나 해나가면서 프로젝트를 진행한다. 경우에 따라서는 가공하지 않은 데이터까지 공개하기도 하므로 필요한 만큼 더 자세히 분석할 수도 있다.

조사한 결과 가운데 도움이 될 만한 정보는 향후에 검토할 때 되돌아보기 쉽도록 간단명료하게 정리해놓자.

POINT

프로젝트의 포인트

데스크 리서치를 통해서 얻은 것
- 일본에서 뉴스 앱의 이용자 규모는 현재 6,000만 명에 이르지만, 성장률은 둔화하고 있다.
- 많이 이용하는 뉴스 앱은 '야후! 뉴스'와 '스마트뉴스'이다.
- 제휴 매체와 게재 기사의 수는 스마트뉴스가 압도적인 1위이다.
- 비즈니스 계열의 뉴스 앱은 남성 비율이 최대 70퍼센트까지 상승하는 경향이 있다.
- 종이 신문은 높은 연령대에서 많이 이용하지만 전체적으로는 감소 추세이다.
- 뉴스 미디어로서는 텔레비전의 신뢰도가 가장 높다.
- 60대 이상은 50대 이하에 비해 뉴스 미디어로서 인터넷을 그다지 신뢰하지 않는다. 또한 취미나 오락에 관한 정보 또는 업무나 조사에 필요한 정보를 찾을 때도 전체적으로 인터넷의 이용 비율이 높으나 60대 이상부터는 급격히 이용률이 감소하며, 그만큼 텔레비전·신문·서적의 이용률은 증가하는 경향이 있다.

POINT

UI/UX 검토의 포인트
- 자신이 진행하는 프로젝트의 시장에 관해서 리서치를 실시해 어떤 경향과 특징이 있는지 이해한다.

15 경쟁자 리서치

선구자를 분석한다

뉴스 앱 시장의 상황과 경향을 이해했다면 마지막으로 할 일은 실제로 시장에 있는 다른 뉴스 앱을 분석하는 것이다. 선구자들의 생각과 행동을 분석하면 서비스를 설계할 때 고려할 사항이나 힌트를 입수할 수 있다.

분석 대상은 데스크 리서치의 결과를 참고해 '야후! 뉴스'로 정했다. 실전에서는 아무리 적어도 상위 세 개는 분석해보는 것이 바람직하므로, 실제 프로젝트에서는 복수의 대상을 분석하기 바란다.

이번 경쟁자 리서치는 내가 다른 앱 분석에 즐겨 쓰는 방법으로 실시한다.

앱 분석의 단계

STEP 1 앱 스토어를 살펴본다

iOS의 앱스토어나 안드로이드의 구글 플레이에서 해당 앱을 검색해 소개 영상과 소개문을 확인한다. 앱 스토어는 앱을 홍보하는 최전선이다. 대부분의 경우, 앱의 제공자는 그곳에 앱의 세일즈 포인트를 알려 사용자가 앱을 설치하도록 유도한다. 그러므로 스토어에 해당 앱이 어떻게 소개되어 있는지 확인하면 앱의 특징이나 그 기업의 전략을 아는 데 도움이 된다.

STEP 2 무조건 앱을 사용해본다

어떤 앱이든 일단 사용해봐야 한다. 한 시간 정도 사용하는 것이 아니라 최소 일주일은 강제로 사용해본다. 앱이 추구하는 이상적인 경험을 확인하려면 모든 기능을 사용해야 한다. 그러므로 푸시 알림 등의 기능도 전부 켜서 앱을 구동하도록 유도하고자 어떤 장치를 해두었는지 등을 확인하자.

또한 과금 기능이 있다면 일단 무료 상태에서 모든 기능을 사용해본 뒤에 돈을 내고, 과금 후에는 사용자 경험이 어떻게 달라지는지 확인한다.

STEP 3 분석한다

STEP1과 STEP2가 끝났다면 앱이 어떤 전략으로 만들어졌는지 분석한다. 특히 중요한 것은 '제작자가 내세우는 포인트'와 '이용 스토리와 제공하는 기능의 관계성'을 정리하는 것이다.

'야후! 뉴스'의 분석

그러면 2024년 1월 말 시점의 정보를 바탕으로 야후! 뉴스를 분석해보자.
※ 참고로, 여기에서 실시한 분석은 어디까지나 가설에 입각한 분석이다. 실제 야후! 뉴스와 야후 주식회사와는 무관하다.

⊙ 스토어에 게재된 내용으로 앱의 특징을 분석한다

스토어의 소개문 확인

다음은 스토어에 있는 야후! 뉴스 앱의 소개문에 적혀 있는 글이다.

> 야후! 뉴스 앱의 특징
> 1. 야후! 뉴스 토픽스 편집부가 365일 24시간 내내 세상의 움직임을 살피고 최신 뉴스를 전달합니다.
> 2. 호우 예보나 지진 속보 등의 재해·날씨 정보를 푸시 알림으로 보내드립니다. 태풍이 오거나 큰비가 내릴 때 편리합니다.
> 3. 지진 속보뿐만 아니라 중대 뉴스도 실시간으로 알려드립니다. 속보를 놓치지 않고 확인할 수 있습니다.
> 4. 댓글로 다른 사람들의 의견을 알 수 있어 뉴스에 대한 이해가 더욱 깊

어집니다. '댓글 수 급상승 순위'를 통해 현재 화제에 오른 기사도 확인할 수 있습니다.

5. 실시간 뉴스 동영상을 365일 24시간 언제라도 볼 수 있습니다.
6. 일기 예보나 텔레비전 방송 편성표 등 있으면 편리한 기능도 가득합니다!

이 소개문으로 미루어, 시사 뉴스를 제외한 특징적 요소는 다음과 같다.

- 재해·날씨 정보, 지진 속보
- 기사의 댓글
- 실시간 뉴스 동영상 제공
- 텔레비전 방송 편성표

스토어의 미리 보기 확인

다음에는 스토어의 미리 보기 화면을 살펴본다.

여기서 처음 세 장이 특히 중요하다. 가령 iOS의 앱스토어에서는 '뉴스' 등의 키워드로 검색하면 검색 조건에 해당하는 앱의 목록이 표시되는데, 세로 화면일 경우 앱과 함께 미리 보기 첫 세 장이 표시된다. 사용자는 검색 결과에 뜨는 미리 보기를 참고해 각각의 앱을 비교할 테니 그 세 장을 통해서 무엇을 전하느냐가 매우 중요하다. 대부분의 사용자가 모든 화면을 보지는 않으므로 처음 몇 장이 핵심인 것이다. 그러니 이런 점도 고려해서 스토어의 미리 보기를 만들자.

이런 관점에서 미리 보기 첫 세 장에는 다음과 같은 앱의 특징적인 요소가 보인다.

- 날씨·재해·지진
- 댓글 기능
- 문자 크기 확대
- 독자가 주목한 부분 공유

스토어에서 파악할 수 있는 앱의 특징

소개문과 미리 보기의 내용을 정리하면, 앱이 내세우는 포인트는 다음과 같다고 할 수 있겠다.

- 날씨·재해 정보, 지진 속보
- 문자 크기 확대
- 기사의 댓글
- 하이라이트 기능으로 독자가 주목한 부분 공유
- 실시간 뉴스 동영상 제공
- 텔레비전 방송 편성표

⊙ 서비스의 배경을 이해한다

야후! 재팬은 일본인이 가장 많이 이용하는 사이트

구체적인 분석을 시작하기에 앞서 공개되어 있는 관련 정보 등을 보충해 살펴보면 서비스의 배경을 이해하는 데 도움이 된다. 야후! 뉴스는 일본에서 매우 오랜 기간 이용된 뉴스 서비스 중 하나이다. 특히 야후! 재팬 Yahoo Japan 이라는 포털 사이트를 많은 사람들이 이용해왔다. 시청률 분석을 전문으로 하는 닐슨 디지털 주식회사의 'TOPS OF 2023: DIGITAL IN JAPAN'에 따르면 일본 인터넷 서비스의 이용자 수에서 구글을 누르고 2년 연속 1위를 차지한 사이트가 야후! 재팬이다.

UX 2023년 일본 인터넷 서비스의 이용자 수

순위	서비스명	월평균 이용자 수
1위	야후! 재팬	8,484만 명
2위	구글	8,367만 명
3위	라인	8,017만 명
4위	유튜브	7,369만 명
5위	라쿠텐	7,063만 명

6위	아마존	6,697만 명
7위	X(구 트위터)	6,027만 명
8위	인스타그램	5,841만 명
9위	페이페이	5,067만 명
10위	MSN/아웃룩/빙/스카이프	3,778만 명

출처: 닐슨 디지털 주식회사의 'TOPS OF 2023: DIGITAL IN JAPAN'에서 일부 발췌*
※페이페이PayPay: 일본의 QR 결제 서비스

방대한 활성 사용자

야후! 재팬의 매체 자료에 따르면 월간 활성 사용자(Active User)는 8,500만 명에 이른다. 일본인 대다수가 이용하고 있는 것이다.

출처: 야후! 재팬의 매체 자료(2023년 3월)**

과거의 역사를 기반으로 상상해본다

야후! 뉴스의 앱 스토어 소개에 '문자 크기 확대'와 '텔레비전 방송 편성표'라는 특징이 강조된 것을 보면 높은 연령층을 의식하고 있다는 가설을 세울 수 있다. 과거의 인터넷 사용 역사를 생각해봐도 오래전부터 야후! 사이트를 이용했던 사람이 나이 들어서도 핵심 사용자로 남아 있을 가능성이 있다.

---

*   https://www.netratings.co.jp/news_release/2023/12/Newsrelease20231220.html
** https://s.yimg.jp/images/listing/pdfs/yj_mediaguide.pdf

⊙ 앱이 내세우고 있는 포인트를 사전에 정리한다

야후! 뉴스의 운영 방침에는 다음과 같은 문장이 있다.

> 야후! 뉴스는 신뢰성과 공공성이 높은 정보 유통의 장소로서 다양한 정보와 의견의 건전한 유통을 소중히 여기며, 많은 사용자가 안심하고 이용할 수 있도록 서비스를 운영하고 있습니다.*

여기에서 야후! 뉴스가 의식하는 부분이 '폭넓은 세대' '공공성' '의견의 교류'임을 짐작할 수 있다. 이 운영 방침에 입각해 앞에서 확인한 앱의 특징을 살펴보면, 야후! 뉴스가 내세우는 포인트를 다음과 같이 정리할 수 있다.

공공성
- 날씨·재해 정보, 지진 속보
- 실시간 뉴스 동영상 제공

폭넓은 세대
- 문자 크기 확대
- 텔레비전 방송 편성표

의견의 교류
- 기사의 댓글
- 독자가 주목한 부분 공유

그러면 지금부터는 실제로 일정 기간 사용해보고 알게 된 점을 살펴보자.

---

* 출처: https://news.yahoo.co.jp/info/news-operation-policy

◎ **뉴스의 탭은 단순하게 분야로만 분류**

야후! 뉴스는 탭의 종류가 굉장히 적어서, 크게 나누면 '국내' '국제' '경제' '스포츠' 'IT' '연예' '과학' '지역'뿐이다. 사용자가 새로운 탭을 추가하는 기능도 없다.

이 구성은 지면별로 분야가 정해져 있는 신문과 약간 비슷하다. 앱이 신문의 구독자이기도 한 높은 연령층의 사용자를 의식한 것인지도 모른다. 또한 편집의 자유도를 높이기보다 분야를 줄임으로써 뉴스 앱 초보자도 알기 쉽게 만들었을 가능성도 있다.

◎ **뉴스의 개인화**

사람들은 기본적으로 자신이 흥미를 느끼는 뉴스를 많이 읽는다. 가령 나는 일본 축구 국가대표 선수나 메이저리거인 오타니 쇼헤이 선수에 관한 기사를 자주 읽는 모양이다. 그래서 앱의 초기 화면에 있는 '주요' 탭을 아래로 스크롤하니 표시한 것처럼 스포츠 관련 뉴스가 잔뜩 있었다.

이로 미루어 앱이 사용자의 흥미와 관심 분야를 학습해 최적화된 뉴스를 표시하는 것으로 보인다. 자신이 흥미를 느낄 만한 기사가 연속해서 표시되는 까닭에 실제로 읽는 기사가 늘어나고, 그 결과 앱의 이용 시간이 증가한다.

⊙ 기사에 대한 사용자의 댓글

앱을 보면서 제일 먼저 깨달은 점은 다른 뉴스 앱과 달리 '독자를 가시화'했다는 것이다. 기사 목록 화면에서부터 사용자들이 단 댓글의 수가 표시된다.

기사를 누르면 화면 하단에 댓글의 일부가 등장해 댓글 목록을 확인하도록 유도한다.

⊙ 댓글에 대한 반응 표시

기사 하단에 수많은 익명 독자의 댓글이 있나. 각 댓글에는 '좋아요'나 '싫어요'라는 반응만을 표시할 수 있다. 아마도 이 반응의 수를 바탕으로 댓글의 나열 순서를 변경하는 듯한데, 더 많은 사람이 공감하는 '좋은' 댓글이 위에 표시되도록 설계한 것 같다.

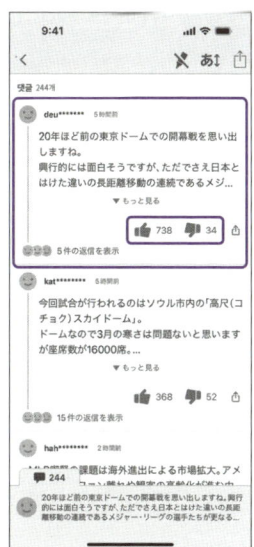

◉ **전문가의 해설**

댓글을 단 사람 중에 '전문가의 해설'이라는 표시가 달린 프로필을 볼 수 있다. 이 표시가 달린 프로필은 본인의 얼굴 사진을 아이콘으로 사용해, 일반 독자가 봤을 때 앱이 공인한 전문가라는 인상을 준다.

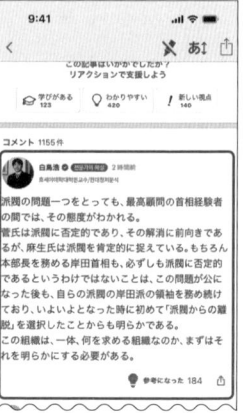

◉ **기사에 자신의 의견을 손쉽게 표시**

댓글뿐만 아니라 기사에도 의견을 표시할 수 있다. 기사를 다 읽고 나면 '공부가 됐어요' '알기 쉬워요' '참신한 관점'이라는 선택지 중에서 자신의 감상을 선택할 수 있었다.

◉ **기사에 실린 설문 조사에 참여**

또한 기사 중에는 독자를 대상으로 설문 조사를 실시하고 그 결과를 공표한 것도 있어서, 다른 사람들이 그 기사의 내용 등에 대해 어떻게 생각하고 있는지 확인할 수 있다. 물론 사용자 자신도 설문 조사에 참여할 수 있다.

⊙ 댓글이 중시된 순위

앱의 하단에 '순위'라는 탭이 있는데, 들어가보면 '댓글 급상승' 순위가 나온다. 일반적으로 순위를 매긴다고 하면 조회수나 재생 횟수 등 얼마나 많은 사람이 그 콘텐츠에 접속했는지를 나타내는 수치를 기준으로 하는 경우가 많은데, 야후! 뉴스에서는 얼마나 많은 댓글이 달렸는지를 기준으로 했다. 그만큼 독자인 사용자를 가시화하는 데 중점을 두었음을 알 수 있다.

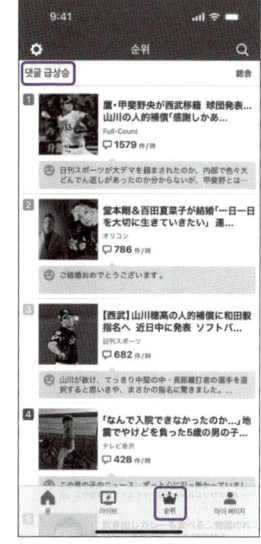

⊙ 독자의 콘텐츠화

이렇게 살펴보면 야후! 뉴스는 기사뿐만 아니라 기사를 읽는 우리 독자도 하나의 콘텐츠로 여기고 독자의 의견을 모아서 공개함으로써 다른 독자들의 공감을 얻을 뿐만 아니라 이를 통해 더 많은 독자의 반응을 유도하는 선순환 전략을 택하고 있음을 짐작할 수 있다.

과거에 악성 댓글이 범람하자 댓글을 다는 사용자의 전화번호 등록을 의무화했던 시기가 있었는데, 단순히 그런 대책을 세우는 데 그치지 않고 댓글이 표시되는 방식이나 의견을 내는 방식 등을 고민해 긍정적이고 신뢰도 높은 독자 반응이 많아지도록 운영하는 것이 화면 곳곳에서 느껴졌다.

⊚ 독자의 참여를 촉진하는 게이미피케이션(게임화)

'마이 페이지' 탭에 들어가니 마치 게임처럼 '레벨1'이라고 표시되어 있었다. 야후! 뉴스 앱에서는 기사 읽기는 물론이고 기사나 댓글에 의견을 표시하거나 댓글을 써서 메달을 획득할 수 있다. 그리고 메달을 모으면 레벨이 오른다.

독자를 콘텐츠화하기 위해서는 독자가 앱 내에서 적극적으로 활동하도록 유도할 필요가 있으므로 게임 요소를 도입해 독자의 활동을 촉진하는 것으로 보인다.

⊚ 짧게 편집한 제목을 톱 화면에 게재하는 '야후 토픽'

야후! 뉴스 웹사이트의 톱 화면에 오르면 많은 사람이 보게 되는 까닭에 여기 오르는 자체로 화제가 되고는 한다. 야후! 뉴스 측은 기사의 제목을 톱 화면에 게재할 때 그 기사의 원래 제목이 아니라 15.5문자 이내로 편집한 제목을 사용한다.* 이것을 '야후! 뉴스 토픽스', 줄여서 '야후 토픽'이라고 한다.

야후 토픽은 야후! 뉴스 측이 각 매체에서 취득한 방대한 기사 가운데 지금 독자에게 알리고자 하는 것을 골라 게재함으로써 실시간 주요 뉴스나 세간의 주목을 받는 뉴스 등을 독자들에게 널리, 그리고 정확하게 전달한다.

---

* 관련 자료: '야후! 뉴스 토픽스의 제목 문자 수를 최대 15.5문자로 변경합니다'
https://news.yahoo.co.jp/newshack/info/yahoonews_topics_heading15.html

이 방침은 앱의 톱 화면에 대해서도 마찬가지여서, 앱을 구동하면 첫 여덟 건 정도의 뉴스는 한 줄에 다 들어가는 짧은 제목으로 표시된다.

⊙ 사건의 전체상을 전하는 편집

기사를 읽어보면 그 기사의 요약이 먼저 나오기도 하고 장기로 진행 중인 사건일 경우 과거의 기사를 타임라인으로 나열하는 등, 사람(어쩌면 AI일지도 모른다)이 관여했음을 알게 된다. 물론 기사의 마지막에 그 기사와 관련된 기사들을 관련 기사라는 명칭으로 추가해놓기도 했지만, 전체를 하나의 주제로 파악하고 기사를 시간순으로 나열해 지금 읽고 있는 기사가 과거의 연장선에 있음을 보여주는 장치가 있다는 점이 크게 다르다. 이와 같은 '편집'은 야후! 뉴스 앱의 커다란 특징 중 하나이다. 다양한 매체에서 모은 기사를 단순히 나열하는 것이 아니라 전체상을 전달하고자 열심히 궁리하고 있음을 알 수 있다.

이런 장치들은 사용자가 기사를 더욱 쉽게 이해하도록 돕는 역할을 하며, 이와 동시에 중간 페이지나 관련 페이지를 늘림으로써 사용자의 페이지 이동을 유도해 앱 전체의 화면 표시 횟수를 늘리고 광고 수익의 증가를 꾀한다는 비즈니스 측면의 전략과도 상성이 좋아 보인다.

⊙ 기사가 SNS에 확산되도록 유도

앱을 사용하다 보면 화면 곳곳에 낯익은 SNS 아이콘이 보인다. 게다가 이 아이콘들은 매우 좋은 위치에 배치되어 있다.

가령 기사의 경우 제목 근처에 세 가지 SNS 아이콘이 있어서 터치하면 즉시 그 SNS에 공유할 수 있다. 더불어 화면의 오른쪽 위에는 공유 아이콘(OS의 공유 기능을 연다)이 있어서, 앞의 세 가지 SNS 이외에도, 즉시 원하는 다른 곳에 기사를 공유할 수 있다. 또한 이 공유 아이콘은 언제든 공유하고 싶어졌을 때 곧바로 터치할 수 있도록 화면을 스크롤해도 항상 상단에 고정되어 있다.

⊙ X(구 트위터)*에서 현재 화제가 되고 있는 키워드를 야후! 뉴스에 소개하는 이유

'X에서 화제' 코너

SNS와 관련해 흥미로운 점이 또 있다. 앱을 구동한 직후에 나오는 톱 화면을 보면 핵심 콘텐츠인 야후 토픽 다음에 현재 X에서 화제가 되고 있는 키워드가 나열되어 있다. 물론 그것이 'X에서 화제인 야후! 뉴스 기사'뿐이라면 이해되지만, 뉴스와는 무관해 보이는 키워드도 있다. 대체 어떤 의도일까?

기사의 공유를 유도하는 이유를 고찰한다

X에서 화제가 되고 있는 키워드를 나열한 이유를 알기에 앞서, 왜 화면에

---

* 편집자 주: 이하 본문에서는 'X'라고 적는다.

기사의 공유 기능을 적극적으로 표시했는지 생각해보자. 그 이유는 독자가 다른 사람 또는 SNS에 기사를 공유함으로써 기사에 흥미를 느낀 사람들이 링크를 통해 야후! 뉴스를 방문하기를 바라기 때문일 것이다. 이것이 PV/SV(화면 표시 횟수)나 MAU(월간 활성 사용자 수)로 이어지면 미디어로서 그리고 광고판으로서 가치가 높아지며, 야후! 뉴스의 독자도 늘릴 수 있다.

또한 야후! 뉴스에서는 댓글 같은 사용자의 반응이 중요한 콘텐츠이므로 그런 반응을 해줄 사용자를 모으는 것이 중요한 과제인데, SNS 사용자들은 평소에 인터넷상에 다양한 의견을 표시한다. 그런 사용자들을 꾸준히 모으기 위해서도 SNS에 기사를 공유하는 기능을 중시하는 것인지 모른다.

X 사용자와 야후! 뉴스 사용자의 친화성

그런데 앱의 톱 화면에서 수많은 SNS 가운데 X만을 특별 취급한 이유는 무엇일까?

첫 번째 이유는 SNS에서 화제가 되고 있는 키워드(트렌드)와 그 키워드에 해당하는 뉴스를 표시함으로써 독자에게 '지금 화제가 되고 있는 것'을 다른 시점으로 전달할 수 있다는 것이다.

더 중요한 두 번째 이유는 댓글이다. 일본에서 X는 SNS 중에서도 익명과 실명을 불문하고 뉴스에 대해 자신의 의견을 말하거나 토론하는 활동이 매우 활성화된 미디어이다. 익명의 독자들이 댓글을 달거나 토론해주기를 바라는 야후! 뉴스로서는 댓글을 달아줄 독자층으로 X의 사용자를 포섭하고 싶었던 것이 아닐까? 이를 위해서 기사를 읽으며 현재의 트렌드도 알 수 있는, X 사용자가 환영할 만한 기능을 추가했는지도 모른다. 또한 X측으로서도 트렌드 정보를 제공하는 대가로 방대한 사용자를 보유한 야후! 뉴스 측 사용자가 유입되어 트래픽이 증가할 것이므로 양쪽 모두에 윈윈인 듯하다.

⊚ 텔레비전처럼 저절로 재생되는 뉴스 동영상

하단 두 번째에 있는 '라이브' 탭을 열면 화면의 위쪽에서는 실시간 뉴스 방송이 재생되고 아래쪽에는 개별 뉴스의 과거 동영상 목록이 표시된다.

여기에서 주목할 부분은 실시간 뉴스 방송이다. 이 탭을 연 순간부터 동영상이 재생되므로 텔레비전 뉴스 같은 느낌이 든다. 텔레비전은 수동적인 미디어인데, 이 실시간 뉴스 방송 또한 탭을 연 순간 재생된다는 관점에서 굉장히 수동적인 콘텐츠이다. 1-4의 마켓 리서치에서 얻은 '60대 이상부터 텔레비전을 이용하는 경향이 급격해진다'라는 조사 결과와 '야후! 뉴스는 연령대가 높은 사용자층

을 의식한다'라는 가설에 비추어 보면, 텔레비전을 켰을 때처럼 탭을 연 순간 방송이 재생되는 사용자 경험을 제공하는 것이 이해가 된다.

⊚ 정해진 시간에 보내는 푸시 알림

사용자가 앱을 구동하는 큰 계기가 되는 푸시 알림은 하루에 수차례 온다.

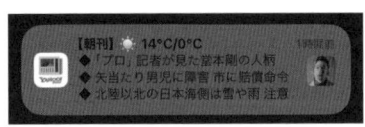

먼저, 아침, 점심, 저녁에 그때의 주요 뉴스 세 가지를 알려주는 푸시 알림이 온다. 이동 시간이나 점심시간 등 잠시 스마트폰을 들여다볼 여유가 있는 타이밍과 겹치도록 설계되어 있다. 이 푸시 알림을 터치하면 세 가지 뉴스와 날씨가 표시되

며, 이어서 '최신 토픽'이라는 코너에 뉴스가 시간순으로 나열된다. '지금 일어나고 있는 일'을 실시간으로 알 수 있도록 만들어진 이 화면은 알림을 터치한 사람의 동기와 합치한다.

⊙ 다양한 푸시 알림

기사 제목 앞에 '많은 사람이 읽은 기사'라는 표시를 넣은 푸시 알림도 온다. 이 표시로 그 기사가 주목받고 있음을 암시해 사용자의 관심을 끄는 것이다. 내 경험상 이 푸시 알림은 저녁의 푸시 알림보다 늦은 오후 8시경에 올 때가 많은데, 집에서 여유롭게 쉬고 있을 때를 노린 것인지도 모른다.

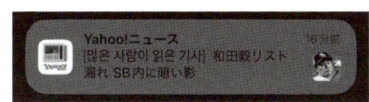

또한 속보, 지진 등의 재해에 관한 정보도 푸시 알림으로 와서 '지금 일어난 일'을 즉시 알 수 있다. 실시간으로 중요한 소식을 알리는 것은 사용자의 신뢰로 직결된다. 다른 뉴스 앱과 경쟁해서 승리하기 위해서도 매우 중요하다.

⊙ 푸시 알림의 역할

정리하면, 푸시 알림은 역할에 따라 세 종류로 설계되어 있다.

- 습관화: 사용자가 특정 행동을 하는 중에 앱을 이용하는 습관이 들도록 정기적으로 보내는 푸시 알림
- 화제성: 현재 무엇이 화제가 되고 있는지 알려주어 사용자의 시선을 끌기 위한 푸시 알림
- 신뢰성: 중요한 뉴스나 재해 소식 등 실시간성이 중시되는 푸시 알림

분석 결과

지금까지의 야후! 뉴스 앱 분석 결과를 간단히 정리해보자.

⊙ 야후! 뉴스가 내세우는 포인트

공공성
- 날씨·재해 정보, 지진 속보
- 실시간 뉴스 동영상 제공

폭넓은 세대
- 문자 크기 확대
- 텔레비전 방송 편성표

의견의 교류
- 기사의 댓글
- 독자가 주목한 부분 공유

⊙ 특징

- 높은 연령층의 이용을 강하게 의식
- 보기 쉽도록, 알기 쉽도록 뉴스의 카테고리를 단순하게 구성
- 사용자의 이용 패턴을 학습해 좀 더 사용자의 관심도가 높은 뉴스를 표시
- 사용자의 반응을 가시화해 콘텐츠성을 부여함으로써 뉴스 기사의 가치 향상
- 전문가의 댓글이나 평가가 높은 댓글 등을 상위에 표시하여 눈에 들어오는 댓글의 질을 향상
- 기사와 댓글에 터치 한 번으로 의견을 손쉽게 표현할 수 있는 방법을 제공
- 단순히 기사를 모아서 표시하는 데 그치지 않고 편집을 통해 기사를 더욱 읽기 쉽게 만들거나 시간순으로 뉴스를 읽는 경험을 제공
- 방문자의 증가를 위해 기사를 SNS에 확산시키도록 유도

● 사용자가 앱을 구동하게 하는 역할을 염두에 두고 설계된 푸시 알림

◎ 이용 스토리와 제공하는 기능의 관계성

지금까지 분석한 내용을 도식화하면 사용자의 이용 스토리와 여기에 맞춰 어떤 기능과 콘텐츠가 준비되어 있는지 등을 전체적으로 바라볼 수 있다.

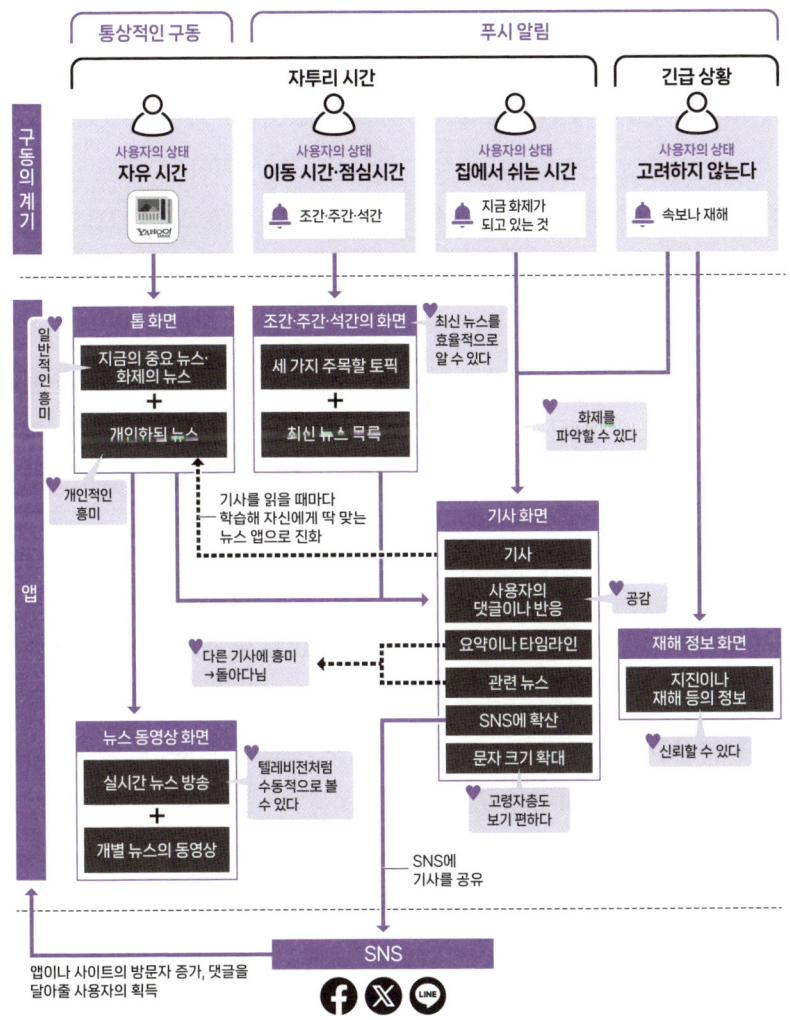

경쟁자를 분석해 출발선을 상향 조정한다

불과 하루, 길면 며칠 동안의 리서치로 야후! 뉴스가 장기간에 걸쳐 검토해 온 UI/UX에 관해서 많은 것을 느낄 수 있었다. 뉴스 앱의 기본적인 기능뿐만 아니라 야후! 뉴스의 사상이라든가 그 사상을 실현하기 위해 어떤 기능과 콘텐츠를 설계했는지도 알 수 있었는데, 이것은 향후 우리의 UI/UX 검토에 크게 도움이 될 듯하다. 바로 이런 것이 후발 주자의 이점이다. 선구자들이 매일 개선을 거듭해서 만들어낸 결과를 활용하면 프로젝트의 출발선이 높아지고, 그 결과 선구자의 UI/UX 품질에 빠르게 접근할 수 있다. 극단적으로 말하면 경쟁자를 분석한 덕분에 제로에서부터 시작해야 하는 수고를 덜었다고도 할 수 있겠다.

실제 프로젝트에서는 복수의 앱을 분석하는데, 그러고 나면 앱들 사이에 공통되는 부분과 다른 부분이 명확해진다. 이를 통해서 다른 앱들과 보조를 맞출 부분은 무엇이고 차별화를 위해 바꿔야 할 부분은 무엇이며 무엇을 새로 도입해야 할지 등을 넓은 시야에서 검토할 수 있게 된다.

일선에서 활약하는 UI/UX 디자이너에게 배운다

경쟁자 리서치를 실시한다는 것은 세상의 UI/UX 디자이너가 고심해 내놓은 서비스를 분석한다는 뜻이다. 요컨대 경쟁자 리서치는 일선에서 활약하는 UI/UX 디자이너의 생각과 접근법을 배울 기회이기도 하다. 실제로 우리 회사에서는 UX 디자이너에게 교육의 일환으로써 '특정 앱을 분석해 설계 사상을 정리하는' 과제를 반복적으로 준다. 이것은 분석력과 UI/UX에 관한 지식을 동시에 손에 넣을 수 있는 매우 의미 있는 교육 방법이다. 앞으로 현장에서 수많은 프로젝트의 UI/UX를 디자인하게 될 독자 여러분도 자신의 프로젝트를 단순히 UI/UX를 고민하는 일이 아니라 UI/UX에 관한 공부로 여기며 성장했으면 한다.

> **POINT**
>
> **프로젝트의 포인트**
> 야후! 뉴스에서 배운 점
> - 사용자의 행동에 맞춰서 앱을 구동할 계기를 제공하며, 사용자의 정착과 신뢰를 얻고자 고민한다.
> - 사용자가 뉴스 기사를 많이 보면 좀 더 자신의 흥미에 맞는 뉴스가 표시되면서 사용자에게 더욱 가치 있는 앱으로 진화한다.
> - 단순히 뉴스를 모아놓는 것이 아니라 사용자의 반응을 가시화하거나 기사 제시 방식을 편집함으로써 기사의 가치를 높인다.
> - 기사를 SNS에 확산하도록 유도해 접속 수와 이용자를 늘린다.
> - 의식하고 있는 타깃에 맞는 기능과 콘텐츠를 제공하여 사용자의 확보를 꾀한다.

> **POINT**
>
> **UI/UX 검토의 포인트**
> - 다른 앱을 분석하면 그 기업이 무슨 생각으로 앱을 설계했는지 이해할 수 있으며, 자신의 프로젝트에 활용할 힌트를 많이 모을 수 있다.
> - 경쟁자 리서치를 일선에서 활약하는 UI/UX 디자이너들의 생각과 접근법을 배울 기회로 여기며 성장한다.

UX

2장
사용자 조사

일정

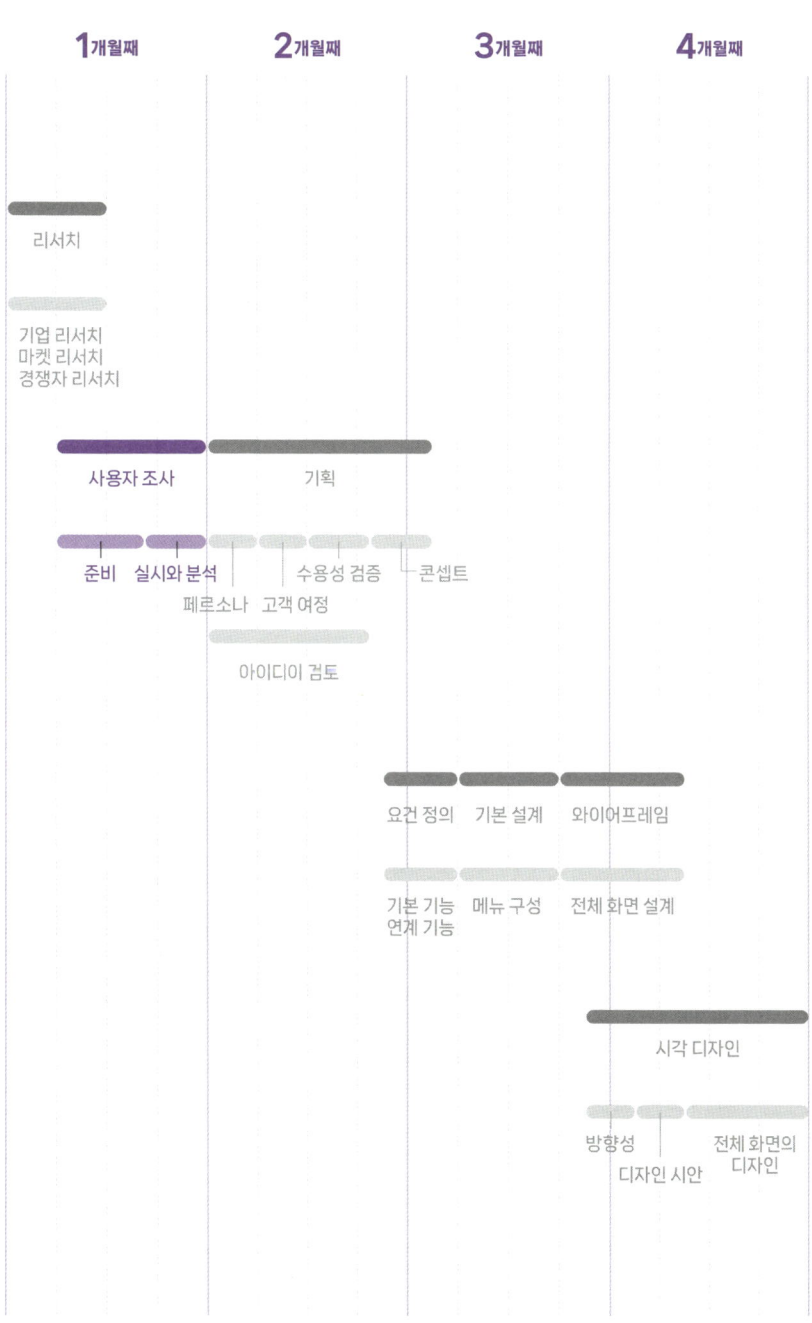

2-1 사용자 조사란 무엇인가

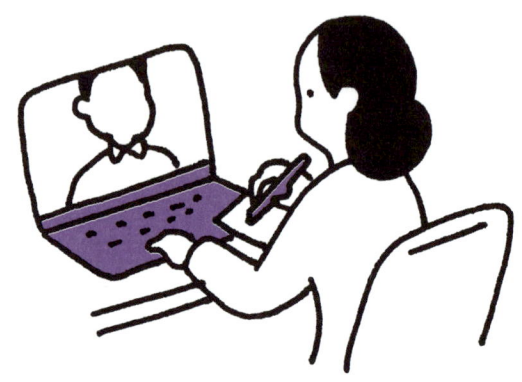

사용자 조사의 종류와 목적

UX 검토에서 사용자 조사를 실시하는 이유는 제품의 중심에 있는 '사람'을 올바르게 이해하고 분석하여 제품의 검토에 활용하기 위함이다. 사용자가 어떤 사람이고 어떤 생활과 일을 하고 있으며 언제 무엇을 하는지, 또한 그때 무엇을 느끼고 생각하는지에 관해서 아는 것이 사용자 조사의 목적이다.

UX 검토의 프로세스에서는 여러 종류의 사용자 조사 방법을 상황에 맞춰서 사용하여 시의적절하게 알고 싶은 정보를 얻는다.

정성 조사와 정량 조사

UX 검토 시 자주 실시하는 사용자 조사는 크게 정성(定性) 조사와 정량(定量)

조사로 나뉜다. 간단히 말하면, 인터뷰나 관찰 등을 통해서 통찰을 얻은 다음 그 통찰을 바탕으로 가설이나 아이디어를 만드는 것이 정성 조사이고, 웹사이트상의 설문 조사나 접속자 분석 등을 통해서 수치 지표를 얻어 객관적으로 판단하는 것이 정량 조사이다.

조사를 실시하는 경우 인터뷰 대상자의 소집이라든가 조사 내용의 설계, 조사의 실시 및 분석이 필요한데, 이를 실시할 역량이 자사에 없다면 전문 회사에 일임할 수도 있다. 물론 인터뷰 대상자의 소집만 의뢰한 다음 인터뷰는 직접 하는 것도 가능하다.

정성 조사와 정량 조사의 종류는 한두 가지가 아닌데, 그중에서 UX를 검토할 때 자주 실시하는 조사를 몇 가지 소개하겠다.

탐색형 정성 조사

탐색형 정성 조사는 서비스나 기획을 만들 때 축이 될 '이러해야 한다'라는 가설이 없는 등의 상황에서 깨달음을 얻기 위해서 실시한다. '심층 인터뷰'라고도 부른다.

일대일 면담 형식으로 인터뷰를 실시해, 사용자의 말이나 행동 속에서 본인조차도 깨닫지 못하는 심층 의식을 탐색한다. 예를 들어 영어를 잘하고 싶어 하는 비즈니스 종사자를 인터뷰한다면, '업무의 폭을 넓히고 싶다'라는 '욕구(인사이트)', '영어로 유창하게 말하고 싶다'라는 '요구(니즈)', '영어를 못하면 앞으로 먹고살기가 더욱 힘들어질 것 같다'라는 '가치관', '매일 시간을 내기가 어려워 영어 공부가 오래 지속되지 않는다'라는 '과제' 등을 발견해나간다.

이렇게 해서 얻은 통찰을 가설이나 아이디어를 만들어내기 위한 실마리로 삼는 것이 이 조사의 목적이다.

가설을 검증하기 위한 정성 조사

탐색형 정성 조사로 얻은 통찰에 입각해서 이끌어낸 가설이나 아이디어, 그것을 바탕으로 만들어낸 콘셉트 등이 정말로 사용자에게 받아들여질지 조사한다. '수용성 검증'이라고도 부른다.

이때도 탐색형 정성 조사와 똑같이 일대일 면담 형식으로 인터뷰를 한다. 검증하고자 하는 가설이나 아이디어를 입으로만 말해서는 좀처럼 의미가 제대로 전달되지 않으므로, 콘셉트의 이미지 자료나 UI의 샘플 등 간단한 시각 자료를 준비해 실제로 상대방에게 보여주고 의견이나 반응을 살펴서 가설이나 콘셉트가 받아들여질지 확인한다. 그리고 이를 통해서 얻은 피드백을 바탕으로 서비스의 축이 되는 가설이나 콘셉트의 정확도를 점차 높여가는 것이 이 조사의 목적이다.

애초에 가설이나 아이디어가 있었을 경우는 탐색형 정성 조사를 실시하지 않고 처음부터 이 단계의 조사를 실시하기도 한다.

객관적인 시점을 얻기 위한 정량 조사

정성 조사로 얻은 여러 가지 깨달음이나 행동 패턴이 얼마나 많은 사람에게 해당하는지, 가설을 바탕으로 생각해낸 아이디어 가운데 실제로 가장 많은 사람이 원하는 것은 무엇인지 수치의 형태로 조사한다. 웹사이트상에서 설문 조사를 실시하는 방법이 일반적이다. 더 많은 사람에게 해당하는 내용을 도입해야 더 많은 사용자의 마음에 와닿는 제품을 만들어내는 결과로 이어질 가능성이 높기에 어느 쪽이 다수파인지 알아야 한다.

설문 조사 결과를 분석해 실시 항목을 선택하기 위한 판단 기준을 세우는 것이 이 조사의 목적이다.

사용성 검증을 위한 정성 조사

프로젝트를 진행하면 실제 UI(화면)가 완성된다. UI는 연속된 가설을 기반으로 모습을 갖춰간다. UI 디자이너가 '사용자는 틀림없이 이곳을 터치할 거야' '사용자는 이것을 눈치채고 흥미를 느낄 거야' '이렇게 하면 헷갈리지 않고 목표를 달성할 수 있을 거야'와 같은 식으로 전체적인 UI의 흐름이나 한 화면 속의 레이아웃 등을 생각하면서 만들어가는 것이다. 이렇게 해서 완성된 UI나 복수의 UI 후보를 실제 사용자에게 써보게 하고 그 모습을 관찰한다. 이 조사 역시 일대일 면담 형식으로 진행된다.

사용자를 관찰하여 사용상 문제점을 발견하거나 사용자가 어떤 UI를 가장 쉽게 이용하는지 확인하는 등 UI의 개선에 활용할 재료를 찾아내는 것이 이 조사의 목적이다.

또한 제작 중인 UI가 아니라 이미 공개 중인 서비스의 UI를 개선하고 싶을 경우는 실제로 그 서비스를 이용하게 해서 사용성 검증을 하면 개선 과제를 발견하는 데 도움이 된다.

정성 조사와 정량 조사의 사용

정성 조사가 특정 사용자를 깊고 좁게 조사한다면, 정량 조사는 불특정 다수의 사용자를 얕고 넓게 조사하는 이미지이다. 경우에 따라 어느 한쪽 조사만을 실시하거나 양쪽을 조합해서 실시한다. 조사에는 예산과 시간이 필요한 까닭에 전부 하기에는 현실적으로 어려움이 따른다. 그러니 필요한 시점에 가장 효과적인 방법으로 조사하자.

참고로, 조사를 실시하는 시점은 예를 들면 다음과 같다.

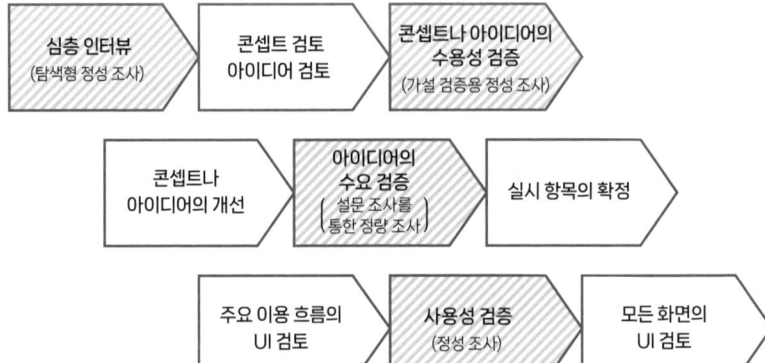

> **POINT**
> **UI/UX 검토의 포인트**
> - 정성 조사는 특정 사용자에게서 통찰을 얻어 가설을 만드는 데 활용한다.
> - 정량 조사는 불특정한 다수의 사용자에게서 수치 지표를 얻어 객관적인 판단 축으로 삼는다.
> - 한정된 예산과 일정에 맞춰 적정한 시점에 조사를 실시한다.

2·2 아이디어를 얻기 위한 정성 조사

이번 뉴스 앱 프로젝트의 과제는 '독자 기능이나 콘텐츠가 필요하다고 생각하는데, 그것이 무엇인가?'이다. 새로운 앱은 당연히 다른 앱과 차별화를 꾀해야 한다. 그래서 앱의 기능이나 콘텐츠를 생각할 때 힌트가 될 만한 정보를 얻기 위해 타깃으로 생각하는 사용자층을 대상으로 정성 조사를 실시한다. 요컨대 '탐색형 정성 조사'이다.

조사는 온라인으로 실시한다.

기본적인 흐름

정성 조사를 실시할 때의 흐름은 다음과 같다.

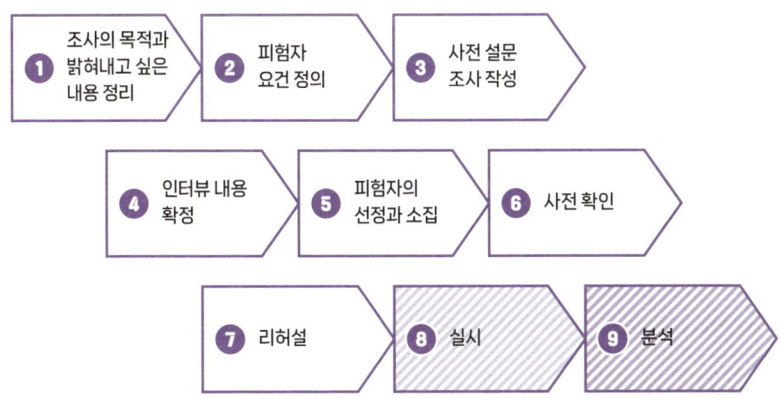

⊙ 인터뷰의 참가자

인터뷰는 인터뷰어와 피험자, 그리고 서기를 담당할 사람까지 세 명이 진행한다. 또한 클라이언트를 포함한 프로젝트 관계자들도 견학을 와서 사용자의 생생한 의견을 듣도록 한다. 가급적 전원이 참가하면 좋은데, 인터뷰의 견학 여부에 따라 조사에서 얻는 통찰에 대한 가치관이 크게 달라지는 경우가 있기 때문이다.

❶ 조사의 목적과 밝혀내고 싶은 내용 정리

⊙ 조사의 목적

먼저 조사의 목적을 정리한다. 이번 사용자 조사의 목적은 '뉴스를 축으로 한 새로운 기능 또는 콘텐츠의 아이디어를 얻는 것'이다. 이를 위해 탐색형 정성 조사를 실시한다.

⊙ 사전 가설을 세운다

이런 조사의 목적은 인사이트를 찾아내 가설을 정의하는 것이다. 다만 그 인사이트가 발견되리라는 보증은 어디에도 없다. 그래서 특히 기간이 한정된 프로젝트의 경우는 인사이트가 발견될 가능성이 높은 부분을 사전에 검토해 확률을 높이는 경우가 많다. 이를 위해 이미 실시한 마켓 리서치나 경쟁자 리서치의 결과에서 힌트가 될 법한 정보를 찾기도 하고, 어떤 기능이나 콘텐츠가 있으면 좋을지에 관해 프로젝트 팀 내에서 미리 토론하기도 한다. 그리고 공감을 얻은 아이디어나 이야기를 힌트로 삼아 가설을 세우고 조사할 때 중점을 둘 포인트를 정의한다. 중점을 둘 포인트의 수는 인터뷰 시간(60분~90분)을 감안하면 많아도 두세 개가 한계이다.

⊙ 이번 조사로 밝혀내고자 하는 것

프로젝트 팀 내에서 브레인스토밍을 실시한 결과 다음의 세 가지를 찾아내기로 했다.

① 현재 이용하고 있는 뉴스 앱에 불만은 없는가?

평소에 뉴스 앱을 이용하면서 사용하기 불편하다고 느낀 점이나 불만인 점, 원하는 점 등을 파악함으로써 힌트를 얻을 수는 없을까?

② 뉴스 앱을 이용한 뒤에 행동의 변화가 일어났는가?

뉴스에는 시사 뉴스 이외에 각자의 생활과 직결되는 뉴스도 있는데, 그런 뉴스 기사를 읽은 뒤에 구매 등의 행동을 하는 경우가 있다. 여기에 힌트가 숨어 있지는 않을까?

③ 뉴스 앱과 다른 경로로 얻는 뉴스를 어떻게 구분해서 사용하고 있는가?

사용자에게는 뉴스 앱 이외에도 뉴스를 접하는 접점이 있을 터인데, 그곳에 어떤 힌트가 숨어 있지는 않을까?

POINT

프로젝트의 포인트

이번 정성 조사는 다음과 같이 실시한다
- 목적
  - ▶ 뉴스를 축으로 한 새로운 기능 또는 콘텐츠의 아이디어를 얻는 것
- 밝혀낼 내용
  - ▶ 현재 이용하고 있는 뉴스 앱에 불만은 없는가?
  - ▶ 뉴스 앱을 이용한 뒤에 행동의 변화가 일어났는가?
  - ▶ 뉴스 앱과 다른 경로로 얻는 뉴스를 어떻게 구분해서 사용하고 있는가?

POINT

UI/UX 검토의 포인트
- 전체 일정이 정해진 프로젝트에서 탐색형 조사를 실시할 경우, 아무것도 얻지 못할 리스크 또한 존재하므로 사전에 조사나 토론을 통해 '무엇을 밝혀내면 조사의 목적을 달성할 수 있을까?'를 검토한다.

❷ 피험자 요건 정의

다음에는 어떤 사람들을 인터뷰하고 싶은지 정의한다. 당연히, 누구에게 물어보느냐에 따라 얻을 수 있는 정보도 달라진다.

⊙ 피험자를 모으는 방법
피험자를 모으는 방법에는 크게 두 가지가 있다.

- 프로젝트 팀 내의 인맥으로 찾는 방법
- 조사 회사에 의뢰해서 사람들을 모으는 방법

어떤 방법을 사용하든, 이야기를 듣고 싶은 사람들의 속성을 사전에 결정하고 그 속성에 맞춰서 사람을 모아야 조사의 성공률이 높아진다.

⊙ 조사 대상으로 삼고자 하는 피험자의 속성
이번에는 다음과 같은 조건의 속성을 지닌 사람들에게서 이야기를 들으려고 한다.

속성	피험자 선정 시 요망 사항	이유
연령	20대~30대와 50대~60대	이전에 담당자에게 "현재의 주요 고객인 50대 이상의 남녀 외에 20대~30대 전반의 남녀가 이용해주기를 바란다"라는 의견을 들었다.
성별	남, 여	관심이 있는 정보가 다를지도 모르므로 균형 있게 의견을 듣고 싶다.
가족 구성	독신, 기혼, 자녀의 유무	관심이 있는 정보가 다를지도 모르므로 균형 있게 의견을 듣고 싶다.
직업(업종·직종)	복수의 직종과 비고용자	관심이 있는 정보가 다를지도 모르므로 균형 있게 의견을 듣고 싶다.
뉴스 앱의 이용 경험	이용자로 한정	'현재 이용하고 있는 뉴스 앱에 대한 불만'을 인터뷰하기 위해, 뉴스 앱의 이용자일 것을 필수 조건으로 삼는다.

이용하고 있는 뉴스 앱	야후! 뉴스, 스마트뉴스, 구노시, 라인 뉴스, 디메뉴dmenu 뉴스 등	앱마다 특징이 다르므로 가능하면 각기 다른 앱을 사용하고 있는 사람들을 인터뷰하고 싶다.

⊙ 피험자 집단의 이미지

위의 표를 보면 크게 '20대~30대'인 사람과 '50대~60대'인 사람으로 나뉨을 알 수 있다. 그래서 이번에는 '20대~30대'인 사람 세 명과 '50대~60대'인 사람 세 명, 모두 여섯 명에게 이야기를 듣기로 했다. 이 시점에서는 연령대나 직업, 가족 구성 등의 속성이 적절히 분배된 다음과 같은 집단을 이상으로 삼는다.

UX 피험자 집단의 이미지

	갓 사회에 진출한 젊은 남성	일과 육아를 병행하는 여성	일에 몰두하는 딩크족 남성	맞벌이를 하는 딩크족 여성	성장한 자녀를 둔 전업 주부	정년퇴직을 앞둔 남성
연령대	20대 중반	30대 중후반	30대 중후반	50대 중후반	50대 중후반	60대 초반
일	취업 중	취업 중	취업 중	취업 중	비고용	취업 중
가족구성	독신	부부+자녀	부부	부부	부부+자녀	부부+자녀

> **POINT**
> **프로젝트의 포인트**
> 정성 조사의 대상자는 다음과 같다.
> - '20대~30대'인 사람 세 명과 '50대~60대'인 사람 세 명, 총 여섯 명
> - 뉴스 앱 이용 경험은 필수
> - 성별, 가족 구성, 직업, 이용하고 있는 앱 등의 속성을 균형 있게 분배

> **POINT**
> **UI/UX 검토의 포인트**
> - 누구에게 물어보느냐에 따라 얻을 수 있는 정보도 달라지므로, 이야기를 듣고 싶은 사람들의 속성을 사전에 결정하고 그 속성에 맞춰서 사람을 모은다.
> - 사전에 피험자 집단의 이미지를 생각해놓으면 후보자를 원활히 선정할 수 있다.

❸ 사전 설문 조사 작성

⊙ 사전 설문 조사의 목적

인터뷰에 앞서 피험자 후보에게 실시할 사전 설문 조사를 준비한다. 사전 설문 조사의 목적은 다음의 세 가지이다.

후보자 중에서 피험자를 선정할 때의 재료로 삼는다

인맥을 통해서 피험자를 찾는 경우에 뉴스 앱의 이용 유무를 제외한 대략적인 정보는 이미 알고 있다. 조사 회사 등에 의뢰할 경우는 설문 조사에 응답한 복수의 후보자 중에서 피험자를 선정한다.

후보자의 인물상을 상상하기 위한 재료로 삼는다

피험자와 사전 미팅 같은 것을 하지는 않기 때문에 그 사람이 어떤 사람인지 단시간에 파악해야 한다. 그러므로 문제가 되지 않는 범위에서 그 사람의 인물상을 상상하기 위한 정보를 얻는다.

인터뷰를 할 때 깊게 파고들기 위한 재료로 삼는다

깊게 파고들고 싶은 포인트와 관련된 정보를 사전에 질문해놓으면 당일에 한정된 시간 동안 인터뷰를 진행할 때 참고가 된다.

⊙ 후보자의 인물상을 알 수 있는 기본적인 정보

우리는 조사 회사에 의뢰해서 사람을 모을 계획이므로 앞서 이야기한 점들을 고려해 복수의 시점에서 설문 조사 항목을 작성한다. 먼저 후보자의 인물상을 알 수 있는 기본적인 정보를 정의한다.

항목	선택지 등
연령	숫자로 입력
성별	남성/여성/기타 중에서 선택
혼인 여부	미혼/기혼 중에서 선택
자녀의 유무	없음/1인/2인/3인 이상 중에서 선택
직업	회사원(정사원)/회사원(계약 사원·파견 사원)/회사 임원/자영업/전업 주부/아르바이트·파트타이머/학생/무직/그 외( ) 중에서 선택
업종	농림업·수산업·광업/건설·토목·공업/전자 부품·디바이스·전자 회로 제조업/정보 통신 기계 기구 제조업/전기 기계 기구 제조업(앞의 직종에 포함되지 않는 것)/기타 제조업/전기·가스·열 공급·수도업/통신업/정보 서비스업/기타 정보 통신업/운송업·우편업/도매업·소매업/금융업·보험업/부동산업·물품 임대업/학술 연구·전문 기술자/숙박업·식음료 서비스업/생활 관련 서비스업·오락업/교육·학습 지원업/의료·복지/복합 서비스업/기타 서비스업 중에서 선택
직종	인사·총무·경리/기획·홍보/영업 사무/기타 일반 사무/영업/창구 업무/판매/연구 개발/생산 공정·노무 작업/정보 시스템/서비스(조리, 접객 등)/전문직·기술직/운송/보안/그 외( ) 중에서 선택
뉴스 앱 이용 경험	있음/없음 중에서 선택
이용 중인 뉴스 앱 ※복수 선택 가능	야후! 뉴스/스마트뉴스/뉴다이제스트/라인 뉴스/구노시/구글 뉴스/뉴스패스/디메뉴 뉴스/뉴스픽스/그 외( ) 중에서 선택

※ '직업·업종·직종'은 후생노동성의 통계 데이터 작성에 사용되는 조사표를 참고했다.
※ '이용 중인 뉴스 앱'의 후보 목록은 이전에 마켓 리서치를 했을 때 이용률이 높았던 앱들이다.

⊙ 인맥으로 모집할 때는 질문하기 부담스러운 정보를 추가

조사 회사에 모집을 의뢰하므로 인맥으로 모집할 때는 질문하기가 부담스러운 내용도 질문하자. 그러는 편이 피험자가 어떤 사람인지를 더욱 잘 이해할 수 있으며, 실제로 인터뷰할 피험자의 속성을 균형 있게 분산시킬 수 있다. 따라서 이번에는 다음의 항목을 기본 정보로 추가한다.

항목	선택지 등
거주지(도·도·부·현*)	도·도·부·현 중에서 선택
거주지(시·구·정·촌**)	선택한 도·도·부·현의 시·구·정·촌 중에서 선택
거주 상황 ※복수 선택 가능	동거 가족 없음/배우자/자녀/자신의 부모/배우자의 부모/손자·손녀/그 밖의 친족·가족/친구/연인/그 외( ) 중에서 선택

* 편집자 주: 일본에서 지역을 나누는 행정 구역 단위
** 편집자 주: 도·도·부·현 아래에 속하는 행정 구역 단위

거주 환경	아파트 등의 집단 주택(임대)/아파트 등의 집단 주택(자가)/단독 주택 (임대)/단독 주택(자가)/기숙사·사택/그 외( ) 중에서 선택
개인 연간 소득	200만 엔 미만/200만 엔 이상 400만 엔 미만/400만 엔 이상 600만 엔 미만/600만 엔 이상 800만 엔 미만/800만 엔 이상 1,000만 엔 미만/1,000만 엔 이상 1,200만 엔 미만/1,200만 엔 이상 1,500만 엔 미만/1,500만 엔 이상 2,000만 엔 미만/2,000만 엔 이상/응답 거부 중에서 선택
세대 연간 소득	200만 엔 미만/200만 엔 이상 400만 엔 미만/400만 엔 이상 600만 엔 미만/600만 엔 이상 800만 엔 미만/800만 엔 이상 1,000만 엔 미만/1,000만 엔 이상 1,200만 엔 미만/1,200만 엔 이상 1,500만 엔 미만/1,500만 엔 이상 2,000만 엔 미만/2,000만 엔 이상/응답 거부 중에서 선택

⊙ 뉴스 앱의 이용 방법

평소의 뉴스 앱 이용 상황을 알기 위해 뉴스 앱을 얼마나 이용하고 있는지 확인한다.

항목	선택지 등
뉴스 앱으로 기사를 볼 때의 흥미·관심 카테고리 ※복수 선택 가능	국내/국외/정치/경제/스포츠/연예/기술/지역/그 외( ) 중에서 선택
뉴스 앱에서 자주 이용하는 기능 ※복수 선택 가능	기사 열람/기사에 댓글 달기/기사 공유/날씨 확인/운행 정보 확인/방송 편성표 확인/쿠폰/동영상/라디오/이벤트에 응모/그 외 ( ) 중에서 선택

⊙ 뉴스 앱 이외에 뉴스와의 접점

뉴스 앱 이외에는 어떻게 뉴스와 접하고 있는지 알기 위해 그 밖에 어떤 접점이 있는지 확인한다.

항목	선택지 등
뉴스 앱 이외에 뉴스를 접하는 방법 ※복수 선택 가능	텔레비전/신문/잡지/라디오/SNS/직접 검색/웹사이트/특정인의 입소문이나 메신저/그 외( ) 중에서 선택

⊙ 스마트폰의 이용 정도

적극적으로 스마트폰을 사용하는 계층이 아니면 우리가 만들 앱의 사용자가 되지 않을 가능성이 있다. 그러므로 스마트폰을 어느 정도 사용하고 있는지 확인한다.

항목	선택지 등
자주 이용하는 앱 ※복수 선택 가능	SNS/동영상/뉴스/게임/음악/전자책/쇼핑/지도/건강관리·피트니스/점포 검색·예약/비즈니스/교육 중에서 선택

⊙ 통신 환경(인터뷰 환경)

온라인으로 인터뷰를 실시할 예정이므로 주어진 시간 동안 기재나 통신 상황에 문제가 발생할 위험을 최대한 피해야 한다. 미리 피험자의 인터뷰 환경에 문제가 없는지 확인한다.

항목	선택지 등
자택의 통신 환경	광통신/ADSL/모바일 Wi-Fi/스마트폰을 이용한 테더링/통신 환경 없음/그 외( ) 중에서 선택
온라인 인터뷰를 위해 사용 가능한 기재 ※복수 선택 가능	마이크(마이크가 설치된 이어폰 포함)/컴퓨터(카메라 내장)/컴퓨터(카메라 설치)/스마트폰/태블릿/없음 중에서 선택
컴퓨터의 OS	윈도우11/윈도우10/윈도우8/맥OS/그 외( ) 중에서 선택
컴퓨터의 제조사·모델	자유 입력
컴퓨터 구입 시기	연도를 입력
스마트폰의 OS	iOS(아이폰)/안드로이드 중에서 선택
스마트폰의 기종	자유 입력

⊙ 일정(사전 확인·인터뷰) 확인

인터뷰 시간은 60분~90분을 예정하고 있지만, 실제로 해보면 기재 또는 통신에 문제가 발생해 인터뷰 시간이 부족해질 때가 있다. 그래서 인터뷰 때 문제가 발생하는 사태를 줄이기 위해 피험자에게 인터뷰에 앞서 15분 정도 시간을 내달라고 부탁해 사전에 기재와 통신 상황을 점검하기도 한다. 이번에도 사전 확인을 실시하기로 하고 피험자에게 실제 인터뷰와 사전 확인을 위한 시간을 내달라고 요청한다.

항목	선택지 등
인터뷰 참가 가능 시간 ※복수 선택 가능	복수의 선택지를 제시
사전 확인 참가 가능 시간 ※복수 선택 가능	복수의 선택지를 제시

이것으로 설문 항목이 완성되었다. 이제 조사 회사에 설문 조사를 의뢰하고 피험자 후보의 결과가 모이기를 기다리자. 조사 회사에 따라서는 설문 항목을 작성해주는 곳도 있으므로 필요할 경우에는 미팅을 통해서 항목을 논의하자.

> **POINT**
> **UI/UX 검토의 포인트**
> 다음 목적에 맞춰서 설문 조사 항목을 준비한다.
> - 후보자 중에서 피험자를 선정할 때의 재료
> - 후보자의 인물상을 떠올리기 위한 재료
> - 깊게 인터뷰하기 위한 재료

❹ 인터뷰 내용 확정

당일에 어떤 흐름으로 인터뷰를 진행할지 생각하고, 동시에 인터뷰 내용도 정리한다. 이때 시간 관리를 위해 기준이 되는 시간을 5분 단위로 기재한다. 이번 인터뷰의 예정 시간은 90분이다.

◉ 인터뷰의 흐름

이번 조사에서 밝히고자 하는 것은 다음의 세 가지이다.

- 현재 이용하고 있는 뉴스 앱에 불만은 없는가?

- 뉴스 앱을 이용한 뒤에 행동의 변화가 일어났는가?
- 뉴스 앱과 다른 경로로 얻는 뉴스를 어떻게 구분해서 사용하고 있는가?

피험자가 이야기하기 편한 순서로 인터뷰를 진행한다. 일상적인 체험이나 기억해내기 쉬운 체험부터 물어보는 편이 피험자의 이야기를 이끌어내기 용이하므로 위의 순서대로 진행하면 되겠다.

⊙ '5W1H'로 정리한다

'5W1H'를 의식하면서 인터뷰 내용을 정하면 더욱 상세한 정보를 얻을 수 있다. '언제 사용하는가(When)' '어디에서 사용하는가(Where)' '무엇을 사용하는가(What)' '왜 사용하는가(Why)' '어떻게 사용하는가(How)'의 순서로 질문할 것을 추천한다. '누구(Who)'는 피험자이므로 이번 인터뷰에서는 생략한다.

그러면 바로 정리해보자. 실제로 인터뷰하는 모습을 보여주지 못하는 대신, 현장의 흐름을 상상할 수 있도록 자세히 적겠다.

⊙ 인사와 설명

먼저 인사를 나누고, 오늘 실시할 인터뷰의 진행 흐름, 주의 사항을 설명한다.

포인트	인터뷰 내용	시간 배분
인사와 오늘의 진행 흐름 주의 사항에 관해	● 인터뷰어와 서기의 인사 ● 견학자 설명 ● 진행 흐름 ● 녹화 등에 관한 주의 사항(본 건 이외에는 이용하지 않는다) ● 궁금한 점은 없는지 피험자에게 확인	5분

⊙ 피험자의 기본 정보를 확인한다

사전 설문 조사에서 확인한 피험자의 기본 정보가 정확한지 피험자에게 한 번 더 확인한다. 한 항목 한 항목 질문하면 시간이 오래 걸리므로 보유하고 있는 피험자의 정보를 읽어주고 잘못된 부분이 있는지 대략적으로 확인하는 형태로 진행한다. 기본 정보 확인은 시작하기 전에 양쪽 모두 긴장을 푸는 커뮤니케이션의 역할과 견학자의 주의를 환기하는 역할을 한다.

포인트	인터뷰 내용	시간 배분
사전 설문 조사에서 확인한 피험자의 기본 정보를 재확인	① 연령/직업/가족 구성·거주 상황/거주지에 관해 확인 ② 일을 하고 있는 사람이라면 일의 내용에 관해 간단히 확인 ※ 사생활에 관한 내용·개인을 특정하는 내용은 묻지 말자. 거부감을 느낄 수 있다.	5분

⊙ 현재 이용하고 있는 뉴스 앱의 이용 상황과 불만인 점을 파악한다

현재 이용하고 있는 뉴스 앱을 어떤 식으로 이용하고 있는지 물어보면서 어떤 불만이 있는지 조사한다.

포인트	인터뷰 내용	시간 배분
현재 이용하고 있는 뉴스 앱을 확인	먼저 뉴스 앱과 관련된 피험자의 상황을 확인한다. 설치 계기나, 이용하지 않게 된 뉴스 앱이 있을 경우 그 이유 등도 확인한다. <이용하고 있는 뉴스 앱의 파악> ● 사전 설문 조사에서 이용 중이라고 대답한 뉴스 앱을 이용하고 있는지 확인 ● 사전 설문 조사에서는 대답하지 않았지만 이용 중인 뉴스 앱이 있는지 확인 <이용하지 않게 된 뉴스 앱과 그 이유를 확인> ● 이용하지 않게 된 뉴스 앱이 있다면 그 이유를 확인 <뉴스 앱을 설치한 계기를 확인> ● 어떤 계기로 설치했는지 확인	5분

포인트	인터뷰 내용	시간 배분
이용 상황의 확인	불만인 점을 묻기에 앞서, 구체적으로 어떻게 뉴스 앱을 이용하고 있는지 확인한다. 그러면 불만에 대한 구체적인 배경을 떠올리기가 쉬워진다. 또한 실제로 조작해보게 하면 피험자가 과거에 불만스럽게 느꼈던 점이 떠오르는 경우가 있다. 이 인터뷰에서는 피험자의 스마트폰 화면을 공유하면서 실제 조작을 확인한다. 이것은 깊게 파고들기 쉬운 부분이지만, 본래의 목적이 아니므로 가급적 간략히 묻는다. ● 어떤 때 뉴스 앱을 이용하는가(어떤 앱을, 언제, 어디에서)? ● 왜 그때 사용하자고 생각했는가? ● 그때 어떻게 뉴스 앱을 사용하는가(무엇을, 어떻게)? ● 이야기를 되돌려서, 복수의 뉴스 앱을 이용하고 있을 경우 어떤 식으로 구분해서 사용하는가?	10분
현재 이용하고 있는 앱에 대한 불만을 확인	마지막으로, 이번 주제인 현재 이용하고 있는 앱에 대한 불만을 확인한다. 앞에서 불만인 점에 관해 언급했다면 그 흐름에 편승해 물어보면서 다른 불만은 없는지도 확인한다. 불만인 점에 관해 하나하나 물어보고, 질문이 끝났으면 "다른 불만은 없습니까?"라고 확인하기를 반복한다. ● 현재 이용하고 있는 뉴스 앱에 대해 불만은 없는가? ● 왜 그런 불만을 느꼈는가, 혹은 어떠했으면 좋겠는가?	15분

⊙ 뉴스 앱을 이용한 뒤에 일어난 행동 변화를 파악한다

기사를 읽은 뒤 사용자의 행동에 변화가 일어나지는 않았는지 확인하고, 일어났다면 그 이유와 결과를 조사한다.

포인트	인터뷰 내용	시간 배분
읽은 기사를 계기로 어떤 행동을 했는지 확인	먼저, 읽은 기사의 내용을 무엇인가에 활용하는지 폭넓게 확인한다. 피험자가 이미지를 떠올리지 못할 경우는 구체적인 예를 제시해도 무방하다. 이를테면 그 기사의 내용에 대해서 '인터넷에서 검색해봤다' '구입했다' '방문했다' '공유했다' 등의 경험이 없는지 확인한다. ① 기사를 읽은 것을 계기로 했던 행동을 확인 ② 읽고 나서 어느 정도 시간이 지난 뒤에 행동했는지를 확인 ③ 왜 그 행동을 했는지 확인 ④ 구체적인 행동을 확인하고, 최종적으로 어떻게 되었는지 확인 ⑤ 행동하는 도중에 확인차 그 기사를 다시 읽어봤는지 확인	10분

포인트	인터뷰 내용	시간 배분
자신이 했던 행동을 바탕으로 '앱에 있었으면 좋겠다'고 생각하는 기능 등이 없는지 확인	과거에 했던 행동을 되돌아봤을 때 '앱에 있었으면 좋겠다'는 생각이 드는 기능 등이 없는지 확인한다. ① 각 행동에 대해 앱에 있었으면 좋겠다는 생각이 드는 기능 등이 없는지 확인 ② 있다면 왜 그 기능이 있었으면 좋겠다고 생각했는지 확인 ③ 그 기능을 바라는 정도를 10점 만점으로 평가하게 하고, 그 이유를 확인 ④ 없다면 인터뷰어가 몇 가지 기능의 예를 그 자리에서 제시하고 어떻게 느끼는지, 왜 그렇게 느꼈는지 확인 ③의 경우, '딱히 사용할 생각은 없지만 질문을 받았기 때문에 일단은 있었으면 좋겠다고 대답'할 수도 있으므로 객관적인 지표를 얻기 위해 확인한다. ④의 경우 인터뷰어의 역량에 좌우되기에 필수는 아니지만, 먼저 한 인터뷰에서 다른 피험자가 대답한 기능 등을 제시해보자.	15분

⊙ 뉴스 앱과 다른 경로로 얻는 뉴스를 어떻게 구분해서 사용하고 있는지 확인한다

뉴스 앱 이외에 뉴스를 접하는 곳은 있는지, 있다면 어떻게 구분해서 사용하고 있는지 조사한다.

포인트	인터뷰 내용	시간 배분
뉴스 앱 이외에 뉴스와의 접점을 확인	먼저, 사전 설문 조사에서 얻은 내용을 확인한다. ① 뉴스 앱 이외에 뉴스와의 접점이 사전 설문 조사에서 답한 것 말고 또 있는지 확인 ② 그 접점들을 자주 이용하는 순서대로 나열하게 한다 ③ 여기에서 뉴스 앱의 순위가 어떻게 되는지 확인	5분

포인트	인터뷰 내용	
뉴스 앱 이외 접점의 이용 상황을 확인	다음으로, 뉴스와의 접점들을 각각 어떻게 이용하고 있는지 확인한다. 전부 물어보면 시간이 부족해지므로, 이를테면 상위 세 건이라든가 특징적인 내용이나 활용법이 있는 접점으로 대상을 좁혀서 깊게 파고든다. <각각의 접점의 개요> ① 접점별로 어떤 때 어떤 내용을 얻고 있는지 확인 <흥미로운 접점을 깊게 확인> ① 어떤 때 어떤 접점이 있는지 확인(언제, 어디에서) ※ 앞의 질문과 중복될 경우는 건너뛴다 ② 왜 그 접점을 활용하고 있는지 확인 ③ 그 접점이 피험자에게 유익한 정보 취득원이 되고 있는지 확인 ④ 유익하다고 대답했을 경우 왜 유익하다고 느끼는지 확인 ⑤ 뉴스 앱과 비교했을 때 더 유익하다고 느끼는지 확인 ⑥ 더 유익하다고 느낄 경우, 왜 그렇게 느끼는지 확인	15분

⊙ 견학자에게 질문 시간을 준다

준비한 질문을 전부 마친 뒤, 견학자의 추가 질문이 있을 경우는 마지막에 인터뷰어를 통해서 질문하도록 한다.

포인트	인터뷰 내용	시간 배분
견학자의 추가 질문	인터뷰어와 서기 외에 견학에 참석한 프로젝트 팀의 멤버가 있다. 이들의 추가 질문이 있을 경우 피험자에게 질문한다.	5분

이것으로 질문은 끝난다. 마지막으로 이번 인터뷰에 관해서 물어볼 것이 없는지 피험자에게 확인한 다음 감사를 전하고 인터뷰를 마친다.

이와 같이 인터뷰 내용을 정리해본 결과, '현재 이용하고 있는 뉴스 앱에 대한 불만'에 관해서 물어볼 때 피험자의 스마트폰 화면을 공유할 필요가 있음을 알게 되어 이를 전제로 준비를 진행한다.

> **POINT 프로젝트의 포인트**
> - 조사에서 밝혀내고자 하는 세 가지에 대해, 각각 단계를 거치며 핵심에 다가간다.
> - 인터뷰 내용을 정리한 결과 피험자의 스마트폰 화면을 공유할 필요가 있음을 알게 되었으므로, 피험자가 적절하게 화면을 공유할 수 있을지 사전에 확인할 필요가 있어 보인다.

> **POINT UI/UX 검토의 포인트**
> - 다짜고짜 핵심을 물어보지 말고 상대가 이야기하기 편한 화제부터 시작한다.
> - 시간 배분을 고려해 인터뷰 내용을 정한다.
> - 5W1H에 맞게 인터뷰 내용을 정리하면 알고 싶은 점을 명확히 밝혀내기 위해 어떤 흐름으로 접근해야 할지 궁리하기가 용이하다.
> - 인터뷰 내용을 정리하면서 당일에 피험자에게 필요한 환경 등을 추가할 수 있다.

❺ 피험자의 선정과 소집

조사 회사에서 설문 조사 결과를 받았다면 후보자를 확인한다. 먼저 연령, 뉴스 앱의 이용 경험이나 이용 기재, 통신 환경 등을 바탕으로 이번의 온라인 인터뷰에 부적합한 후보자를 제외하고, 남은 후보자들 중에서 '피험자 집단의 이미지'에 가까운 조합이 없는지 확인한다.

그렇게 다음의 여섯 명을 피험자로 선정했다.

이미지	일하는 젊은 남성	일과 육아를 병행하는 여성	딩크족 남성	딩크족 여성	주부	정년퇴직을 앞둔 남성
연령	25세	28세	38세	53세	56세	63세
성별	남성	여성	남성	여성	여성	남성
가족	미혼	남편·자녀 1명	아내	남편	남편·자녀 2명	아내·자녀 2명
거주 상황	독신 생활	남편·자녀	아내	남편	남편·자녀	아내
거주 환경	아파트 등의 집합 주택 (임대)	아파트 등의 집합 주택 (임대)	아파트 등의 집합 주택 (자가)	아파트 등의 집합 주택 (자가)	단독 주택 (자가)	단독 주택 (자가)

업·직종 (직업)	통신업 | 전문직·기술직	금융업·보험업 | 영업 사무	부동산업·물품 임대업 | 영업	교육·학습 지원업 | 기획·홍보	전업 주부	전자 부품·디바이스·전자회로 제조업 | 판매
거주지	도쿄도 네리마구	지바현 이치카와시	가고시마현 가고시마시	도쿄도 고토구	후쿠오카현 이토시마시	가나가와현 오다와라시
개인 연간 소득	200만 엔 이상 400만 엔 미만	200만 엔 이상 400만 엔 미만	400만 엔 이상 600만 엔 미만	400만 엔 이상 600만 엔 미만	-	600만 엔 이상 800만 엔 미만
세대 연간 소득	-	600만 엔 이상 800만 엔 미만	600만 엔 이상 800만 엔 미만	1,000만 엔 이상 1,200만 엔 미만	600만 엔 이상 800만 엔 미만	600만 엔 이상 800만 엔 미만
이용 중인 뉴스 앱	4개	2개	3개	2개	1개	3개
뉴스 앱 외에 뉴스를 아는 방법	SNS 직접 검색 웹사이트 입소문이나 메신저	잡지 SNS 직접 검색 웹사이트 입소문이나 메신저	텔레비전 라디오 SNS 직접 검색 웹사이트 입소문이나 메신저	텔레비전 신문 잡지 SNS 직접 검색 웹사이트 입소문이나 메신저	텔레비전 잡지 직접 검색 웹사이트 입소문이나 메신저	텔레비전 신문 잡지 라디오 직접 검색 웹사이트 입소문이나 메신저
자주 이용하는 앱	SNS 동영싱 뉴스 게임 음악 전자책 쇼핑 지도 점포 검색·예약	SNS 동영상 뉴스 쇼핑 지도 점포 검색·예약 교육	SNS 동영상 뉴스 게임 음악 전자책 쇼핑 지도 점포 검색·예약 비즈니스	SNS 동영상 뉴스 음악 쇼핑 지도 점포 검색·예약 비즈니스 교육	동영상 뉴스 게임 전자책 쇼핑 지도 헬스케어·피트니스 점포 검색·예약	동영상 뉴스 쇼핑 지도 점포 검색·예약

POINT

UI/UX 검토의 포인트
- 사전에 정리해놓은 피험자 집단의 이미지에 가까운 피험자를 균형 있게 선정한다.

❻ 사전 확인

피험자를 확정했다면 실제 인터뷰에서 발생할지 모를 트러블을 줄이기 위해 사전에 시간을 내달라고 부탁해 함께 기재와 통신 상황을 확인한다. 이렇게 하면 인터뷰를 실시하는 쪽과 피험자 모두 당일에 갑자기 첫인사를 하는 일을 피하고 미리 안면을 트게 되어 긴장도 덜 되고 원활하게 인터뷰를 진행할 수 있다.

사전에 매뉴얼을 보내놓고, 당일에는 매뉴얼에 따라서 통신 환경에 문제가 없는지, 화면이 제대로 공유되고 있는지, 목소리가 울리지는 않는지 등을 확인한다.

> **POINT**
> **UI/UX 검토의 포인트**
> - 실제 인터뷰에서 발생할지 모를 트러블을 줄이기 위해 사전에 피험자에게 시간을 내달라고 부탁해 기재와 통신 상황을 확인한다.

❼ 리허설

여기까지 끝났다면 이제 인터뷰 실시 당일을 기다리는 일만 남는데, 그전에 반드시 프로젝트 팀 내에서 리허설을 실시하자.

먼저 프로젝트 멤버나 회사 사람을 가상의 피험자로 삼아서 인터뷰를 실시해, 피험자의 이야기를 잘 이끌어낼 수 있는지, 인터뷰 내용에 부족한 부분은 없는지 확인한다. 또한 그 가상의 피험자에게 감상을 묻고 대답하기 곤란한 부분은 없었는지 등을 확인한 뒤 인터뷰 내용이나 진행 방식을 다듬는다. 그런 다음에는 다시 한번 리허설을 실시해 최종적으로 조정한다.

⊙ 인터뷰어의 바람직한 자세

인터뷰어의 자세에 따라서도 상대로부터 얻을 수 있는 답변이 달라진다.

인터뷰어의 바람직한 자세는 다음과 같다.

- 인터뷰어는 다음과 같은 자세로 인터뷰에 임한다
  - ▶ 무슨 이야기이든 부담 없이 할 수 있는 상대가 되고자 노력한다.
  - ▶ 단, 무례한 행동은 당연히 금물이므로 매너를 지키며 편안한 분위기로 대화를 진행한다.
- 상대에게 공감하는 자세를 보인다
  - ▶ "아하, 그렇군요" "말씀해주셔서 고맙습니다" 등, 수시로 호응하면서 이야기를 듣는다.
  - ▶ 피험자가 이야기하는 동안에는 고개를 자주 끄덕이는 등으로 피험자에게 이야기를 흥미롭게 듣고 있다, 공감하고 있다는 신호를 준다.
- 말하는 속도가 빠르면 몰아붙인다는 느낌을 줄 수 있으므로 의식적으로 천천히 이야기한다
- 이번의 주제는 뉴스 앱이므로 미리 뉴스 앱에 관해 공부해둔다
- 시간을 관리하면서 다음 주제로 전환한다

⊙ 질문할 때의 포인트

인터뷰에서 질문할 때의 포인트를 몇 가지 소개하겠다. 다음과 같은 점들을 염두에 두고 질문하자.

- 사전에 작성한 인터뷰 항목을 순서대로 물어보는 데 집착하지 말고, 피험자와 큰 틀에서 이야기를 나누는 가운데 물어보고 싶은 것이 있으면 대화의 흐름을 생각하며 유연하게 질문할 것을 의식한다
- 피험자의 이야기를 흥미롭게 들으며 그 사람의 가치관을 알고자 노력한다
  - ▶ 피험자의 대답에 대해 그 상황이나 일화를 하나하나 물어본다.
  - ▶ 피험자의 대답에 대해 왜 그것을 선택했는지, 왜 그렇게 느꼈는지, 왜 그렇게 행동했는지 하나하나 꼼꼼하게 분석하고 더욱 깊이 물어본다.
- 가급적 제한적인 질문은 삼간다
  - ▶ 이를테면 "사용하기 편한가요?"가 아니라 "사용해보고 어떤 느낌을 받으셨나요?"라고 물어봄으로써 피험자의 고유한 느낌을 확인한다.
  - ▶ 피험자의 고유한 의견을 듣기 위해 "일반적으로는 ○○입니다만…"과 같은 불필요한 전제는 하지 않는다.
- "일반론적인 의견입니다만…"이라고 대답하는 피험자에게는 "부디 당신의 개인적인 의견을 말씀해주십시오"라고 전한다
- 피험자가 느끼고 있는 스트레스나 과제를 발견했다면 피험자가 생각하는 해결법도 질문한다

❽ 인터뷰의 실시와 복기

◉ 인터뷰를 실시할 때 주의할 사항

이번 인터뷰는 온라인 회의 플랫폼을 이용해서 실시한다. 가능하면 견학자로 참가하는 프로젝트 관계자는 피험자의 눈에 보이지 않게 설정해서 '많은 사람이 지켜보고 있다'는 심리적인 스트레스를 주지 않도록 하자. 견학자의 마이크는 물론이고 비디오도 미리부터 꺼놓아서 기척을 지운다. 피험자의 온라인 회의 화면에 견학자가 표시되지 않게 하는 것이다.

서기도 인터뷰에 앞서 인사를 마친 뒤에는 마이크와 비디오를 끈다. 또한 나중에 복기할 수 있도록 반드시 녹화하자.

팀플레이이므로 서기는 구글 문서 도구 등으로 인터뷰 내용을 기록하고, 기록한 문서를 인터뷰어나 견학자가 열람할 수 있게 한다. 또한 채팅창 등을 통해서 견학자가 추가로 궁금한 질문을 인터뷰어에게 전달할 수 있게 한다. 서기는 채팅창에 올라온 내용을 확인하면서 인터뷰어와 연계해 인터뷰를 진행한다.

UX 참가자와 인터뷰 도구의 설정 사례

피험자

zoom
마이크	×
스피커	×
비디오	×
화면 공유	필요에 따라

zoom
마이크	○
스피커	○
비디오	○
화면 공유	×

인터뷰어

zoom
마이크	○
스피커	○
비디오	○
화면 공유	필요에 따라

서기

zoom
마이크	필요에 따라
스피커	필요에 따라
비디오	필요에 따라
화면 공유	×

Google Meets
마이크	×
스피커	×
비디오	×
화면 공유	zoom

견학자

Google Meets
마이크	×
스피커	○
비디오	임의
화면 공유	×

― 서기가 구글 문서로 의사록을 작성 ―

⊙ 복기

피험자 한 명의 인터뷰를 마칠 때마다 인터뷰어, 서기, 견학자 전원이 모여 이번 인터뷰를 통해서 깨달은 점이나 느낀 점에 관해 30분 정도 이야기를 나눈다. 먼저 피험자와 대면했던 인터뷰어가 느낀 점을 말한 다음 견학자의 의견을 들으면 대화가 원활히 진행될 것이다.

사용자의 생생한 목소리는 UX를 검토할 때 매우 귀중한 재료이다. 그런 생생한 목소리를 듣고 느낀 점을 프로젝트 팀 내에 공유함으로써 팀이 타깃으로 삼아야 할 사용자의 이미지를 확립해가자.

또한 인터뷰 자체에 대한 반성도 동시에 진행해 다음 피험자를 인터뷰할 때 질문해야 할 내용을 다듬으면서 조사의 질을 높여나간다.

> **POINT**
> **UI/UX 검토의 포인트**
> ● 인터뷰가 끝나면 즉시 전원이 모여서 깨달은 점이나 느낀 점을 정리한다.
> ● 이와 동시에 다음 피험자의 인터뷰에 대비해 인터뷰 내용을 다듬는다.

이제부터는 피험자 두 명의 인터뷰 기록을 소개한다.

① 미야자키 미도리(일과 육아를 병행하는 여성)
② 야마시타 히로시(정년퇴직을 앞둔 남성)

※ 이름은 전부 가명이다.

이 책에는 인터뷰 결과의 일부를 그대로 실었다. 힌트가 될 것 같은 포인트에는 밑줄을 쳐서 강조해놓았으니 전부 읽지 않아도 무방하고, 필요한 부분만 확인한 다음 분석으로 넘어가도 좋다.

| 피험자① 미야자키 미도리(일과 육아를 병행하는 여성)

⊙ 사전 설문 조사로 얻은 정보

기본 정보

- 28세/여성/기혼
- 남편, 아이와 임대 아파트에서 동거(지바현 이치카와시)
- 개인 연간 소득: 200만 엔 이상 400만 엔 미만
- 세대 연간 소득: 600만 엔 이상 800만 엔 미만
- 앱은 SNS, 동영상, 쇼핑, 점포 검색·예약, 교육 등을 중심으로 이용

뉴스 앱의 이용 상황

- 라인 뉴스/구노시를 자주 이용
- 뉴스의 열람·공유, 날씨 확인이 주된 목적
- 뉴스는 주로 국내·국외·정치·경제·연예, 여기에 패션·맛집 정보를 본다
- 뉴스 앱 이외에는 SNS나 입소문, 메신저를 통해서 새로운 뉴스를 알게 되는 경우가 있다

다음은 인터뷰를 실시한 결과이다.

⊙ 피험자의 기본 정보를 확인한다

사전 설문 조사만으로는 알 수 없었던 정보가 있다.

- 육아 휴직을 마치고 올해 2월부터 직장에 복귀
- 남편, 딸(2세)과 동거
- 보험 회사에서 영업 보조로 일하고 있으며, 견적서나 자료 작성, 고객 응대가 주된 업무

⊙ 현재 이용하고 있는 뉴스 앱의 이용 상황과 불만인 점을 파악한다

현재 이용하고 있는 뉴스 앱을 확인

설문 조사에서 대답한 것 이외에 이용하고 있거나 스마트폰에 설치한 뉴스 앱이 없는지 확인한 뒤 이용하게 된 계기를 질문한다. 또한 이용하지 않게

된 앱이 있다면 그 이유도 확인한다.

질문	답변
어떤 뉴스 앱을 이용하는가?	• 구노시를 자주 이용한다. • 라인 뉴스는 라인을 이용할 때 종종 본다.
구노시를 이용하는 이유는?	• 뉴스를 보고 싶을 때 이용한다. • 화면이 예쁘고 이용하기 쉬워 보여서 이용하게 되었다. • 푸시 알림은 내용이 궁금할 때만 터치해서 확인한다.
구노시를 이용하기 시작한 계기는?	• 남편이 이용하고 있어서 나도 이용하게 되었다. • 앱에 관해서 해박한 남편이 쓰고 있기에 신뢰성이 높다고 느꼈다. • 구노시를 이용하기 시작한 뒤로 뉴다이제스트는 거의 이용하지 않게 되었다.

※라인 뉴스는 뉴스 앱이 아니므로 생략.

이용 상황의 확인

앱을 이용하는 타이밍이나 그 이유를 물어보면서 그때 어떤 식으로 이용하고 있는지 깊게 파고든다.

질문	답변
어떨 때 구노시를 이용하는가?	외출하기 전
이렇게 이용하는가?	• 기온과 날씨 정보만 보고 나온다.
왜 앱을 구동하는가?	• 어떤 옷을 입을지, 우산이 필요한지 알고 싶어서 날씨만 본 다음 곧바로 끈다.
어떻게 구동하는가?	• 앱의 아이콘을 터치해서 구동한다.
그 밖에는 어떨 때 이용하는가?	출퇴근길에
어떻게 이용하는가?	• 일주일에 2~3일 출근하는데, 그때 지하철 안에서 본다. • 최소한의 시사 뉴스는 알아두려고 생각해서 켠다.
왜 앱을 구동하는가?	• 직장 동료들과 대화할 때 나 혼자 모르는 뉴스가 있으면 창피하기 때문에 보게 되었다. • 전부터 시사 뉴스를 좋아했다. 결혼 전에는 저녁에 가족과 함께 텔레비전 뉴스를 종종 봤는데, 지금은 텔레비전으로 뉴스를 보지 않게 되었다.
어떻게 구동하는가?	• 아침에 오는 푸시 알림을 터치해서 구동한다.
무엇을 이용하는가?	• 앱을 구동하고, 최초 화면에서 관심이 가는 뉴스를 본다. • 다음에는 상단의 카테고리를 바꿔가면서 제목과 사진을 대략적으로 둘러보며 흥미로워 보이는 뉴스를 찾는다. • 시사 뉴스 이외에는 '맛집 정보'와 '나들이 정보', 내가 직접 추가한 패션 잡지 등의 카테고리를 종종 본다.

질문	답변
'맛집 정보'를 보는 이유는?	● 지금은 아이가 있어서 전처럼 레스토랑에 자주 가지 못하지만, 포장이 가능한 곳이나 언젠가 가족과 함께 가보고 싶은 레스토랑의 정보를 보는 것이 즐겁다.
'나들이 정보'를 보는 이유는?	● 딸 또는 가족 전체가 나들이할 수 있는 장소나 이벤트, 혹은 여행지 후보를 살펴본다. ● 실제로 가는 일은 많지 않지만, 가봤으면 좋겠다고 상상한다.
'패션 잡지' 카테고리를 보는 이유는?	● 예전부터 옷에 관심이 많아서 직접 추가했다. ● 잡지를 보는 감각에 가깝다. 뉴스를 보는 김에 겸사겸사 볼 수 있어서 편리하다.
그 밖에는 어떤 때 이용하는가?	점심시간에
어떻게 이용하는가?	● 회사에서 혼자 점심을 먹을 때 심심풀이로 종종 본다. ● 이용 방식은 출퇴근할 때와 같다. ● 큰 뉴스가 있을 때는 그 시사 뉴스를 중심으로 본다.
그 밖에는 어떤 때 이용하는가?	딸을 재운 뒤에
어떻게 이용하는가?	● 밤에 딸이 잠든 뒤 거실이나 침대에서 종종 본다. ● 그리 오래 사용하지 않는 것 같다. 빠르게 둘러보는 정도. ● 주말에 일정이 있을 때는 날씨를 확인하기도 한다.
그 밖에는 어떤 때 이용하는가?	속보
어떻게 이용하는가?	● 속보 알림이 왔을 때, 내용이 궁금하면 열어보기도 한다.
어떤 내용일 때 열어보는가?	● 연예인의 결혼 소식이라든가 아이돌 그룹의 해체 소식 등.

현재 이용하고 있는 앱에 대한 불만을 확인

불만이 있는지 물어보고, 만약 있다면 왜 그렇게 느끼는지, 어떻게 바뀌기를 바라는지 확인한다.

질문	답변
지금 이용하고 있는 뉴스 앱에 불만은?	● 딱히 떠오르지 않는다.
이용하면서 불편한 점은 없었는가?	● 가끔이지만, 전에 봤던 뉴스를 다시 보고 싶은데 찾을 수가 없어서 난감할 때가 있다.
어떤 때 난감함을 느끼는가?	● 나들이 정보가 너무 많은 것도 같다. ● 집에 돌아와서 남편에게 이야기하려는데 그 장소의 이름이 떠오르지 않았을 때 등

자신만의 대책은 있는가?	● 남편에게 메신저로 기사를 보내놓는다. ● 캡처해놓는다.

⊙ 뉴스 앱을 이용한 뒤에 일어난 행동 변화를 파악한다
읽은 기사를 계기로 무엇인가 행동을 했는지 확인

읽은 기사를 계기로 했던 행동과 그 이유, 그리고 결과를 확인한다.

질문	답변
읽은 기사를 계기로 무엇인가 행동을 한 적은 없는가? (스마트폰 내/실제로 한 행동 모두 포함)	뉴스에 나온 정보를 검색해서 더 자세히 알아볼 때가 있다. ● 연예인의 이름이 나왔을 때 그 사람에 관해서 좀 더 알고 싶어지면 이름으로 검색해보는 경우가 있다.
기사를 읽은 뒤에 어떻게 행동하는가?	● 스마트폰 브라우저를 열어서 검색한다. ● 알고 싶었던 정보나 영상을 찾았으면 만족하고 끝낸다. ● 끝낸 뒤에는 뉴스 앱으로 돌아가지 않고 다른 앱을 사용하는 경우가 많다.
다른 패턴은 없는가?	관심이 생긴 가게를 검색해서 직접 찾아가보기도 한다. ● 기사에 나온 가게의 위치를 검색해 퇴근길에 찾아가보기도 한다. 그런 다음에는 주말에 그 근처에 갈 일이 있을 때 들러서 실제로 상품을 산다. ● 레스토랑은 요즘 잘 안 가므로 편의점이나 디저트 가게가 대상일 때가 많다.
기사를 읽은 뒤에 어떻게 행동하는가?	● 스마트폰 브라우저로 검색해 위치와 영업시간을 알아낸다. ● 상품을 사기 전에 기사를 다시 읽는 경우는 없는 듯하다. 전에 검색해서 열어놓았던 페이지를 보거나 다시 검색해서 가게의 정보를 확인한다.
다른 패턴은 없는가?	기사에서 딸과 함께 나들이할 수 있을 것 같은 장소를 발견하면 검색해서 찾아간다. ● 딸이 좋아할 것 같은 이벤트나 시설의 정보를 봤을 경우, 주말에 시간이 나면 실제로 가본다.
기사를 읽은 뒤에 어떻게 행동하는가?	● 스마트폰 브라우저로 그 이벤트나 시설에 관해서 검색한다. ● 대체로 공식 사이트를 보고 리뷰를 확인할 때가 많다. ● 메신저로 그 공식 사이트를 남편에게 보낼 때도 있다. ● 메신저에 보내놓으면 나중에 다시 볼 수 있어서 편리하다. 남편에게 보내면서 메모를 겸한다고 느낀다. ● 계기가 된 기사를 다시 보는 일은 없다.
다른 패턴은 없는가?	관심이 생긴 상품을 검색해서 구입한다. ● 기사를 읽고 화장품이나 옷 등을 산 적이 있다.

기사를 읽은 뒤에 어떻게 행동하는가?	● 스마트폰 브라우저로 검색해 <u>그 상품을 파는 사이트에 들어가거나 그 상품을 파는 앱을 구동한다.</u> ● 곧바로 사지는 않고, 먼저 리뷰를 확인한 다음 산다. ● 계기가 된 기사를 다시 보는 일은 없다.

자신이 했던 행동을 되돌아봤을 때 '앱에 있으면 좋겠다'고 생각하는 기능이 없는지 확인

있으면 좋겠다고 생각하는 기능이 없는지 떠올려보게 하고, 있다면 원하는 정도를 10점 만점으로 평가하게 한 뒤 그 이유를 물어본다.

질문	답변
자신의 행동을 되돌아봤을 때, 있으면 좋겠다고 생각하는 기능은 없는가?	검색할 때 일일이 입력하기 귀찮아서, 터치 한 번으로 검색이 가능했으면 좋겠다.
원하는 정도를 10점 만점으로 평가한다면?	평가는 6점 ● 이유는, 그런 기능이 있다면 아마도 사용하겠지만 굉장히 고마운 기능인가 하면 그 정도는 아니어서.
그 밖에는 없는가?	공식 사이트나 관련된 사이트의 링크가 있으면 좋겠다. 직접 찾는 수고를 덜 수 있으니까.
원하는 정도를 10점 만점으로 평가한다면?	평가는 9점 ● 이유는, 굉장히 편리하니까. 자세한 정보가 실린 공식 사이트에 즉시 접속할 수 있으면 <u>시간이 절약되니 편리하다.</u> 상품의 경우는 아마존 같은 온라인 쇼핑몰의 링크가 있으면 편리할 것 같다.
그 밖에는 없는가?	리뷰를 곧바로 확인할 수 있으면 좋겠다. 리뷰를 확인하기가 번거롭다.
원하는 정도를 10점 만점으로 평가한다면?	평가는 7점 ● 이유는, 즉시 확인할 수 있다면 편리하겠지만 그것이 편향된 리뷰일 수도 있으므로 결국은 직접 검색해서 다양하게 찾을 것 같다.
그 밖에는 없는가?	읽은 기사를 저장하거나 내가 읽은 기사의 목록을 나중에 보거나 찾을 수 있었으면 좋겠다.
원하는 정도를 10점 만점으로 평가한다면?	평가는 10점 ● 이유는, 나중에 다시 읽어보고 싶어졌을 때 찾지 못하는 경우가 있기 때문에 편리할 것 같아서. 꼭 있었으면 좋겠다. <u>갤러리에 캡처가 많아지는 것을 좋아하지 않는다.</u> 일단 흥미가 생긴 기사는 저장해두고 싶다.

⊙ 뉴스 앱과 다른 경로로 얻는 뉴스를 어떻게 구분해서 사용하고 있는지 확인한다

뉴스 앱 이외에 뉴스를 접하는 접점이 있는지 확인

먼저 뉴스 앱 이외에 뉴스를 접하는 경로로 어떤 것이 있는지 확인한다.

질문	답변
뉴스 앱 이외에 뉴스를 접할 기회가 있는가?	● 남편이 메신저로 나들이 정보 관련 기사를 보낼 때가 있다. ● 그 밖에는 X에서, 동영상도 포함한다면 유튜브와 틱톡. ● 많이 접하는 순서는 <u>틱톡, X, 유튜브</u>. ● 하지만 <u>뉴스 앱이 독보적인 1위</u>. ● 뉴스 앱 이외에는 다른 내용을 보다가 흘러 들어왔을 때 <u>관심이 가면 겸사겸사 보는</u> 느낌. 뉴스를 볼 목적으로 구동하는 일은 없다.

뉴스 앱 이외의 접점을 이용하는 상황을 확인

뉴스 앱 이외에 뉴스와의 접점을 이용하는 상황과 그것이 유익하다고 느끼는지를 확인한다.

질문	답변
틱톡에서는 어떻게 뉴스를 보는가?	● 무작위로 재생되는 것을 본다. ● 틱톡은 무의식적으로 켠다. 뉴스를 해설하는 동영상도 종종 본다. ● 가끔은 어떤 <u>뉴스를 틱톡에서 처음 보는 경우도 있다</u>.
틱톡의 뉴스는 당신에게 유익한 정보가 되는가?	● <u>뉴스에 따라서는 동영상이 더 이해가 잘 되기도 해서 좋아</u>한다. ● 틱톡의 <u>동영상은 길이도 짧고 보기 편하다</u>. ● 텔레비전 뉴스를 보는 감각에 가깝다. 딱히 보고 싶은 것은 아니지만 <u>무의식중에 보게 되는</u> 느낌. 다만 텔레비전과 달리 관심 없는 내용은 넘길 수 있다.
X에서는 어떻게 뉴스를 보는가?	● X를 자주 이용하는 편은 아니지만, <u>누군가 공유한 뉴스를 보게 될 때가 있다</u>.
X의 뉴스는 당신에게 유익한 정보가 되는가?	● 친구나 유명한 사람이 <u>공유한 뉴스에는 흥미가 샘솟는다</u>.
유튜브에서는 어떻게 뉴스를 보는가?	● 유튜브의 뉴스 동영상은 무거운 느낌이라서 잘 안 보지만, 아주 가끔 볼 때도 있다. ● 동영상 하나의 길이가 긴 이미지.
유튜브의 뉴스는 당신에게 유익한 정보가 되는가?	● <u>어떤 뉴스의 영상을 확실하게 보고 싶을 때 본다</u>. 찾아보기 쉽다.

인터뷰를 진행해보니, 처음에는 지금 사용하고 있는 뉴스 앱에 불만이 없는 듯했지만 대화를 통해서 깊게 파고들자 사실은 불만스럽게 느꼈던 점이나 '이랬으면 좋겠다'고 느끼는 점이 발견되었다. 그래서 피험자가 있으면 좋겠다고 생각한 기능을 점수로 평가하게 하여 정말로 원하는 기능만을 추려낼 수 있었다.

| 피험자② 야마시타 히로시(정년퇴직을 앞둔 남성)

⊙ 사전 설문 조사로 얻은 정보

기본 정보

- 63세/남성/기혼
- 아내와 단독 주택(자가)에서 동거(가나가와현 오다와라시)
- 자녀는 2명
- 전자 부품·디바이스·전자 회로 제조업 회사에 판매 담당 정사원으로 근무
- 개인 연간 소득: 600만 엔 이상 800만 엔 미만 ※ 세대 연간 소득도 동일
- 앱은 동영상, 쇼핑, 점포 검색·예약 등을 중심으로 이용

뉴스 앱의 이용 상황

- 야후! 뉴스/니혼게이자이신문 온라인/아사히신문 디지털을 자주 이용
- 뉴스의 열람, 날씨 확인이 주된 목적
- 뉴스는 주로 국내·국외·정치·경제·스포츠·IT를 본다
- 뉴스 앱 이외에는 텔레비전, 신문, 잡지, 라디오로 새로운 뉴스를 알게 되는 경우가 있다

⊙ 피험자의 기본 정보를 확인한다

- 현재 아내와 둘이서 생활
- 사회인인 24세의 아들과 대학생인 20세의 딸은 각각 독립
- 전자 부품을 만드는 회사에서 일하고 있으며, 부품의 유통 관리 업무

⊙ 현재 이용하고 있는 뉴스 앱의 이용 상황과 불만인 점을 파악한다

현재 이용하고 있는 뉴스 앱을 확인

질문	답변
어떤 뉴스 앱을 이용하는가?	● 야후! 뉴스를 제일 많이 이용한다. ● 그다음으로는 니혼게이자이신문의 앱을 많이 이용한다. ● 아사히신문의 앱도 종종 본다. ● 다른 앱은 이용하지 않는다.
야후! 뉴스를 이용하는 이유는?	● 예전부터 야후! 사이트에서 뉴스를 봤었기에 <u>익숙함</u>이 있다.
야후! 뉴스를 이용하기 시작한 계기는?	● 내가 직접 앱스토어에서 설치했던 것 같지만, 기억이 모호하다.
니혼게이자이신문이나 아사히신문의 이용 계기는?	● <u>신문사가 만든 앱이므로 신뢰도가 있다</u>고 생각해 설치했다. ● 앱을 설치한 계기는 잘 기억이 안 나지만, 둘 다 아마도 광고 같은 것이었던 듯하다.

이용 상황의 확인

질문	답변
복수의 뉴스 앱을 구분해서 사용하는가?	● 이동 시간처럼 짬이 날 때 뉴스 앱을 구동하는 일이 많다. ● 대체로 야후! 뉴스를 제일 먼저 보고, 그래도 시간 여유가 있으면 니혼게이자이신문의 앱을 본다. ● 보고 싶은 기사가 별로 없었을 때 무의식적으로 니혼게이자이신문의 앱을 구동한다.
어떨 때 야후! 뉴스를 사용하는가?	출퇴근 중에
왜 앱을 구동하는가?	● <u>뭔가 보고 싶은 기사가 있어서라기보다, 지하철에서 뉴스를 보는 것이 습관이 되었다.</u> ● 매일 편도 40분 정도 걸려서 출퇴근하기 때문에 그때 본다.
어떻게 구동하는가?	● 스마트폰의 홈 화면에서 야후! 뉴스의 아이콘을 터치해 구동한다.
무엇을 이용하는가?	● 처음에는 화면 상단의 기사만을 본다. ● <u>각 테마의 메인 기사만 읽고 싶어서</u>, 테마를 전환하며 각 테마의 상위 기사 중에서 읽고 싶은 기사를 읽는다.
어떤 뉴스나 테마를 자주 보는가?	● 시사 뉴스와 스포츠를 자주 본다. ● 프로야구 팀 요코하마 베이스타스의 팬이어서 프로야구 관련 기사나 오타니 선수의 기사를 자주 본다. ● <u>스포츠</u>를 전반적으로 좋아해서 축구나 권투 기사도 볼 때가 있다. ● 원래 기술 계열에 흥미가 많아서 첨단 기술 관련 기사도 자주 본다.

질문	답변
뉴스 이외에 이용하는 기능은 있는가?	● 댓글도 종종 본다. 어떤 댓글이 달렸는지 궁금해서. 공감하는 댓글이 있으면 조금 기분이 좋아진다. ● 이따금 전문가로 보이는 사람이 기사의 해설 비슷한 댓글을 다는데, 그것도 종종 읽으면서 참고한다. ● 전체적으로 편리하다는 인상이 강하다. 기사의 요약도 있고, 과거의 관련 기사가 있으면 시간순으로 표시해주므로 즐겨 본다.
그 밖에는 어떤 때 이용하는가?	<u>업무 도중 짬이 날 때</u> ● 업무 도중에 짬이 나면 내 자리에서 휴식을 겸해 보기도 한다. ● 빠르게 훑어보다 흥미로운 기사가 있으면 읽는 정도.
그 밖에는 어떤 때 이용하는가?	<u>속보</u> ● 속보가 오면 소리로 알려주기 때문에 열어볼 때가 많다. 속보는 거의 보는 것 같다. ● 중대한 뉴스는 속보로 알려주니까 편리하다. 곧바로 알고 싶다. ● 속보는 중대한 뉴스일 때가 많으므로 알아두자고 생각해서 본다.

현재 이용하고 있는 앱에 대한 불만을 확인

질문	답변
지금 이용하고 있는 뉴스 앱에 불만은?	● 기사 화면은 글자의 크기를 키울 수 있지만 <u>뉴스 목록 화면은 그게 안 된다. 가능하면 이것도 키울 수 있었으면 한다.</u> <u>글자가 작아서 눈이 피곤할 때가 있다.</u>
지금은 글자의 크기를 키우는가?	● <u>글자 크기를 키워서 본다. 안 그러면 읽기가 어렵다.</u>

⊙ 뉴스 앱을 이용한 뒤에 일어난 행동 변화를 파악한다

읽은 기사를 계기로 무엇인가 행동을 했는지 확인

질문	답변
읽은 기사를 계기로 무엇인가 행동을 한 적은 없는가? (스마트폰 내/실제로 한 행동 모두 포함)	<u>오타니 선수가 큰 활약을 했으면 퇴근한 뒤에 텔레비전 뉴스 방송의 스포츠 코너를 본다.</u> ● 오타니 선수가 홈런을 치는 등 크게 활약했음을 뉴스 앱에서 알게 되면 귀가한 뒤 저녁 시간에 텔레비전을 켜서 그 뉴스를 본다.
텔레비전에서 보려는 이유는?	● 홈런을 친 장면을 <u>동영상으로 보고 싶다.</u> ● 인터뷰를 했으면 그것도 보고 싶다. ● 동시에 프로야구 경기 결과도 텔레비전에서 본다.

다른 패턴은 없는가?	업무와 관련이 있어 보이는 기사는 나중에 회사 사람에게 보낸다. ● 경쟁사의 기사나 업무에 도움이 될 것 같은 기사가 있으면 회사의 담당자나 부하 직원에게 보내고는 한다.
기사를 읽은 뒤에 어떻게 행동하는가?	● 회사에 도착하면 야후! 사이트로 들어가 이메일로 그 기사를 보낸다. ● 기사의 내용을 부하 직원에게 직접 말로 전할 때도 있다. ● 앱에서 직접 기사를 공유하는 방법은 모른다.
다른 패턴은 없는가?	아내가 좋아할 것 같은 미술 전시회가 있으면 아내에게 가르쳐 주고 함께 간다. ● 아내가 미술관에 가는 것을 좋아해서, 관심이 있을 법한 전시회 기사를 발견하면 귀가한 뒤 아내에게 이야기한다.
기사를 읽은 뒤에 어떻게 행동하는가?	● 전시회의 내용을 아내에게 알리면 아내가 직접 검색해 내용을 확인한다. ● 휴일에 함께 보러 가기도 한다. ● 이따금 전시회의 제목이 기억나지 않아서 난감할 때가 있다.
다른 패턴은 없는가?	가보고 싶은 관광 명소가 있으면 좀 더 알아보고 아내와 함께 간다. ● 1년에 두세 번 정도 아내와 국내 여행을 다니므로 가보고 싶은 곳이 있으면 귀가 후 아내에게 이야기한다.
기사를 읽은 뒤에 이떻게 행동하는가?	● 기사에서 본 장소를 아내에게 이야기하고, 함께 이것저것 알아봐서 괜찮아 보이면 다음 여행에서 가보기도 한다. ● 알아볼 때는 대체로 브라우저를 사용해 그 장소나 시설의 이름으로 검색한다. ● 여행 준비는 아내가 한다.

자신이 했던 행동을 되돌아봤을 때 '앱에 있으면 좋겠다'고 생각하는 기능이 없는지 확인

질문	답변
자신의 행동을 되돌아봤을 때, 있으면 좋겠다고 생각하는 기능은 없는가?	그 기사와 관련된 동영상을 볼 수 있었으면 좋겠다. 스포츠는 물론이고, 일반 뉴스도 그 자리에서 동영상을 볼 수 있으면 간과하는 부분이 줄어들 것 같다.
원하는 정도를 10점 만점으로 평가한다면?	평가는 10점 ● 이유는, 역시 동영상이 재미있고, 볼 수 있다면 많이 보게 될 것 같아서. 지금도 앱 내에 동영상을 볼 수 있는 코너가 있지만, 그저 동영상이 나열되어 있을 뿐이라서 그다지 보고 싶은 마음이 생기지 않는다.
그 밖에는 없는가?	아내에게 전하고 싶은 내용을 잊어버리는 경우가 가끔 있어서, 기사를 즐겨찾기에 등록하는 기능이 있었으면 좋겠다.

질문	답변
원하는 정도를 10점 만점으로 평가한다면?	평가는 8점 ● 매번 사용하고 싶은 것은 아니지만, 잊어버릴 것 같아 불안할 때 즐겨찾기에 등록해놓을 수 있으면 편리할 것 같다. ● 다만 시간이 지나면 기사가 삭제되어 볼 수 없게 되는 경우도 있다 보니 즐겨찾기가 해결책이 될지는 조금 불안한 측면이 있다.
그 밖에는 없는가?	기사를 손쉽게 아내와 공유하고 싶다.
원하는 정도를 10점 만점으로 평가한다면?	평가는 6점 ● 가급적 터치 한 번으로 아내에게 즉시 기사를 보내거나 공유할 수 있으면 좋겠다.

⊙ 뉴스 앱과 다른 경로로 얻는 뉴스를 어떻게 구분해서 사용하고 있는지 확인한다

뉴스 앱 이외에 뉴스를 접하는 접점이 있는지 확인

질문	답변
뉴스 앱 이외에 뉴스를 접할 기회가 있는가?	● 뉴스 앱 이외에는 텔레비전, 신문, 잡지, 라디오. ● 텔레비전, 신문, 잡지, 라디오의 순서. ● 뉴스 앱은 대략적으로 텔레비전과 신문 사이. ● SNS는 거의 사용하지 않는다.

뉴스 앱 이외의 접점을 이용하는 상황을 확인

질문	답변
텔레비전에서는 어떻게 뉴스를 보는가?	● 집에서 아침과 밤에 텔레비전으로 뉴스를 볼 때가 많다. ● 집에서는 기본적으로 텔레비전을 계속 켜놓는 편이다. ● 뉴스 방송은 습관적으로 거의 매일 본다.
텔레비전의 뉴스는 당신에게 유익한 정보가 되는가?	● 텔레비전은 아무래도 영상이다 보니 알기 쉽고, 멍하니 볼 수 있으며, 왠지 뉴스 앱보다 신뢰성이 높다는 느낌이 든다. ● 뉴스 앱에는 가십성 기사도 있다 보니 가짜 뉴스 같은 느낌도 든다. ● 이따금 재미있는 특집도 있다.
신문에서는 어떻게 뉴스를 보는가?	● 집에서 신문을 구독하므로 아침에 대략적으로 읽어본다.
신문의 뉴스는 당신에게 유익한 정보가 되는가?	● 뉴스 앱보다 내용이 자세해서 좋다. ● 텔레비전과 마찬가지로 신뢰성이 높다고 생각한다. ● 신문의 경우는 텔레비전 방송 편성표도 커서 보기 편하다.
잡지에서는 어떻게 뉴스를 보는가?	● 잡지를 직접 사지는 않지만, 이따금 아내가 주간지를 사와서 집에 놓아두면 그것을 본다.

잡지의 뉴스는 당신에게 유익한 정보가 되는가?	● 뉴스 앱이나 신문에는 없는 특집도 볼 수 있다는 점이 좋다.
라디오에서는 어떻게 뉴스를 보는가?	● 휴일에 차 몰고 외출할 때 라디오를 틀어놓는데, 그때 뉴스를 듣는다. ● 딱히 듣고 싶어서 듣는다기보다는 흘러나오니까 듣는 느낌이다.
라디오의 뉴스는 당신에게 유익한 정보가 되는가?	● 대체로 알고 있는 뉴스가 많지만, 중대한 뉴스가 있을 때는 궁금해서 라디오 뉴스에 귀를 기울이고는 한다.

❾ 인터뷰 결과의 분석

⊙ 공통적인 상태나 과제, 욕구를 찾아낸다

이제 인터뷰의 결과를 분석하자.

앞에서 했듯이 항목별로 중요하다고 생각되는 포인트를 강조해놓으면 나중에 정리하기가 수월하다. 강조하는 포인트는 주로 그 사람의 특정한 상황이나 과제, 욕구이다. 그것이 다른 사람들과 공통되는지, 또 해당하는 사람들에게 어떤 동일성이 있는지 등의 공통점을 찾는다. 이렇게 발견된 공통점이 인터뷰에서 얻은 통찰이 되고 가설이 되어서 향후 UX를 검토할 때 큰 도움을 준다.

알기 쉬운 예를 들면, 앞에서 소개한 두 명의 공통점은 '특정한 기사를 읽고 어느 정도 시간이 지난 뒤에 문득 그 기사가 생각났을' 때 '다시 읽어보려고 찾아봤지만 그 기사를 찾을 수가 없다'라는 과제가 있고 '손쉽게 저장하거나 다시 볼 수 있었으면 좋겠다'라는 욕구가 있다는 것이다. 그 밖에도 이 두 명에게서는 전체적으로 살펴봤을 때 수많은 공통점이 발견된다.

⊙ 조사에서 얻은 것

이번에 사용자 여섯 명을 조사해서 얻은 내용을 정리해보았다.

① 현재 사용하는 뉴스 앱에 대한 불만

기사를 다시 읽어보고 싶지만 그럴 수가 없다	● 현재는 캡처하거나 메신저로 보내는 등의 방법으로 메모하고 있다. 캡처는 편리하지만, 갤러리에 캡처 화면이 섞이는 것이 단점. ● 기사의 내용을 기억할 때도 있지만 잊어버리는 경우도 있는 것이 스트레스 요인. ● 사이트를 저장하거나 나중에 다시 읽고 싶을 때 금방 찾을 수 있는 기능이 필요하다.
복수의 뉴스 앱을 이용하는 사람은 관심 없는 기사가 많으면 이탈해서 다른 뉴스 앱으로 넘어간다	● 사용자 개개인에 맞춰 관심 있는 기사를 내보내는 것이 중요하다.
시니어 이용자는 작은 글자를 읽는 데 어려움을 겪는다	● 글자가 작으면 읽기 어려워서 스트레스를 받는다. ● 적절한 문자 표시가 요구된다.
시니어 이용자는 공유 방법을 모르는 경향이 있다	● 메신저 등으로 기사를 공유하는 방법을 이해하지 못한 경우가 많다. ● 구두로 전달하는 일이 많다. ● 공유 방법을 좀 더 이해하기 쉽게 알릴 필요가 있다.
과제는 아니지만 앱의 지속적인 이용을 유도하는 데 효과적일 듯한 참고 요소	● 습관으로 만드는 것이 중요. 뉴스 앱은 그 성격상 일상의 루틴에 포함되기 쉽다. 예: 매일 집을 나서기 전에 날씨를 확인한다, 출퇴근 도중에 본다 ● 주된 목적은 시사 뉴스이므로 그 만족도는 매우 중요하다. ● 주요 시사 뉴스를 보기 쉬운가가 사용자의 만족도에 영향을 끼친다. ● 관심이 있는 화제의 뉴스를 즉시 찾을 수 있게 하는 것도 중요하다. ● 부차적인 목표로, 사용자들은 자신의 취미·취향과 관련된 정보가 충실할 것을 원한다. 예: 스포츠, 맛집 정보, 패션, 특정 미디어 등 ● 푸시 알림 등을 활용한 즉시성도 앱에 대한 신뢰를 높이는 결과로 이어진다.

② 뉴스 앱을 이용한 뒤에 일어난 행동 변화

뉴스 앱이 특정 뉴스 기사에 대한 사용자의 추가적인 흥미·관심에 부응하지 못하고 있다	사용자는 그 기사의 내용과 관련된 장소나 영업시간 등의 기본적인 정보, 공식 홈페이지, 리뷰를 알고 싶어 한다.

뉴스 앱 내에서 원하는 정보 등을 얻지 못하면 사용자는 기사를 통해서 생겨난 목적(조사·예약·구입·방문 등)을 달성하고자 앱을 이탈해서 행동한다	● 브라우저의 검색 사이트나 특정 사이트 혹은 특정 앱으로 이동해서 다음 행동을 시작한다. ● 사용자가 기사를 통해서 생겨난 목적을 달성하고자 기사를 다시 읽는 일은 없다.
기사와 관련된 동영상을 보고 싶을 때는 다른 동영상 미디어로 이동한다	● 20대~30대: 유튜브 ● 50대~60대: 텔레비전

③ 뉴스 앱과 다른 경로로 얻는 뉴스를 어떻게 구분해서 사용하는가

20대~30대는 스마트폰의 다른 앱에서 뉴스를 접하는 경우가 많다. 한편 50대~60대는 스마트폰 이외의 미디어에서 뉴스를 접하는 경우가 많다.

UX 주로 20대~30대의 의견

스마트폰	● 다른 목적으로 사용하는 앱에서 이따금 뉴스가 나오는데, 이때 흥미가 생기면 본다. ● 틱톡의 뉴스 동영상은 보기 편하며 이해하기 쉽게 해설하는 동영상도 있어서 만족도가 높아 보인다. 관심 없는 뉴스는 즉시 넘길 수 있다는 것도 플러스 요인. ● 자신이 신뢰하거나 관심을 품고 있는 사람이 공유한 기사에는 흥미를 느낀다(X, 페이스북). ● 보고 싶은 뉴스 동영상이 명확할 때는 유튜브를 이용하는 영향이 강하다(원하는 동영상을 즉시 찾아낼 수 있기 때문).

UX 주로 50대~60대의 의견

텔레비전	● 수동적으로 볼 수 있다는 점이 좋다. 습관이 되었다. 예: 같은 시각에 같은 방송을 본다 ● 신뢰성이 높다고 느낀다.
신문	● 신뢰성이 높다고 느끼며, 신뢰성이 높다고 느끼는 미디어가 내놓은 앱도 신뢰한다. ● 텔레비전 방송 편성표는 신문의 것이 더 보기 편하다.
잡지	● 독자적인 특집 기사에 흥미가 있어서 읽는다.
라디오	● 수동적으로 별생각 없이 듣다가 관심이 생겼을 때 집중해서 듣는다.

UX 콘텐츠에 관한 의견

뉴스와 관련된 동영상은 수요가 있어 보인다	● 다들 텔레비전으로 뉴스 동영상을 보거나 봤던 경험이 있다. ● 동영상이 볼 때 더 즐겁다/유익하다고 느낀다. ● 다만 단순히 동영상을 나열했을 뿐이면 딱히 볼 마음이 생기지 않는다. 동영상은 수동적으로 볼 수 있게 하는 편이 좋다. ● 재생 시간이 긴 듯하면 볼 마음이 생기지 않는다.
독자 콘텐츠가 있으면 더욱 매력이 커진다	● 텔레비전, 신문, 잡지의 매력 중 하나이기도 하다.

이렇게 사용자 조사를 통해 향후 UX를 검토할 때 활용할 수 있을 법한 재료가 모인 느낌이다. 다음으로는 이 재료를 바탕으로 새로운 뉴스 앱의 콘셉트와 아이디어를 검토하자.

> **POINT**
>
> **프로젝트의 포인트**
>
> 인터뷰 결과를 바탕으로 다음과 같은 가설을 정리했다.
>
> - 현재 이용하고 있는 뉴스 앱에 불만은 없는가?
>   - 기사를 다시 읽어보고 싶을 때 찾을 수가 없다.
>   - 50대 이상의 경우, 글자가 작으면 읽는 데 어려움을 겪는 경향이 있으며 공유 방법에 대한 안내가 충분치 않다는 등의 과제가 있다.
>   - 불만 사항은 아니지만, 시사 뉴스의 확인과 취미 정보의 수집을 좀 더 효율적으로 하고 싶다.
>   - 역시 불만 사항은 아니지만, 뉴스 탭을 직접 추가하는 목적은 자신의 취미나 주변에 관한 정보를 알기 위함이다.
> - 뉴스 앱을 이용한 뒤에 행동의 변화가 일어났는가?
>   - 기사에 따라서는 그 기사의 정보를 기점으로 행동하기도 하는데, 이때 현재의 뉴스 앱에서 벗어나서 행동한다. 따라서 기사와 후속 행동의 연계를 강화하면 사용자의 편의성이 높아질 가능성이 있다.
>   - 기사와 관련된 동영상을 보고 싶을 경우 20대~30대는 유튜브를, 50대~60대는 텔레비전을 활용한다.
> - 뉴스 앱과 다른 경로로 얻는 뉴스를 어떻게 구분해서 사용하고 있는가?
>   - 전체적인 의견
>   - 다른 앱을 통해서도 뉴스와 접할 기회가 많다. 50대~60대는 스마트폰 이외의 미디어를 통해서 접할 때가 많다.
>   - 20대~30대 한정
>   - X나 페이스북에서 자신이 신뢰하는, 혹은 관심을 품고 있는 사람이 공유한 기사에 흥미를 느낀다.
>   - 틱톡의 동영상은 보기 편하고 이해하기 쉽다.
>   - 50대~60대 한정
>   - 텔레비전과 신문을 신뢰하며, 습관적으로 본다.
>   - 독자 콘텐츠가 있는 미디어는 더욱 매력적이다.
>   - 양 세대의 공통된 의견
>   - 기사에 관한 동영상은 재미있고 유익하다고 느껴서 수요가 높지만, 단순히 동영상이 나열되어 있을 뿐이면 눌러서 볼 생각이 들지 않는다. 양 세대 모두 수동적인 동영상 미디어의 이용률이 높으며, 20대~30대는 틱톡, 50대~60대는 텔레비전을 주로 이용한다.

POINT

UI/UX 검토의 포인트
- 인터뷰 결과에서 공통되는 부분을 찾아내고, 발견한 공통의 욕구, 가치관, 과제 등을 정리한다.
- 발견한 공통점을 바탕으로 가설을 세우고 향후의 UX 검토에 활용한다.

UX

3장

기획

일정

3-1 페르소나의 정의

 구체적인 UX를 기획하기에 앞서, 지금까지 실시한 사용자 조사를 바탕으로 우리가 타깃으로 삼은 사용자층이 어떤 사람인지 정리해보자. '페르소나'라는 개념을 사용해 우리의 뉴스 앱을 이용해주었으면 하는 사용자의 이미지를 명확히 한다.

페르소나란?

 페르소나란 서비스를 이용하리라고 예상되는 사용자를 구체적으로 이미지화한 가상의 인물상이다. 일반적으로 '타깃'이라고 불리는 사용자의 연령과 성별, 직업 같은 대략적인 속성을 더욱 구체화한 것이다.
 기본적인 프로필뿐만 아니라 생활 방식이나 가치관, 흥미, 고민 등 내면적인 부분에도 초점을 맞추어 만들어나간다.

페르소나를 만드는 목적과 효과

사용자에게 더 나은 UX를 제공하는 데 필요한 정보를 정리하기 위해 페르소나를 만든다. 페르소나를 만들면 다음과 같은 효과를 기대할 수 있다.

⊙ 사용자에 대한 이해

첫째는 타깃으로 삼는 사용자층을 올바르게 이해하는 효과이다. UX 검토의 중심은 어디까지나 사람이다. 사용자의 상황이나 가치관을 올바르게 이해할 때 비로소 사용자에게 최적인 UX를 디자인할 수 있다. 그리고 이것은 사용자에게 최적인 UI나 콘텐츠를 설계하는 결과로 이어져 사용자의 편의성과 만족도를 높인다.

⊙ 효과적인 전략 구축

페르소나를 명확히 하여 서비스 기획이나 마케팅 전략을 세울 수 있다. 사용자의 고민이나 니즈를 알기 쉬워지므로 좀 더 사용자 친화적인 전략을 세울 수 있게 되며, 그 결과 사용자의 니즈를 더욱 충족하는 서비스를 제공할 가능성이 커진다.

⊙ 프로젝트 팀 내에서의 공통 이해

페르소나를 만들면 프로젝트 팀 내에서 담당자들이 마주하고 있는 사용자에 대해 공통의 이해를 형성할 수 있다. 이는 수많은 결정을 내릴 때 중요한 판단 재료가 되며, 그때 모두가 수긍할 수 있는 판단을 하여 프로젝트를 원활히 진행할 수 있게 된다.

페르소나를 만드는 방법

⊙ 페르소나를 만들 때 정의하는 내용

    페르소나를 만들 때 정의하는 항목은 프로젝트에 따라 달라진다. 현재 진행하는 프로젝트에 대해서 미리 정의해두면 추후 검토할 때 유용한 항목이나 사용자를 상상하는 데 도움이 되는 항목을 정리한 다음 정의를 시작한다.

    이때 정의하는 내용을 크게 세 가지로 분류해서 정리하면 알기 쉽다.

- 인구통계학적 속성(데모그래픽 속성)

  연령, 성별, 거주 지역, 가족 구성, 직업, 소득 등

- 심리학적 속성(사이코그래픽 속성)

  취미·기호, 가치관, 신념 등

- 행동학적 속성(비헤이비어 속성)

  습관, 이용 빈도, 이용 목적, 이용 장소, 구매 상품 등

⊙ 사용자 조사를 바탕으로 페르소나 만들기

    페르소나는 사용자 조사 결과를 바탕으로 정의한다. 사용자 조사를 거쳐서 얻은 사용자의 경향을 바탕으로 다음과 같은 점에 주의하며 정의하자.

- 실재성과 구체성이 있을 것
- 주관을 기반으로 만들지 않을 것
- 정기적으로 재검토할 것

⊙ 페르소나를 지속적으로 개선하기

    주의해야 할 점은 페르소나가 무조건 만능은 아니라는 것이다. 페르소나는

어디까지나 가상의 사용자상이므로 실제 사용자와 다를 수도 있다. 따라서 페르소나를 만들 때는 정량적인 데이터 등도 수집해서 수정하고 개선해나가는 것이 중요하다.

> **POINT**
>
> **UI/UX 검토의 포인트**
> - UX의 중심이 되는 '사람'을 명확히 하고자 만드는 '페르소나'에는 다음과 같은 효과가 있다.
>   ① 사용자를 더욱 깊게 이해할 수 있다
>   ② 효과적인 전략을 구축하기 좋다
>   ③ 프로젝트 팀 내에서 공통의 이해를 형성하기 쉽다
> - 정의된 페르소나를 주요 사용자로 파악하고 향후 UX를 검토할 때 하나의 판단 기준으로 활용한다.

페르소나를 만든다

사용자 조사 결과를 기반으로 페르소나를 정의하자. 대표적인 사용자 집단을 축으로 삼아, 같은 세대의 답변 결과 가운데 공통항이 될 수 있는 가치관이나 행동 패턴을 정리한 다음 여기에 그 집단의 속성 등을 부여한다.

이번 프로젝트의 경우 20대~30대와 50대~60대라는 서로 크게 다른 사용자층이 존재하는 까닭에 다음과 같이 두 개의 페르소나를 만들었다.

UX 20대~30대의 일과 육아를 병행하는 여성

사토 아오이

효율적으로 시사 뉴스를 파악하고, 나아가 관심이 있는 정보를 접하고 싶다.
관심이 가는 정보는 직접 자세히 조사한다.
이따금 SNS를 하다가 눈에 들어온 뉴스의 기사나 동영상도 흥미를 느끼면 본다.

연령 28세
성별 여성
거주 지역 지바현 이치카와시
가족 구성 남편(32세), 여아(2세)의 3인 가족
거주 환경 아파트(임대)
직업 금융업·보험업 영업 사무
연간 소득 개인: 300만 엔
　　　　　세대: 700만 엔
자주 이용하는 앱
SNS, 동영상, 뉴스, 쇼핑, 점포 검색·예약, 교육

자주 이용하는 뉴스 앱
구노시, 라인 뉴스

뉴스 앱을 이용하는 상황
외출하기 전, 출퇴근길, 점심시간, 아이를 재운 뒤

뉴스 앱에서 많이 보는 기사
시사 뉴스, 패션, 맛집 정보, 육아
기본적으로 시사 뉴스를 보는 것이 습관이 되었다.
패션은 취미여서 무의식적으로 본다.
맛있는 음식을 좋아해서, 행동 범위 안에 있으며 아이와 함께 갈 수 있는 레스토랑이나 포장이 가능한 가게의 정보가 있으면 반사적으로 보게 된다.
아이가 좋아할 것 같은 장소나 이벤트가 있으면 볼 때가 많다.

뉴스 앱에서 자주 이용하는 기능
아침에 날씨를 확인하는 습관이 있다. 푸시 알림을 터치해서 앱을 구동하며, 테마별 뉴스 목록에서 관심이 가는 기사를 읽는다.
시사 뉴스를 파악하고 취미 정보를 수집하려는 목적으로 사용한다.
자투리 시간에 효율적으로 볼 수 있어서 좋다.

현재 이용하고 있는 뉴스 앱에 대한 불만
기사를 다시 읽고 싶을 때 찾을 수가 없다.
관심 없는 광고가 많다.

뉴스 앱으로 기사를 읽은 뒤에 하는 행동
흥미로운 정보가 있으면 브라우저를 열어서 검색한 다음 방문·구매한다.
뉴스에 나온 정보를 검색해서 좀 더 자세히 알아본다.
관심이 가는 음식점이나 점포를 검색해 장소나 영업시간을 알아낸 다음 가본다.
아이와 함께 갈 수 있을 것 같은 장소를 발견하면 검색해서 가본다.
관심이 가는 상품을 검색해 리뷰 등을 확인한 다음 구입한다.
뉴스 기사를 다시 읽는 경우는 없다.

뉴스 앱 이외에 뉴스를 접하는 앱이나 미디어와 그것을 이용하는 이유
틱톡, X, 유튜브.
뉴스가 목적은 아니지만, 이용하다 접하는 뉴스 중에 흥미로운 것이 있으면 보게 된다. 편리하다고 생각한다.
SNS에서 제일 먼저 접하는 뉴스도 많다.
예전보다 동영상으로 뉴스를 보는 일이 많아진 기분이 든다.
틱톡을 보고 있으면 뉴스나 뉴스 해설 동영상이 흘러나오는데, 이때 흥미를 느끼면 보게 된다.
내가 신뢰하거나 관심을 품고 있는 사람이 공유한 기사에는 흥미가 샘솟는다.
특정 뉴스의 동영상을 보고 싶으면 유튜브에서 검색해서 본다.

UX 50대~60대의 정년퇴직을 앞둔 남성

사카구치 데쓰야

시사 뉴스와 스포츠 뉴스를 좋아한다.
관심이 가는 정보가 있으면 다른 사람에게 가르쳐주기도 하고, 알게 된 정보를 바탕으로 직접 찾아가볼 때가 많다.
텔레비전이나 신문에서도 습관적으로 뉴스를 본다.

연령 63세
성별 남성
거주 지역 가나가와현 오다와라시
가족 구성 아내(52세), 자녀(남성 24세·여성 20세)
※자녀는 각각 독립
거주 환경 단독 주택(자가)
직업 전자 부품·디바이스·전자 회로 제조업 판매
연간 소득 개인/세대: 700만 엔
자주 이용하는 앱
동영상, 뉴스, 쇼핑, 점포 검색·예약

자주 이용하는 뉴스 앱
야후! 뉴스, 니혼게이자이신문 온라인, 아사히신문 디지털

뉴스 앱을 이용하는 상황
출퇴근길, 일하는 도중

뉴스 앱에서 많이 보는 기사
시사 뉴스, 스포츠, 비즈니스, 첨단 기술
뉴스를 좋아해서 시사 뉴스를 즐겨 본다.
특히 야구를 비롯해 스포츠를 좋아하기도 하고, 프로야구 결과나 메이저리그에서 활약하는 일본 선수의 뉴스가 궁금해서 스포츠 뉴스를 자주 본다.
절반은 업무 때문에, 절반은 개인적인 흥미에서 첨단 기술 관련 기사도 볼 때가 많다.
비즈니스 관련은 재미있어 보이는 기사가 있으면 본다.

뉴스 앱에서 자주 이용하는 기능
푸시 알림을 터치해서 켠다.
테마별 뉴스 목록에서 기사를 선택해 읽는다.

현재 이용하고 있는 뉴스 앱에 대한 불만
관심 없는 기사가 표시된다.
글자 크기가 작아서 눈이 피곤하다.

뉴스 앱으로 기사를 읽은 뒤에 하는 행동
흥미로운 정보가 있으면 인터넷이나 텔레비전에서 더 많은 정보를 얻는다.
또한 알게 된 장소를 아내와 함께 방문하거나 여행하기도 한다.
외국에 진출한 좋아하는 선수가 큰 활약을 했으면 귀가 후 텔레비전에서 스포츠 뉴스를 본다.
업무와 관계가 있어 보이는 기사를 보면 나중에 컴퓨터를 이용해 회사 사람들에게 보낸다.
아내가 좋아할 듯한 미술 전시회가 있으면 아내에게 이야기하고, 흥미를 보이면 미술관의 위치를 검색해서 함께 간다.
가보고 싶은 관광지가 있으면 자세히 검색해서 아내와 여행을 가기도 한다.

뉴스 앱 이외에 뉴스를 접하는 앱이나 미디어와 그것을 이용하는 이유
텔레비전과 신문은 신뢰성이 높다고 느껴지고 유용한 특집 등도 있어서 매일 습관적으로 본다. 특히 텔레비전은 수동적으로 볼 수 있어서 좋다.
잡지의 경우, 직접 사지는 않지만 이따금 아내가 사온 주간지에 흥미로운 특집 기사가 실려 있으면 읽어본다.
라디오의 경우는 휴일에 운전할 때 흘러나오는 뉴스를 듣는데, 이때 새로운 뉴스를 접할 때가 가끔 있다.

⊙ 페르소나의 지나친 정보화에 유의한다

각 페르소나의 이름 바로 아래에 '정리'를 넣었는데, 페르소나의 중요한 가치관이나 행동 패턴을 간단명료하게 정리해두면 향후의 검토에 많은 도움이 된다.

페르소나를 정리할 때, 실시하고 있는 서비스나 제품의 특성에 따라서는 스토리를 기재하거나 더욱 자세히 묘사하는 경우가 있다. 이것이 효과적일 때도 있지만 이번처럼 많은 사람에게 널리 이용되는 서비스의 경우는, 정리가 너무 구체적이고 자세하면 사용자상을 상상하기 쉬운 반면에 페르소나가 한쪽으로 편중되어서 정작 중요한 부분을 놓칠 수도 있으니 주의한다.

POINT

프로젝트의 포인트

이번에 정의한 페르소나는 두 종류이다.

- 20대~30대의 일과 육아를 병행하는 여성
  - ▶ 효율적으로 시사 뉴스를 파악하고, 나아가 관심이 있는 정보를 접하고 싶다.
  - ▶ 관심이 가는 정보가 있으면 직접 자세히 조사한다.
  - ▶ 이따금 SNS를 하다가 눈에 들어온 뉴스의 기사나 동영상도 흥미를 느끼면 본다.
- 50대~60대의 정년퇴직을 앞둔 남성
  - ▶ 시사 뉴스와 스포츠 뉴스를 좋아한다.
  - ▶ 관심이 가는 정보가 있으면 다른 사람에게 가르쳐주기도 하고, 알게 된 정보를 바탕으로 직접 찾아가볼 때가 많다.
  - ▶ 텔레비전이나 신문에서도 습관적으로 뉴스를 본다.

3 2 기획을 검토하는 방법

리서치와 사용자 조사가 끝나고 페르소나도 정리해서 필요한 재료가 갖춰졌으니, 새로운 뉴스 앱의 기획을 시작하자.

'기획'이란?

여기에서 말하는 '기획'은 사용자에게 어떤 가치를 제공하는 뉴스 앱을 만들지, 또 그 가치를 실현하기 위한 기능이나 콘텐츠는 무엇인지를 구체적으로 검토하는 것이다.

이번 기획 검토의 목적은 사용자 조사 때와 마찬가지로 현재의 과제인 '독자 기능이나 콘텐츠가 필요하다고 생각하는데, 그것이 무엇인가?'를 해결할 아이디어를 이끌어내는 것이다.

아이디어를 내기 위한 접근법

아이디어를 내는 데는 다양한 접근법이 있는데, 우리가 만들 뉴스 앱의 경우, 예를 들면 다음과 같은 관점에서 검토할 수 있다.

① 사용자 조사 결과를 바탕으로 한 검토

이미 실시한 사용자 조사에서 얻은 발견을 바탕으로 아이디어를 넓혀 나감으로써 사용자의 잠재 욕구를 충족하는 기획을 만들 수는 없을지 검토한다.

② 기존의 기능이나 콘텐츠의 강화

현재 뉴스 사이트에 이미 있는 기능을 강화하거나 독자 콘텐츠(기사)를 확충함으로써 앱의 가치를 높이면 사용자에게 더욱 매력적인 뉴스 앱이 되지 않을지 검토한다.

③ 기존 자산의 활용

클라이언트가 보유한 뉴스 이외의 서비스(쇼핑 등)나 콘텐츠(요리법 등)를 뉴스 앱에 도입함으로써 사용자에게 다양한 가치를 제공하고 사용자의 편의성을 높일 수는 없을지 검토한다.

④ 이용 빈도를 의식한 검토

일반적으로 이용 빈도가 높은 뉴스 앱이기에 더더욱, 사용자의 현재 상태에 맞는 정보나 기능을 제공함으로써 사용자가 뉴스뿐만 아니라 더 많은 목적을 위해서 쓰는 앱으로 만들 수 없을지 검토한다.

⑤ 과금 기능의 강화

현재, 동영상이나 음악은 물론이고 뉴스 등의 미디어에도 일부 콘텐츠를 구독제로 제공하는 서비스가 다수 존재한다. 요컨대 사용자가 돈을 내면서까지 이용하고 싶어 하는 기능이나 콘텐츠를 준비함으로써 사용자에게 더욱 유익한 가치를 제공할 수 없을지 검토한다.

⑥ 약점의 보완

다른 뉴스 앱과 비교했을 때 우리는 갖추지 못한 기능이나 콘텐츠가 없는지 확인한다. 만약 있다면 그것을 확충해 사용자에게 다른 뉴스 앱과 동등한 가치를 제공함으로써 후발 주자의 약점을 보완한다. 그래서 사용자가 뉴스 앱을 설치할 때 선택지 중 하나로 우리 앱을 고려하도록 만들 수 없을지 검토한다.

이번에는 '① 사용자 조사 결과를 바탕으로 한 검토'를 실시한다

실제 프로젝트에서는 이상의 각 관점에서 생각하면서 '독자 기능이나 콘텐츠를 만들 수 없을지'와 '그 아이디어를 이 뉴스 앱에 도입해야 할지' 검토하지만, 이번에는 '① 사용자 조사 결과를 바탕으로 한 검토'만을 축으로 삼아서 아이디어를 검토하겠다.

실제로 프로젝트를 진행하는 독자 여러분은 부디 다각적인 관점에서 생각해보기를 바란다. 아이디어를 만들어내는 수법은 많으니 적극적으로 활용하면서 시도해보자.

그러면 지금부터 뉴스 앱의 기획을 시작하자.

> **POINT**
>
> **프로젝트의 포인트**
> - 프로젝트의 과제인 '독자 기능이나 콘텐츠가 필요하다고 생각하는데, 그것이 무엇인가?'를 해결할 아이디어를 이끌어내기 위해 사용자 조사에서 얻은 발견을 바탕으로 검토를 진행한다.

> **POINT**
>
> **UI/UX 검토의 포인트**
> - 아이디어를 낼 때는 제한을 두지 말고 다각적인 관점에서 궁리한다.
> - 아이디어를 만들어내는 수법은 많으므로 적극적으로 활용하면서 실시한다.

3 3 뉴스 앱에 대한 불만을 해결할 아이디어의 검토

인터뷰에서 얻은 통찰

첫 번째 프로세스로, 사용자 조사에서 '현재의 뉴스 앱에 대한 불만'으로 부각된 통찰을 기반으로 아이디어를 검토한다.

UX 현재 이용하고 있는 뉴스 앱에 불만은 없는가?

- 기사를 다시 읽어보고 싶을 때 찾을 수가 없다.
- 50대 이상의 경우, 글자가 작으면 읽는 데 어려움을 겪는 경향이 있으며 공유 방법에 대한 안내가 충분치 않다는 등의 과제가 있다.
- 불만 사항은 아니지만, 시사 뉴스의 확인과 취미 정보의 수집을 좀 더 효율적으로 하고 싶다.

통찰을 분석한다

통찰을 분해해보면 다음의 네 가지 포인트로 정리가 가능하다.

① 기사를 나중에 다시 읽을 수 있는 보존 기능 혹은 읽은 기사 검색 기능을 검토
② 시니어 사용자를 위한 문자 디자인을 검토
③ 기사의 공유 방법을 모든 연령대가 이해할 수 있도록 표현 방법을 검토
④ 시사 뉴스와 개인의 취미 정보를 효율적으로 수집할 수 있는 시스템을 검토

이 가운데 ②와 ③은 겉모습이나 표시 등에 관한 과제여서 화면을 설계할 때 검토하면 되므로 이 단계에서는 검토를 건너뛴다. ④에 관해서도 프로젝트 팀 내에서 논의한 결과 '그 밖에 탑재할 기능이나 콘텐츠와 세트로 생각하는 편이 좋지 않을까?'로 의견이 정리되어서, 이번에는 상세히 검토하지 않고 요건이 정의된 뒤 전체 화면을 설계하는 타이밍에 검토하기로 했다.

한편 ①의 경우는 사용자 조사에서 얻은 '뉴스 앱을 이용한 뒤에 일어난 행동 변화'와도 관계가 밀접할 가능성이 있다. 그러므로 이 프로세스에서는 '① 기사를 나중에 다시 읽을 수 있는 보존 기능 혹은 읽은 기사 검색 기능을 검토'하도록 하자.

기사를 나중에 다시 읽을 수 있는 보존 기능 혹은 읽은 기사 검색 기능을 검토한다

◉ 마인드맵을 사용해 기능의 목적과 그 해결책을 정리해본다

먼저, 기사의 보존이나 읽었던 기사 검색 기능의 목적과 일반적인 해결책을 정리해본다. 정리하는 방법에는 여러 가지가 있지만, 이번에는 '마인드맵'으로 정보와 사고를 정리해 검토할 것이다. 마인드맵은 생각 정리의 정석이라 할 수 있다. 물론 혼자서 하지 않고, 프로젝트 멤버들과 논의하고 사용자 조사 결과를 다시 확인하면서 정리한다.

일단, 사용자가 이 기능을 통해서 달성하고 싶어 하는 것을 목적으로 정의하여 검토의 전제가 될 공통 인식을 만든다.

> 목적: 한 번 읽었던 기사에 또다시 손쉽게 접근하고 싶다.

◉ 다시 기사에 접근하고 싶은 이유를 이용 시나리오별로 정리한다

다음으로, 왜 한 번 읽었던 기사에 또다시 접근하고 싶은지를 이용 시나리오별로 정리한다. 이번에는 다음의 두 가지 시나리오를 가정한다.

① 기사를 보고 나중에 다시 한번 읽어야겠다고 생각했을 때
② 갑자기 이전에 봤던 기사를 다시 한번 보고 싶어졌을 때

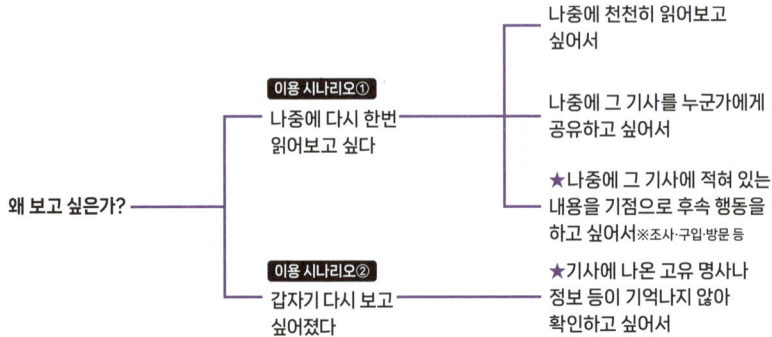

사용자 조사에서 나온 의견은 주로 ★ 부분이다.

⊙ 기존의 해결 방법을 정리한다

다음에는 지금까지 그런 일이 일어났을 때 어떻게 해결해왔는지 정리한다.

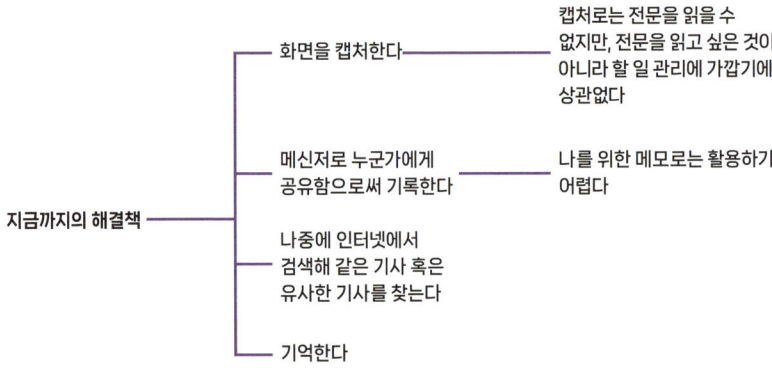

이렇게 정리하면서 토론해보니, 뉴스 앱에서 기사 하나를 보는 데는 그렇게까지 시간이 걸리지 않으므로 '나중에 읽고 싶다'라는 욕구는 사실 적을지도 모른다는 의견이 많이 나왔다.

⊙ 가설을 생각한다

가설이지만, 사용자들이 보존 기능을 원하는 이유는 나중에 기사를 꼼꼼히 읽고 싶어서라기보다 기사를 계기로 조사하거나 구입하는 등의 행동을 하기 위한 할 일 관리 또는 기억나지 않는 것을 기억해내기 위한 목적이 크다고 느꼈다. 그래서 '리마인드 기능'도 이번에 함께 검토한다.

⊙ 유사 기능이나 수법에서 아이디어의 힌트를 얻는다

이어서, 기사를 다시 읽기 위한 유사 기능이나 방법으로 어떤 것이 있는지 조사하고 각각의 장단점을 정리한다.

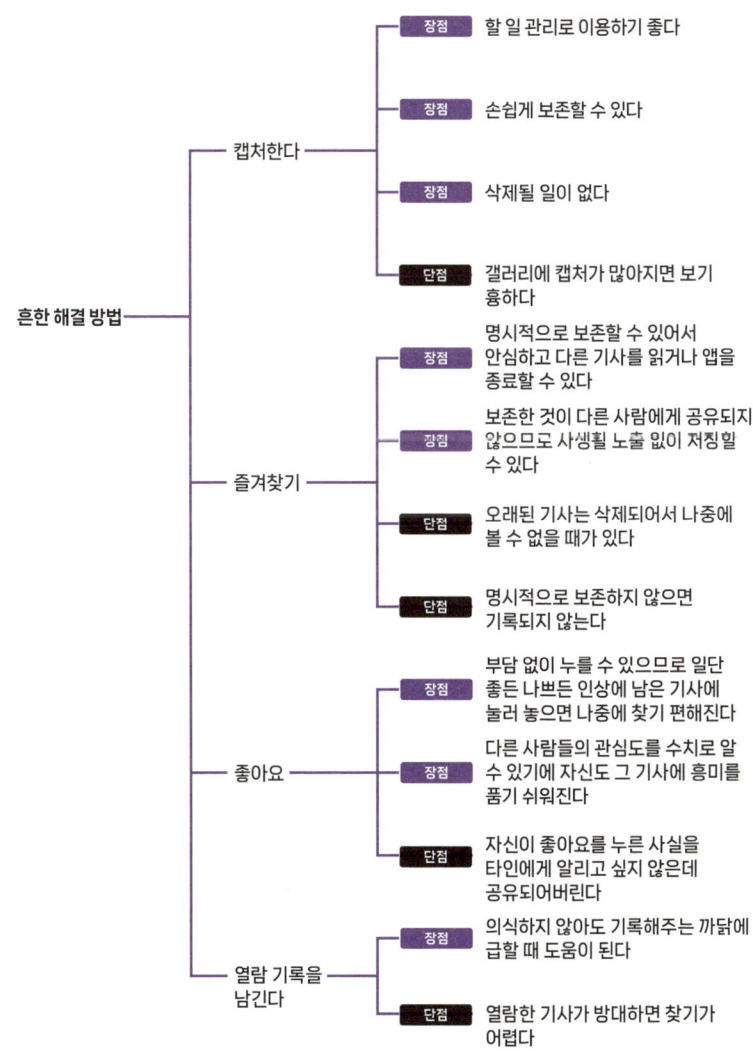

토론 중에 이야기가 나온 방법은 네 가지이다. 이 방법들을 선택하거나 조합하여 '한 번 읽었던 기사에 또다시 손쉽게 접근하고 싶다'라는 목적을 달성할 방법을 고민한다.

이 네 가지 기능 또는 방법을 객관적으로 살펴보면 크게 두 가지로 나눌 수 있다. '화면을 캡처한다' '즐겨찾기' '좋아요'처럼 사용자의 명시적인 행동이 필요한 방법과 '열람 기록을 남긴다'처럼 사용자의 명시적인 행동이 필요 없는 방법이다. 이 둘은 사용자와 시스템 사이의 상호작용이 크게 다르므로 분리해서 검토를 진행한다.

사용자의 명시적인 행동이 필요한 방법에 관해서 검토한다

지금부터는 구체적인 아이디어를 만들어내는 작업에 들어간다. 먼저, 사용자의 명시적인 행동이 필요한 방법에 관해서 검토한다.

⊙ 장점을 추출해본다

명시적인 행동이 필요한 기능의 장점을 앞에서 작성한 마인드맵의 내용도 활용하면서 정리해보자.

> 캡처
> - 삭제될 일이 없으므로 안심하고 메모처럼 보존해놓을 수 있다.
>
> 즐겨찾기
> - 자신이 남겨놓고 싶은 것을 명시적으로 남길 수 있다.
> - 나중에 다시 한번 기사 전체를 읽을 수 있다.
> - 다른 사람에게 공유되지 않으므로 무엇이든 보존할 수 있다.
>
> 좋아요
> - 부담 없이 누를 수 있다.

⊙ 기능으로서 정의해본다

장점으로 적은 것을 다른 식으로 표현해, 장점만 취한 하나의 기능으로서 정의해보자. 또한 앞에서 이야기가 나온 '리마인드(상기시키는) 기능'도 추가해본다.

> **UX 한 번 봤던 기사에 손쉽게 다시 접근할 수 있는 기능의 요건**
>
> - 본래 기사의 URL에 접속할 수 있을 것
> - 캡처처럼 보존이 가능할 것
> - 보존한 사실이 타인에게 공유되지 않을 것
> - 기사를 상기할 수 있을 것

⊙ UI에 반영해본다

정의해본 기능에 무리가 없는지 객관적으로 바라보면서, 하나의 경험으로 성립할지 확인하기 위해 실제 UI를 대략적으로 만들어보자. UI를 만들면 검토 결과가 시각화되므로 프로젝트 팀 내에서 공통 인식이 형성되기 쉬워지며 토론도 활발해진다.

이 시점에서 UI를 만드는 핵심은 독창성 넘치는 UI로 만들지 않는 것이다. 지금 논의해야 할 것은 UI의 좋고 나쁨이 아니라 아이디어의 좋고 나쁨이다. 논의의 대상이 UI의 좋고 나쁨으로 확대되는 사태를 차단하기 위해서도 비슷한 기능을 갖춘 평범한 레이아웃을 그대로 이용해 UI를 만든다.

이 점에 유의하면서 UI에 기능을 반영해보았다.

UX '한 번 읽었던 기사에 손쉽게 다시 접근할 수 있는 기능'의 UI 이미지

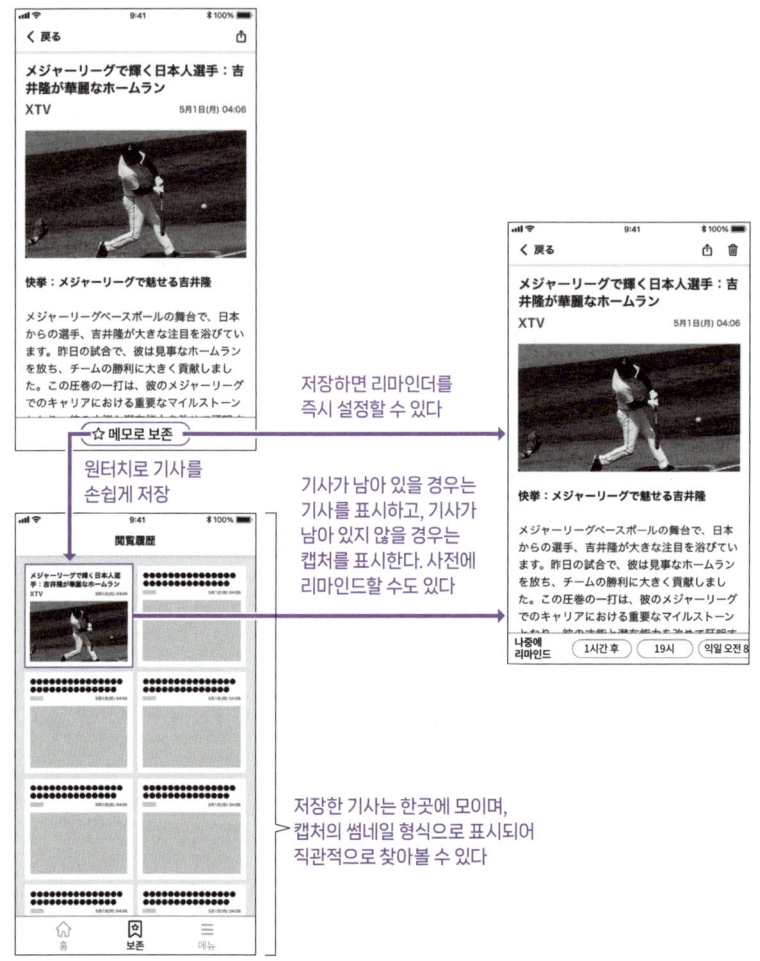

화면의 세세한 부분에 집착하기보다는 표현하고 싶었던 것을 명확히 구현하는 것이 중요하다. 완성되면 하나의 아이디어로서 보관해놓는다.

사용자의 명시적인 행동이 불필요한 방법에 관해서 검토한다

다음에는 사용자의 명시적인 행동이 불필요한 '열람 기록을 남긴다'에 관

해서 생각해보자.

⊙ 자신을 관찰해본다

'열람 기록'은 가령 브라우저나 온라인 쇼핑 사이트 등에서 검색 키워드의 이력이나 열어본 페이지를 다양한 형태로 자동 기록하는 것과 같은 기능이다. 필요할 때 열람 기록에서 찾아보면 원하는 사이트를 발견할 수 있고, 검색어를 입력할 때도 과거의 검색 기록에 입각해서 입력을 완성해주기에 이용이 편해진다.

그렇다면 '뉴스 앱'의 열람 기록에는 어떤 기능이 필요할까? 이런 논의를 할 때는 자신을 한 명의 사용자로 관찰하면 좋다.

⊙ '5W1H' 방식으로 정리한다

자신을 객관적으로 관찰하기 쉽도록, 사용자 조사의 인터뷰 내용을 정할 때도 이용했던 '5W1H' 방식으로 필요한 기능을 생각해보자. 또한 이번에는 '열람 기록을 보존하는' 행위와 '열람 기록에서 (원하는 기사를) 찾는' 행위가 존재하므로 둘을 나눠서 정리하겠다. 적으면서 검토가 필요해 보이는 것이나 금방 떠오르지 않는 것은 즉시 메모(색글자)하고 하나하나 검토한다. 다음은 이 두 행위를 '5W1H' 방식으로 정리한 것이다.

	열람 기록에 보존한다	기록에서 찾는다
Who(누구)	앱이	사용자가
When(언제)	사용자가 기사를 봤을 때	예전에 봤던 기사를 찾고 싶을 때
Why(왜)	나중에 다시 한번 보고 싶어질지도 모르니까	한 번 더 보고 싶어져서
Where (어디에/어디에서)	앱 내에 ① 서버에도 보존?	앱 내에서
What(무엇을)	봤던 기사를 보존한다 ② '봤다'와 '읽었다'는 다른가?	한 번 더 보고 싶은 기사를 찾는다
How(어떻게)	자동으로 보존한다 ③ 보존 기간은 어느 정도?	④ 어떻게 찾아야 좋을까?

검토가 필요해 보이는 사항이 네 가지 나왔다. 그러면 하나하나 검토해보자.

① 어디에 '열람 기록을 보존할' 것인가?

사용자에 관한 데이터를 앱에 보존할 경우는 그 '복원성'도 세트로 검토해야 한다. '복원성'이란 앱을 다시 설치했을 때 그 정보가 부활하느냐이다. 가령 같은 앱을 아이폰과 안드로이드에서 동시에 켰을 때 양쪽 모두 같은 내용을 표시하려면 사용자가 로그인했을 때 서버에 보존하고 있었던 내용을 양쪽의 앱에 표시하는 방법을 생각하는 것이 일반적이다.

다만 현재로서는 앱에 로그인을 유도할지 어떨지 아직 검토하지 않았다. 그러므로 이 건은 일단 검토를 뒤로 미루도록 한다.

② 무엇을 '열람 기록에 보존할' 것인가?

여기에서 논의할 점은 '어떤 상태의 기사를 보존할 것인가?'이다. 요컨대 '읽다가 도중에 그만뒀던 기사'도 보존할 것이냐, 아니면 '끝까지 읽었던 기사'만을 보존할 것이냐이다. 이번에는 나중에 사용자가 취사선택할 수 있도록 끝까지 읽었든 읽지 않았든 본 기사는 전부 보존하기로 한다.

③ 어느 정도의 기간 동안 '열람 기록에 보존할' 것인가?

사용자에 관한 데이터를 앱에 보존할 경우는 '양'에 관해서 생각해야 한다. 앱 내에 보존하든 서버에 보존하든 저장 공간을 이용하게 되기 때문이다. 사용자 조사의 결과를 확인하거나 프로젝트 팀 내에서 논의를 통해 적절한 양을 검토하자.

이번에는 다음과 같은 논의를 거쳐 10일분을 저장한다는 결론에 이르렀다.

- 한 번 봤던 기사를 다시 보고 싶어지는 상황은 회사에 도착한 뒤라든가 퇴근해서 귀가한 뒤 같이 짧은 기간 내에 벌어질 것이다.

- 주말 등에 누군가를 만났을 때 문득 생각나는 경우를 고려해도 고작해야 일주일이며, 그보다 길어지면 굳이 뉴스 앱에서 찾기보다 브라우저에서 직접 검색하지 않을까?
- 일주일이 불안하다면 조금 더 길게 잡아서 10일이나 2주면 충분하지 않을까?
- 그러니 일단은 10일부터 시작해보자.

④ 어떻게 '열람 기록에서 찾을' 것인가?

여기까지 검토한 결과, '사용자가 본 기사를 앱이 자동으로 10일분 보존'하는 방안을 생각했다. 이제부터 논의할 점은 어떻게 해야 사용자가 보존된 기사 가운데 원하는 기사를 쉽게 찾을 수 있을 것이냐이다.

무엇인가를 '찾아내는' 기능을 생각할 때는 '명시적으로 찾기'와 '감각적으로 찾기'라는 두 가지 접근법을 준비해야 한다.

⊘ 이번 검토 결과

이번에 프로젝트 팀 내에서 논의한 기사의 열람 기록·검색 방법을 정리하면 다음과 같다.

명시적으로 찾는 방법

- 키워드로 찾는다

    사용자가 기사에 실려 있었던 키워드를 입력하면 원하는 기사가 나오도록 지원한다. 키워드를 이용한 검색의 경우는 그 검색의 대상도 반드시 한 세트로 생각해야 한다. 이번에는 기사의 제목과 본문만을 검색 대상으로 삼고, 그 밖에 기사의 카테고리나 매체명은 검색 대상에서 제외한다.

감각적으로 찾는 방법

- 날짜로 찾는다

    앞에서도 논의했듯이, 나중에 다시 보는 행위는 짧은 기간 안에 발생할 때가 많다고 가정했다. 이 경우 오늘 봤다/어제 봤다/지난주에 봤다 등 '언제 봤다'라는 기억은 사용자의 머릿속에 남아 있을 것이다. 따라서 날짜 단위, 주 단위 등으로 묶어 놓으면 찾기가 편할 듯하다. 이번 경우는 보존 기간이 10일이므로 날짜 단위로 검색할 수 있게 했다.

- 카테고리로 찾는다

  열람한 기사 중에서 기사의 카테고리(경제, 스포츠, 연예 등) 정보를 기반으로 찾으면 원하는 기사에 도달하는 시간이 단축될 가능성이 있다. 카테고리를 활용하는 방법은 크게 두 가지로, 첫째는 그 카테고리로 대상을 좁힐 수 있게 하는 것이고 둘째는 그 기사의 부가 정보로서 카테고리명을 표시하는 것이다. 프로젝트 팀 내에서 논의한 결과, 이번에는 대상을 좁히는 기능까지는 필요 없으니 카테고리명만 표시하자는 쪽으로 정리되었다.

⊙ 기능으로 정의하고 UI에 반영한다

그러면 앞에서와 마찬가지로 논의된 결과를 하나의 기능으로 정의해보자. 그리고 대략적인 UI를 만들어 프로젝트 팀 내에서 공통 인식을 형성한다.

UX 기사의 열람을 기록·검색하기 위한 요건

열람의 기록
- 사용자가 열람한 기사를 자동으로 기록한다.
- 그 기사의 화면이 표시된 시점에 기록한다.
- 서버에도 보존할지는 추후 검토한다.
- 열람 기록은 10일 동안만 보존되며, 이후에는 자동으로 삭제된다.

기록의 검색
- 키워드로 검색할 수 있으며, 기사의 제목과 본문을 검색 대상으로 삼는다.
- 열람한 기사의 일람을 날짜 단위로 확인할 수 있다.
- 기사의 카테고리 정보도 표시한다.

뉴스 앱에 대한 불만을 해결할 아이디어의 검토 결과

이와 같이 '현재의 뉴스 앱이 안고 있는 과제'를 바탕으로 '기사를 나중에 다시 볼 수 있는 보존 기능 혹은 열람한 기사의 검색 기능'에 관한 검토를 진행한 결과, 해결을 위한 아이디어가 두 가지 탄생했다.

> **POINT**
>
> **프로젝트의 포인트**
> '기사를 나중에 다시 볼 수 있는 보존 기능 혹은 열람한 기사의 검색 기능'으로 두 가지 아이디어가 탄생했다.
> ● 간편하게 기사를 보존하고 리마인드도 할 수 있는 기능
> ● 기사의 열람을 기록하고 검색할 수 있는 기능

POINT

UI/UX 검토의 포인트
- 검토해야 할 의제에 맞추어 최적의 접근법을 찾아낸다.
- 프로젝트 팀 내에서 정리한 아이디어에 대해 공통 인식이 형성되도록, 대략적인 것으로 충분하니 UI 화면을 만들어 그것이 아이디어로서 성립할지 확인한다.
- UI를 만들 때는 UI로서 좋은가 나쁜가가 아니라 아이디어로서 좋은가 나쁜가가 논의의 초점이 되도록 일반적인 UI로 만든다.

3-4 사용자 행동의 편의성을 향상시킬 아이디어의 검토

인터뷰에서 얻은 통찰

계속해서 사용자 조사에서 얻은 이하의 통찰을 바탕으로 다음 아이디어를 검토한다.

UX 뉴스 앱을 이용한 뒤에 행동의 변화가 일어났는가?

- 기사에 따라서는 그 기사의 정보를 기점으로 행동하기도 하는데, 이때 현재의 뉴스 앱에서 벗어나게 된다. 따라서 이 지점의 연계를 강화하면 사용자의 편의성이 높아질 가능성이 있다.
- 기사와 관련된 동영상을 보고 싶을 경우, 20대~30대는 유튜브를, 50대~60대는 텔레비전을 활용한다.

사용자의 행동을 정리한다

'사용자가 기사를 열람한 뒤에 하는 행동의 편의성을 높인다'라는 아이디어를 검토하고자, 사용자의 행동을 정리해 과제와 니즈를 확인한다. 여기에서는 '고객 여정'을 이용한다.

고객 여정이란?

고객 여정(Customer Journey)은 사용자가 제품이나 서비스를 이용하는 과정에서 경험하는 일련의 스토리를 가시화한 것이다. 사용자가 특정한 행동을 하기 위해서 경험한 단계나 상호작용, 그때 느낀 감정 등을 정리해 표로 나타낸다. 그렇게 해서 완성된 표를 '고객 여정 지도(Customer Journey Map)'라고 부른다.

고객 여정을 만드는 목적과 효과

페르소나가 제품이나 서비스를 접하기 전, 접하는 동안, 그리고 접한 뒤에 어떤 경험을 했는지 이해하고 이를 개선에 활용하기 위해 고객 여정을 만든다. 그러면 다음과 같은 효과를 기대할 수 있다.

⊙ 사용자의 니즈와 과제를 파악한다

페르소나가 겪는 일련의 경험을 객관적으로 파악하여 어떤 과제나 니즈를 품고 있는지 이해할 수 있다. 그러면 가장 유효한 고객 여정을 그릴 수 있게 되며, 제품이나 서비스에서 일련의 UX가 향상된다.

⊙ 접점과 기능을 최적화한다

과제가 되는 포인트 또는 니즈가 충족되지 않은 포인트가 명확해지면 검토해야 할 포인트를 좁힐 수 있으며, 따라서 효과적으로 전략을 검토하기 쉬워진다. 그 결과 페르소나와 제품 또는 서비스의 접점을 최적화하거나 기능을 개선함으로써 더욱 스트레스가 적은 UX를 제공할 수 있다.

⊙ 프로젝트 팀 내에서 공통의 이해를 형성한다

페르소나를 설정할 때와 마찬가지로, 고객 여정을 만들면 프로젝트 팀 내에서 사용자의 니즈나 과제에 대한 공통의 이해를 얻을 수 있다. 공통의 가치관 구축은 프로젝트를 진행할 때 매우 중요한 일이다. 의사 결정 등의 판단이 명확한 기준에 따라서 실시되어 프로젝트를 원활히 진행할 수 있기 때문이다.

고객 여정을 만드는 방법

고객 여정을 만들 때는 페르소나를 기반으로 그 사용자의 행동과 그때의 접점, 생각이나 감정을 단계별로 정리한다.

스테이지	▮▮▮▮▮▮	▮▮▮▮▮▮	▮▮▮▮▮▮	▮▮▮▮▮▮
행동	▫▫▫▫▫▫▫▫ ▫▫▫▫▫▫▫▫	▫▫▫▫▫▫▫▫ ▫▫▫▫▫▫▫▫	▫▫▫▫▫▫▫▫ ▫▫▫▫▫▫▫▫	▫▫▫▫▫▫▫▫ ▫▫▫▫▫▫▫▫
접점	▫▫▫▫▫▫▫▫ ▫▫▫▫▫▫▫▫	▫▫▫▫▫▫▫▫ ▫▫▫▫▫▫▫▫	▫▫▫▫▫▫▫▫ ▫▫▫▫▫▫▫▫	▫▫▫▫▫▫▫▫ ▫▫▫▫▫▫▫▫
생각	▫▫▫▫▫▫▫▫ ▫▫▫▫▫▫▫▫	▫▫▫▫▫▫▫▫ ▫▫▫▫▫▫▫▫	▫▫▫▫▫▫▫▫ ▫▫▫▫▫▫▫▫	▫▫▫▫▫▫▫▫ ▫▫▫▫▫▫▫▫
감정				
깨달음	▫▫▫▫▫▫▫▫ ▫▫▫▫▫▫▫▫	▫▫▫▫▫▫▫▫ ▫▫▫▫▫▫▫▫	▫▫▫▫▫▫▫▫ ▫▫▫▫▫▫▫▫	▫▫▫▫▫▫▫▫ ▫▫▫▫▫▫▫▫

⊙ 스테이지

사용자가 제품이나 서비스를 이용할 때의 단계를 정의한다. 가령 상품의 구입을 예로 들면, 인지하거나 흥미를 보임→정보 수집·비교 검토→의사 결정·구입→재방문 등의 단계가 있다. 이 스테이지는 제품이나 서비스에 따라 달라진다. '반드시 이 단계를 거쳐야 다음 단계로 나아갈 수 있는 것'이라고 스테이지를 정의하면 정리하기가 쉬워질 것이다.

⊙ 행동

각 스테이지에서 사용자가 하는 구체적인 행동을 정의한다. 이를테면 '검색한다' '○○ 기능을 사용한다' 등이다.

⊙ 접점

각각의 행동에서 사용자가 제품이나 서비스와 열람·조작 같은 상호작용을 하는 접점을 정의한다. 이를테면 '검색 엔진' '○○ 화면' 등이다.

⊙ 생각

그 접점에서 사용자가 행동할 때 하는 생각을 정의한다. 이를테면 '내가 원하는 사이즈가 있을까?' '언제 받을 수 있을까?' 등이다.

⊙ 감정

행동을 할 때 사용자가 품는 감정을 정의한다. 이를테면 '이거 갖고 싶어!' 같은 긍정적인 감정이나 '귀찮은데…' 같은 부정적인 감정 등이다. 감정을 긍정적부터 부정적까지 5단계 정도로 나누고 행동별로 정의한 다음 감정 곡선을 그래프로 표현한다. 이를 통해 사용자가 품고 있는 불만이나 스트레스를 특정할 수 있다.

생각과 감정은 하나로 묶어서 정의할 때도 있다.

⊙ 깨달음

각각의 행동에 대해서 얻은 깨달음이나 과제를 정리한다. 이를테면 '사진에 매력이 없다' '○○이 있음을 깨닫지 못한다' 등이다. 최종적으로는 여기에서 정리한 과제를 해결할 개선책을 고민해야 한다. 또한 그런 과제들 중에서 다음 스테이지로 진행하지 못하는 원인이 되는 과제가 있을 경우는 특히 중요하게 다룬다.

이렇게 고객 여정에서 추출한 사용자의 고민이나 과제를 '페인 포인트(Pain Point)'라고 부른다.

> **POINT**
> **UI/UX 검토의 포인트**
> - 페르소나를 기반으로 고객 여정을 만들면 ①사용자의 니즈와 과제를 파악하고, ②접점이나 기능을 최적화하며, ③프로젝트 팀 내에서 공통 이해를 형성하는 효과를 얻을 수 있다.
> - 고객 여정에서 얻은 깨달음이나 과제를 바탕으로 UX의 개선 포인트를 뚜렷하게 잡고 그 해결책을 궁리한다.

고객 여정을 만든다

⊙ 대상이 되는 장면

그러면 지금 바로 고객 여정을 만들어보자. 페르소나를 만들었을 때의 내용을 참고하면서 다음 세 가지 내용을 대상으로 삼는다.

① 뉴스를 좀 더 깊게 파고든다
- 뉴스에 나온 정보를 검색해서 좀 더 알아본다.

② 기사를 읽고 알게 된 장소나 이벤트에 간다
- 흥미를 느낀 음식점이나 점포를 검색해서 가본다.
- 아이와 나들이할 수 있을 것 같은 장소를 알고 검색해서 가본다.
- 아내가 좋아할 것 같은 미술 전시회가 있으면 아내에게 그 기사를 보여주고, 관심을 보이면 미술관이 어디 있는지 조사해 함께 간다.
- 가보고 싶은 관광 명소가 있으면 자세히 검색해서 아내와 여행을 갈 때도 있다.

③ 기사를 읽고 알게 된 상품을 구입한다
- 관심이 가는 상품을 검색하고 구입한다.

⊙ 세 종류의 고객 여정

이번에는 앱을 켜서 기사를 접하고 최종적인 행동을 실행하기까지의 스토리를 고객 여정으로 정리한다. 사용자 조사의 결과 등을 참고로 다음의 세 가지 고객 여정을 만든다.

① 뉴스를 좀 더 깊게 파고든다
② 장소나 이벤트에 간다
③ 상품을 구입한다

서로 대동소이한 행동들도 있기에 각각 독자적인 포인트만 알기 쉽게 정리해봤다.

UX ① 뉴스를 좀 더 깊게 파고든다

스테이지	기사를 찾는다		흥미·관심	
	앱을 구동한다	기사를 찾는다	기사를 본다	
행동	• 자투리 시간에 앱을 구동한다	• 무심코 기사를 연다 • 목적한 테마의 기사를 찾는다	• 기사를 읽다 흥미로운 정보를 발견한다	
접점	[앱 내] • 푸시 알림 • 홈 화면	[앱 내] • 기사 일람 화면 • 상세 기사 화면의 관련 기사 영역	[앱 내] • 상세 기사 화면	
생각·감정	☺ 푸시 알림으로 온 이 뉴스가 궁금하다 ☺ 뭔가 재미있는 뉴스는 없으려나? ☺ 장안의 화제인 그 뉴스는 어떻게 됐을까?	☺ 이 뉴스, 궁금해! ☹ 보고 싶은 기사가 없네…	☺ 이 기사에 나온 정보(기업, 제품, 인물, 사건 등)에 관해서 좀 더 알고 싶어 ☹ 앱 내에는 원하는 정보가 없네… ☹ 나중에 조사해보려고 하면 기사를 찾을 수 없을 때가 많아	
과제	• 푸시 알림의 내용이 흥미·관심을 끄는가? • 자투리 시간에 이 앱 구동하는 것이 습관화되었는가? • 특정 뉴스를 보고 싶을 때 이 앱이 선택되고 있는가?	• 흥미 있는 기사가 우선적으로 표시되는가? • 흥미 있는 기사를 찾기 쉬운가? • 자신이 흥미를 느낄 가능성이 큰 기사임을 열기 전에 알 수 있는가?	• 지적 호기심이 생겼는데 그것을 채울 수가 없다 • 기사를 보존할 수가 없다	

※ '사용자가 기사를 열람한 뒤에 하는 행동의 편의성을 높인다'는 내용과 관련된 항목은 색글자로 표시했다.

정보 수집	해결
검색	정보의 획득
• 알고 싶어진 것을 검색 사이트에서 검색한다	• 검색한 사이트에서 정보를 열람한다
[앱 외] • 검색 사이트	[앱 외] • 외부 사이트
😀 더 자세히 알고 싶어 ☹️ 뉴스 앱에서 브라우저로 전환하는 거 귀찮아… ☹️ 검색하고 싶은 키워드를 복사해서 브라우저에 붙여 넣는 거 귀찮아/키워드를 기억해서 입력하는 거 귀찮아…	😊 알고 싶은 걸 찾아냈어 ☹️ 알고 싶은 정보를 못 찾겠네…
• 검색으로 매끄럽게 이행할 수가 없다 • 앱에서 이탈하게 된다	• 알고 싶은 정보를 얻는 데 시간이 걸린다

UX ② 장소나 이벤트에 간다

스테이지	기사를 찾는다		흥미·관심	공유	
	앱을 구동한다	기사를 찾는다	기사를 본다	공유	
행동	• 자투리 시간에 앱을 구동한다	• 무심코 기사를 연다 • 목적한 테마의 기사를 찾는다	• 기사를 읽다 흥미로운 정보를 발견한다 • 메모용으로 화면을 캡처한다 (20대~30대 한정)	• 다른 앱을 경유해 제삼자에게 기사를 공유한다	
접점	[앱 내] • 푸시 알림 • 홈 화면	[앱 내] • 기사 일람 화면 • 상세 기사 화면의 관련 기사 영역	[앱 내] • 상세 기사 화면	[앱 내] • 공유 버튼	
생각·감정	☺ 푸시 알림으로 온 이 뉴스가 궁금하다 ☺ 뭔가 재미있는 뉴스는 없으려나? ☺ 장안의 화제인 그 뉴스는 어떻게 됐을까?	☺ 이 뉴스, 궁금해! ☹ 보고 싶은 기사가 없네…	☺ 이 장소의 정보(세부 사항, 후기, 리뷰 등)를 좀 더 알고 싶어 ☺ 이 기사에 나온 정보(기업, 제품, 인물, 사건 등)에 관해서 좀 더 알고 싶어 ☹ 앱 내에는 원하는 정보가 없네… ☹ 나중에 조사해보려고 하면 기사를 찾을 수 없을 때가 많아	☺ 이 기사를 ●●에게 알려주고 싶어	
과제	• 푸시 알림의 내용이 흥미·관심을 끄는가? • 자투리 시간에 이 앱을 구동하는 것이 습관화 되었는가? • 특정 뉴스를 보고 싶을 때 이 앱이 선택되고 있는가?	• 흥미 있는 기사가 우선적으로 표시되는가? • 흥미 있는 기사를 찾기 쉬운가? • 자신이 흥미를 느낄 가능성이 큰 기사임을 열기 전에 알 수 있는가?	• 지적 호기심이 생겼는데 그것을 채울 수가 없다 • 기사를 보존할 수가 없다	• 공유하는 방법을 모른다 (특히 50대~60대)	

※'사용자가 기사를 열람한 뒤에 하는 행동의 편의성을 높인다'는 내용과 관련된 항목은 색글자로 표시했다.
※앞부분 고객 여정과 공통 항목은 흐리게 표시했다.

정보 수집	해결	예약·방문
검색	정보의 획득	구체적인 행동
• 알고 싶어진 것을 검색 사이트에서 검색한다	• 검색한 사이트에서 정보를 열람한다	• 예약한다 • 현지를 방문한다
[앱 외] • 검색 사이트	[앱 외] • 외부 사이트	[앱 외] • 현실의 장소
😕 더 자세히 알고 싶어 ☹️ 뉴스 앱에서 브라우저로 전환하는 거 귀찮아… ☹️ 검색하고 싶은 키워드를 복사해서 브라우저에 붙여 넣는 거 귀찮아/키워드를 기억해서 입력하는 거 귀찮아…	🙂 알고 싶은 걸 찾아냈어 ☹️ 알고 싶은 정보를 못 찾겠네…	🙂 가고 싶었던 곳에 갔어 ☹️ 전시의 내용에 따라서는 또 가고 싶지만 적시에 정보를 얻기가 어려워
• 검색으로 매끄럽게 이행할 수가 없다 • 앱에서 이탈하게 된다	• 알고 싶은 정보를 얻는 데 시간이 걸린다	• 방문한 장소에 관한 정보를 지속적으로 얻고 싶지만 방법이 없다

3

4

사용자 행동의 편의성을 향상시킬 아이디어의 검토

UX ③ 상품을 구입한다

스테이지	기사를 찾는다		흥미·관심	공유	
	앱을 구동한다	기사를 찾는다	기사를 본다	공유	
행동	• 자투리 시간에 앱을 구동한다	• 무심코 기사를 연다 • 목적한 테마의 기사를 찾는다	• 기사를 읽고 흥미로운 정보를 발견한다 • 메모용으로 화면을 캡처한다 (20대~30대 한정)	• 다른 앱을 경유해 제삼자에게 기사를 공유한다	
접점	[앱 내] • 푸시 알림 • 홈 화면	[앱 내] • 기사 일람 화면 • 상세 기사 화면의 관련 기사 영역	[앱 내] • 상세 기사 화면	[앱 내] • 공유 버튼	
생각·감정	😟 푸시 알림으로 온 이 뉴스가 궁금하다 🙂 뭔가 재미있는 뉴스는 없으려나? 😟 장안의 화제인 그 뉴스는 어떻게 됐을까?	🙂 이 뉴스, 궁금해! 😟 보고 싶은 기사가 없네…	🙂 이 기사에 나온 정보 (기업, 제품, 인물, 사건 등)에 관해서 좀 더 알고 싶다 😟 앱 내에는 원하는 정보가 없네… 😟 나중에 조사해보려고 하면 기사를 찾을 수 없을 때가 많아	🙂 이 기사를 ●●에게 알려주고 싶어	
과제	• 푸시 알림의 내용이 흥미·관심을 끄는가? • 자투리 시간에 이 앱을 구동하는 것이 습관화 되었는가? • 특정 뉴스를 보고 싶을 때 이 앱이 선택되고 있는가?	• 흥미 있는 기사가 우선적으로 표시되는가? • 흥미 있는 기사를 찾기 쉬운가? • 자신이 흥미를 느낄 가능성이 큰 기사임을 열기 전에 알 수 있는가?	• 지적 호기심이 생겼는데 그것을 채울 수가 없다 • 기사를 보존할 수가 없다	• 공유하는 방법을 모른다 (특히 50대~60대)	

※ '사용자가 기사를 열람한 뒤에 하는 행동의 편의성을 높인다'는 내용과 관련된 항목은 색글자로 표시했다.
※ 앞부분 고객 여정과 공통 항목은 흐리게 표시했다.

정보 수집	해결	예약·방문
검색	정보의 획득	구체적인 행동
● 알고 싶어진 것을 검색 사이트에서 검색한다	● 검색한 사이트에서 정보를 열람한다	● 예약한다 ● 가게에 간다 ● 구입한다
[앱 외] ● 검색 사이트	[앱 외] ● 외부 사이트	[앱 외] ● 현실의 장소 ● 웹사이트
😊 더 자세히 알고 싶어 ☹️ 뉴스 앱에서 브라우저로 전환하는 거 귀찮아… ☹️ 검색하고 싶은 키워드를 복사해서 브라우저에 붙여 넣는 거 귀찮아/키워드를 기억해서 입력하는 거 귀찮아…	😊 알고 싶은 걸 찾아냈어 ☹️ 알고 싶은 정보를 못 찾겠네…	😊 사고 싶었던 것을 샀어 ☹️ 이 상품과 관련된 정보가 있다면 또 얻고 싶지만 적시에 정보를 얻기가 어려워
● 검색으로 매끄럽게 이행할 수가 없다 ● 앱에서 이탈하게 된다	● 알고 싶은 정보를 얻는 데 시간이 걸린다	● 구입한 상품에 관한 정보를 지속적으로 얻고 싶지만 방법이 없다

3

4

사용자 행동의 편의성을 향상시킬 아이디어의 검토

개선해야 할 포인트를 정리한다

 이 고객 여정에서 추출한 페인 포인트를 이번 주제인 '사용자가 기사를 열람한 뒤에 하는 행동의 편의성을 높인다'에 입각해서 추려내면 다음과 같이 정리할 수 있다.

행동	생각	페인 포인트
흥미로운 기사를 접했을 때	지적 호기심이 솟아나 더 자세한 정보를 원한다	① 알고 싶은 정보를 앱 내에서 얻을 수 없다 ② 앱을 전환해 브라우저에서 검색하기가 번거롭고 시간도 걸린다, 앱에서 이탈하게도 된다
	나중에 다시 한번 확인하고 싶다	③ 기사를 보존할 수 없는 탓에 찾아내지 못할 때가 있다
	제삼자에게 공유하고 싶다	④ 기사를 다른 사람에게 보내는 방법을 모른다
흥미를 느낀 기사를 바탕으로 구체적인 행동을 했을 때	앞으로도 관련 정보를 얻고 싶다	⑤ 관련된 정보를 얻을 방법이 없다

> **POINT**
>
> **프로젝트의 포인트**
> 고객 여정을 바탕으로 발견한, '사용자가 기사를 열람한 뒤에 하는 행동과의 연계를 강화함으로써 사용자의 편의성을 높일 방법이 있을까?'라는 주제와 관련된 페인 포인트는 다음과 같다.
> ① 기사와 관련된 정보를 더 얻고 싶지만 앱 내에서는 얻을 수가 없다
> ② 기사와 관련된 정보를 더 얻으려고 브라우저를 열어서 검색하기가 번거롭다
> ③ 나중에 다시 보고 싶은 기사를 찾을 수 없을 때가 있다
> ④ 기사를 제삼자에게 공유하고 싶지만 방법을 모른다(특히 50대~60대)
> ⑤ 기사를 바탕으로 구체적인 행동을 한 내용에 관해서는 앞으로도 적극적으로 정보를 얻고 싶지만 얻을 방법이 없다

해결책의 아이디어를 궁리한다

 고객 여정을 통해서 명확히 드러난 페인 포인트 가운데 '③ 나중에 다시 보고 싶은 기사를 찾을 수 없을 때가 있다'에 관해서는 3-3의 '뉴스 앱에 대한 불

만을 해결할 아이디어의 검토'에서 이미 들여다보았다. '④ 기사를 제삼자에게 공유하고 싶지만 방법을 모른다(특히 50대~60대)'의 경우는 화면 내의 표현이나 아이콘 배치의 문제이므로 이 시점에서는 검토하지 않는다.

따라서 이번에 검토해야 할 페인 포인트는 ①, ②, ⑤이며, 다시 한번 과제를 정리하면 다음과 같다.

행동	생각	페인 포인트
흥미로운 기사를 접했을 때	지적 호기심이 솟아나 더 자세한 정보를 원한다	기사에 관한 자세한 정보를 앱 내에서 얻을 수 없어 앱을 이탈해 브라우저에서 검색하지만, 사용자는 이 과정을 번거롭게 느낀다
흥미를 느낀 기사를 바탕으로 구체적인 행동을 했을 때	앞으로도 관련 정보를 얻고 싶다	기사를 바탕으로 구체적인 행동을 한 내용에 관해서는 앞으로도 적극적으로 정보를 얻고 싶지만 얻을 방법이 없다

이 과제들을 사용자의 시점에서 순서대로 생각하는데, 이번에는 4단계로 검토를 진행한다.

먼저, 사용자가 어떤 기사에 흥미를 느끼는지 명확히 하고 기사에 어떤 정보를 표시할지 정의하는 것부터 시작한다(STEP1). 다음에는 그 기사를 사용자가 언제 보고 싶어 하는지 정의한다(STEP2). 이렇게 하면 사용자가 흥미를 느끼는 기사를 보고 싶을 때 볼 수 있게 하는 기획을 검토할 수 있다.

그 검토가 끝났다면 이번에는 사용자가 아니라 앱을 발주한 클라이언트나 제작하는 우리로 시점을 전환한다. 그리고 비즈니스의 관점에서 과제가 없는지 확인한다(STEP3).

마지막으로, 사용자가 흥미를 느끼는 기사를 일시적이 아니라 지속적으로 제공할 방법을 검토한다(STEP4). 사용자는 앞으로도 자신이 흥미를 느낄 만한 기사를 수동적으로 받아보고 싶어 할 터이며, 그 결과 앱에 접속이 늘어나면 비즈니스의 관점에서도 매우 좋은 일일 것이다.

그러면 즉시 검토를 시작하자.

STEP 1 사용자가 무엇을 보고 싶어 하는지 정의한다

주된 상황과 알고 싶어 하는 정보

먼저, 사용자가 무엇을 보고 싶어 하는지 명확히 하는 일부터 시작한다. 이번에는 '흥미로운 기사를 접한' 사용자가 더 자세한 정보를 앱 내에서 얻지 못해 브라우저에서 직접 검색한 '기사에 관한 자세한 정보'를 정의한다. 사용자 조사에서 나왔던 주된 상황을 검토 재료로 활용해, 그 상황에서 사용자가 알고 싶어 하는 대략적인 정보와 그 정보를 화면에 표시하기 위한 구성 요소로 나누어 정리한다.

상황	알고 싶은 정보	표시할 정보
기사에 나온 '사람'에게 흥미를 느낀다	그 고유 명사에 관한 기본적인 정보	소개, 사진
기사에 나온 '가게'에 흥미를 느낀다	가게에 관한 정보	위치, 영업시간, 리뷰, 공식 홈페이지
기사에 나온 '장소'에 흥미를 느낀다	장소에 관한 정보	위치, 영업시간, 리뷰, 공식 홈페이지
기사에 나온 '이벤트'에 흥미를 느낀다	이벤트에 관한 정보	위치, 영업시간, 개최 기간, 리뷰
기사에 나온 '상품'에 흥미를 느낀다	상품에 관한 정보	가격, 리뷰

앱에 게재할 수 있을 만한 정보를 선정한다

'표시할 정보'는 그 기사 내에서 사용자가 보고 싶어 하는 정보이다. 기술적으로 실현 가능한지 여부는 너무 진지하게 생각하지 말고, 일단 앱에 게재할 수 있을 것 같은 정보는 게재하고 다른 정보는 검색 흐름을 설정한다는 전제로 진행해본다. 다만 사진이나 리뷰의 경우는 저작권 관련 문제가 발생할 수도 있으므로 애초에 표시할 생각을 하지 말고 그것을 검색하는 이용 흐름을 설정하는 형태로 검토한다.

사용자가 보고 싶어 하는 정보를 My Channel이 보유한 서비스에서 제공하고 있다면 서장에서 정리한 '과제③ 어떻게 해야 사용자를 My Channel의

다른 서비스로 유도할 수 있을까?'를 해결하는 데도 유용할 것이다. 흥미를 느끼는 기사와 My Channel이 이미 보유한 서비스를 연동하면 그 서비스로 고객을 자연스럽게 유도할 수 있다.

STEP 2 사용자는 언제 보고 싶어 하는가?
언제 보고 싶어 하는가?=어디에 표시할 것인가?

그렇다면 사용자는 이 정보를 '언제' 보고 싶어 할까? 기사를 다 읽은 뒤에 '좀 더 알고 싶어'라고 생각하는 편이 자연스러우므로 '기사를 다 읽은 뒤에 보고 싶어 한다'로 정리한다. 따라서 기사가 끝난 직후의 영역에 정보를 표시하기로 한다.

'사람'일 경우를 UI에 구현해본다

먼저, 기사에 나온 '사람'에게 흥미를 느낀 상황을 UI에 반영해보았다. '사람'일 경우에 표시할 정보는 '소개'와 '사진'이다.

소개를 게재하고, 위키백과에서 추가 정보를 열람할 수 있도록 이용 흐름을 만들었으며, 사진도 검색할 수 있도록 이용 흐름을 만들었다. 사진 검색은 구글 등의 이미지 검색을 가정했다.

또한 '관련 정보' 영역에 관해서는 사용자에게 유익한 정보라는 가정 아래 기사를 표시했을 때 관련 정보가 있음을 알리기 위한 플로팅 버튼(스크롤해도 계속 같은 위치에 표시되는 버튼)을 설치했다. 이 버튼을 터치하면 관련 정보가 있는 영역으로 이동한다(관련 정보의 영역이 표시되어 있을 때는 플로팅 버튼이 일시적으로 사라진다).

기사 종료 후의 관련 정보   관련 정보로 유도

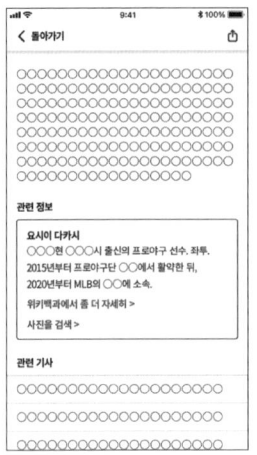

'가게/장소' '이벤트' '상품'일 경우를 UI에 구현해본다

다음에는 '가게/장소' '이벤트' '상품'에 관해서도 똑같이 UI에 구현해본다. 기사의 마지막에 필요해 보이는 정보와 검색 흐름이 배치되어 있어서 다음 행동으로 원활히 이행할 수 있을 듯하다.

STEP 3 비즈니스의 관점에서 확인한다

사업주 측은 사용자가 앱에서 이탈하는 것을 원치 않는다

사용자의 관점에서 UI를 구현해봤다면 다음에는 시점을 바꿔 비즈니스의 관점에서 완성된 UI를 확인한다. 앱은 어디까지나 비즈니스이므로 사용자의 관점에서 개발을 진행하는 가운데 정기적으로 비즈니스의 관점에서도 확인하는 것이 중요하다.

지금까지는 이런 정보를 보려면 사용자가 뉴스 앱에서 사파리나 크롬 같은 브라우저로 이동해야 했다. 요컨대 뉴스 앱으로부터 이탈한 것이다. 그리고 사용자 조사 결과에 따르면 일단 이탈한 뒤에는 거의 뉴스 앱으로 돌아가지 않는다.

앱의 사업주는 사용자가 뉴스 앱의 내부를 돌아다니도록 유도해 수익으로 연결하고자 하므로 가능하면 이탈을 막고 싶어 한다. 다만 이것은 오롯이 사업주의 사정이므로, 이럴 때는 사용자가 뉴스 앱에 계속 머무를 가치가 있다고 느낄 만한 편리한 기능을 개발해 앱을 진화시키려는 시도가 필요하다.

앱에서 이탈하는 것을 막고 싶다는 사업주의 관점에서 생각하면 브라우저 앱으로 이동하지 않고도 뉴스 앱 내에서 브라우저 기능을 통해 해당 사이트를 표시하는 방법을 채용하게 된다.

사용자 측은 정보를 간편하게 수집하고 싶어 한다

지금부터는 UI에 구현하면서 생각해보자.

사용자가 브라우저에서 하고자 하는 일은 정보 수집, 즉 웹사이트의 열람이다. 우리 앱 내의 브라우저에도 사파리나 크롬 등의 브라우저 앱과 똑같이 탭 전환 등의 기능이 있다면 편리하겠지만, 그러려면 브라우저 자체를 새로 만드는 격이라 개발 비용이 불어날 것이다. 그래서 앱 내의 브라우저에 많은 기능을 부여하지는 못하지만, 그 대신 과거에 봤던 페이지로 즉시 돌아갈 수 있도록 하부의 툴바에 열람 기록을 곧바로 표시할 수 있는 버튼을 설치했다.

이것을 터치하면 전에 봤던 사이트를 다시 표시하여 사용자의 정보 수집을 돕는다.

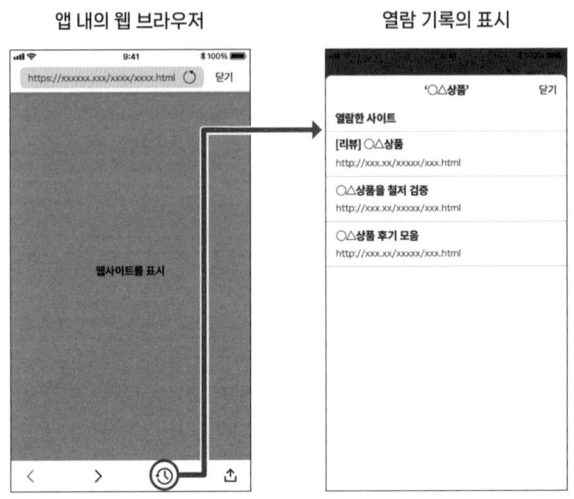

의사 결정까지 지원한다

일단 기사를 기점으로 정보 수집까지의 이용 흐름은 만들 수 있을 듯하지만, 이것만으로는 사용자의 편의성이 그다지 향상될 것 같지 않다. 그래서 프로젝트 멤버와 자신의 행동을 되돌아보니, 무엇인가를 사거나 어딘가를 찾아갈 때는 봤던 정보를 나중에 다시 보면서 어떻게 할지 고민한다는 사실을 깨달았다. 즉, 한 번 봤던 사이트를 나중에 몇 번이든 쉽게 찾아서 접속할 수 있게 하면 사용자의 편의성이 크게 높아지리라 예상할 수 있다. 따라서 실현하고자 하는 요건을 '기사를 기점으로 정보를 수집하고, 열람한 사이트를 나중에 손쉽게 다시 찾아서 볼 수 있게 한다'로 정리한다.

지금부터 UI와 함께 기능의 검토를 진행하자. 앱 내의 어딘가에 자신이 흥미를 느꼈던 테마(예: 상품명이나 레스토랑의 명칭 등)와 관련 정보가 모여 있으면 나중에 편하게 다시 볼 수 있을 것 같다. 사용자 조사에서는 "기사를 읽고 다음 행동으로 넘어간 뒤에 뉴스 앱에서 원래 기사를 다시 읽어보는 일은 거의 없다"라는 의견이 많았지만, 처음 기사나 관련 기사도 표시해놓으면 지속적으로 활용할지도 모른다.

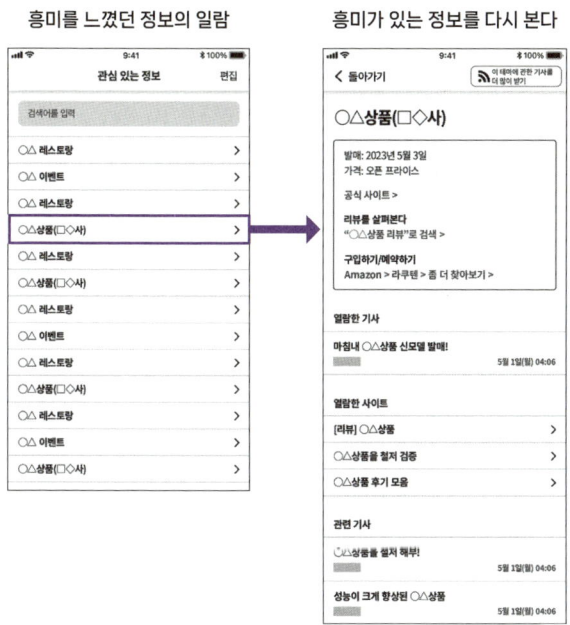

STEP 4 사용자에게 지속적으로 관련 정보를 제공한다
원하는 정보를 스스로 얻을 수 있게 한다

마지막으로, 사용자가 목적(쇼핑, 방문 등)을 달성한 뒤에 '기사를 바탕으로 구체적인 행동을 한 내용에 관해서는 앞으로도 적극적으로 정보를 얻고 싶지만 얻을 방법이 없다'라는 페인 포인트에 대응하기 위해 기사 화면 등에 관련 정보를 얻기 위한 버튼을 추가한다. 버튼을 터치하면 향후 해당 테마와 관련된 기사가 적극적으로 표시되거나 푸시 알림이 오게 하는 기능이다.

정보의 적극적인 취득

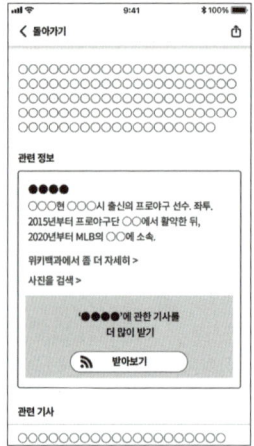

> **프로젝트의 포인트**
>
> '사용자가 기사를 기점으로 행동할 때의 편의성을 높이는 기능'으로 다음과 같은 아이디어가 나왔다.
> - 기사의 마지막에 관련 정보 영역을 설치해 그 테마의 관련 정보나 관련 링크를 표시한다.
> - 정보 수집을 위한 관련 링크는 앱 내의 브라우저에서 표시하며, 테마별로 사이트의 열람 기록을 보존한다.
> - 정보를 수집한 테마는 자동으로 앱에 등록되어 나중에 다시 볼 수 있다.
> - 흥미가 있는 테마에 관한 기사가 적극적으로 표시되거나 푸시 알림이 오도록 사용자가 스스로 선택할 수 있게 한다.

> **UI/UX 검토의 포인트**
> - 고객 여정을 활용하면 과제가 발생하는 포인트(페인 포인트)가 명확해진다.
> - 페인 포인트를 해결할 방법을 궁리하면 사용자가 일련의 경험을 원활히 진행할 수 있게 된다.
> - 해결책을 궁리할 때는 항상 사용자의 관점에서 생각하지만, 때로는 비즈니스의 관점에서 다듬어야 할 부분이 없는지도 확인한다.

3-5 뉴스 동영상을 활용한 아이디어의 검토

인터뷰에서 얻은 통찰

마지막으로, 다음 아이디어를 검토한다.

UX 뉴스 앱과 다른 경로로 얻는 뉴스를 어떻게 구분해서 사용하고 있는가?

전체적인 의견	● 다른 앱에서도 뉴스를 접하는 경우가 많다. 50대~60대는 스마트폰 이외의 미디어에서 뉴스를 접하는 경우가 많다.
20대~30대 한정	● X나 페이스북에서 자신이 신뢰하는, 혹은 관심을 품고 있는 사람이 공유한 기사에는 흥미를 느낀다. ● 틱톡의 동영상은 보기 편하고 이해하기 쉽다.
50대~60대 한정	● 텔레비전과 신문은 신뢰성이 높다고 느끼며, 각각 습관이 되었다. ● 독자 콘텐츠가 있는 미디어는 더욱 매력적이다.
공통된 의견	● 기사에 관한 동영상은 재미있고 유익하다고 느껴서 수요가 높지만, 단순히 동영상이 나열되어 있을 뿐이면 보고 싶다는 생각이 들지 않는다. 양 세대 모두 수동적인 동영상 미디어의 이용률이 높으며, 20대~30대는 틱톡, 50대~60대는 텔레비전을 주로 이용한다.

공통항을 찾아내서 가설을 세운다

이번처럼 20대~30대와 50대~60대라는 복수의 타깃이 있는 상황에서 같은 주제의 새로운 아이디어를 궁리할 때는 타깃 사이에 공통항이 없는지 찾아보는 일부터 시작한다.

이번 사용자 조사 결과에서 흥미로운 점은 양 세대 모두 뉴스 앱 이외의 미디어에서 '영상'으로 뉴스를 접한다고 이야기한 것이다. 50대~60대는 텔레비전, 20대~30대는 틱톡이었는데, 이 두 미디어의 특징은 시청이 '수동적'이라는 점이다. 무심코 텔레비전이나 틱톡을 보고 있으면 저절로 뉴스 동영상이 재생되어 그것을 보는 것이다. 흥미 없는 뉴스라면 텔레비전의 경우 채널을 돌리고, 틱톡의 경우 동영상을 건너뛰는 등 조작도 비슷한 부분이 있다.

따라서 '20대~30대와 50대~60대 모두 수동적인 뉴스 동영상에 대한 수요가 있다'라는 가설이 탄생한다.

관련된 조사 결과를 되돌아본다

다시 '방송/동영상'에 집중해서 지금까지 실시했던 조사 결과를 되돌아보자.

마켓 리서치에서 얻은 것
- 50대~60대에서는 '뉴스 계열의 정보를 얻기 위한 미디어로 텔레비전의 신뢰도가 가장 높다'라는 통계 결과를 얻었다.

경쟁자 리서치에서 얻은 것
- 야후! 뉴스의 앱에서는 '라이브' 탭을 열면 실시간 뉴스 방송이 재생되어 텔레비전을 켰을 때와 같은 사용자 경험을 제공한다. 또한 '야후! 뉴스는 연령층이 높은 세대를 의식하고 있다'라는 가설도 세웠다.

사용자 조사에서 얻은 것
- 20대~30대는 틱톡의 뉴스 동영상을 보고 뉴스를 알게 될 때가 있다.
- 50대~60대는 텔레비전의 신뢰성이 높다고 느끼며, 텔레비전으로 뉴스를 보는 일이 습관이 되었다.

추상도를 높여서 공통항을 찾아낸다

사용자 조사에서 나온 이야기의 추상도를 높여서 정리하면 사용자 경험과 관련해 다음 두 가지 공통항이 도출된다.

- 양 세대 모두 수동적으로 동영상 뉴스를 보고 있다.
- 양 세대 모두 매스미디어의 뉴스 방송/동영상을 보고 있다.*

UX를 검토할 때 중요한 점 중에 하나는 눈앞의 현상이나 사실의 추상도를

---

* 일본 틱톡에서 재생되는 뉴스 동영상을 보면 '#tiktok에서 뉴스'라는 해시태그가 붙어 있으며, 이것을 추적해보면 텔레비전 방송국 등의 매스미디어가 동영상을 제공함을 알 수 있다.

높여서 생각하는 것이다. 이번의 경우, 다음과 같이 정리할 수 있다.

UX 추상도를 높여서 찾아낸 공통항

⊙ 추상도를 높여 힌트의 발견과 아이디어의 창출로 연결한다

추상도를 높이면 정보를 객관적으로 바라볼 수 있으며, 그것이 UX를 생각할 때 힌트를 발견하거나 아이디어를 창출하는 결과로 이어진다. 일련의 마켓 리서치, 경쟁자 리서치, 사용자 조사 결과를 살펴본 바, 앞에서 세웠던 '20대~30대와 50대~60대 모두 수동적인 뉴스 동영상에 대한 수요가 있다'라는 가설의 신빙성이 높아졌다.

다음에는 이 가설에 따라 뉴스 앱에서 수동적인 뉴스 동영상을 어떤 형태로 도입할지 생각해보자.

POINT

프로젝트의 포인트
일련의 마켓 리서치, 경쟁자 리서치, 사용자 조사 결과에서 도출된 공통항은 다음과 같다.
- 양 세대 모두 수동적으로 동영상 뉴스를 보고 있다.
- 양 세대 모두 매스미디어의 뉴스 방송/동영상을 보고 있다.

아이디어를 생각할 때 전제가 되는 가설은 다음과 같다.
- 20대~30대와 50대~60대 모두 수동적인 뉴스 동영상에 대한 수요가 있다.

POINT

UI/UX 검토의 포인트
- 눈앞의 현상이나 사실의 추상도를 높여서 생각한다.
- 추상도를 높이면 정보를 객관적으로 바라볼 수 있으며, 그것이 UX를 생각할 때 힌트를 발견하거나 아이디어를 창출하는 결과로 이어진다.

UI/UX의 심리학을 활용한 UI 제작

이번 아이디어 검토의 주제는 '수동적으로 뉴스 동영상을 본다'라는 경험이다. 그러면 구체적으로 어떤 UI를 만들어야 할지 생각해보자.

◎ UI/UX의 심리학을 활용한다

UI/UX를 생각할 때 참고해야 할 것 중 하나는 심리학적 발상이다. 소프트웨어 개발의 선구자들은 UI/UX 디자인의 법칙을 분석해 논문 등으로 발표해왔다. 그런 법칙을 따라 UI를 검토하면 선구자들의 지혜를 UI에 담을 수 있다. 실제로 우리가 평소에 이용하기 편하다고 느끼는 앱의 UI를 분석해보면 대부분이 그런 법칙에 입각해서 만들었음을 알게 된다.

◎ 사용자의 '익숙함'을 가치로 파악한 '제이콥의 법칙'

이번에 소개할 것은 사용성의 아버지로 불리는 제이콥 닐슨 Jakob Nielsen이 2000년에 제창한 '제이콥의 법칙'이다.

제이콥의 법칙은 사용자의 '익숙함'을 매우 커다란 가치로 파악하고 그 가치를 활용하라고 말한다. 사용자는 이미 수많은 웹사이트와 앱을 이용해왔기에 경험이 축적되어 있으며, 그 결과 '처음 접하는 콘텐츠에 대해 기존의 콘텐츠와 같은 작동 경험을 원한다'는 것이다.

가령 음악 앱의 재생 버튼을 생각해보자. '▶' 버튼을 보면 사용자는 '이것을 누르면 음악이 재생될 거야'라고 상상한다. 이것은 다른 음악 앱뿐만 아니라 리모컨이나 DVD 플레이어 등 수많은 제품에서 '▶'를 누르면 '재생된다'라는 경험을 해왔기 때문이다. UI를 생각할 때는 먼저 사용자가 과거에 해왔을 이런 경험을 활용하는 것부터 시작한다.

⊙ '제이콥의 법칙'을 활용해본다

이제 다시 본론으로 돌아가자.

'수동적으로 뉴스 동영상을 본다'라는 앱에서의 경험에 관해서는 인터뷰에서도 나온 틱톡의 세로 방향 동영상을 보기 위한 UI가 큰 참고가 된다. 이 UI는 현재 틱톡뿐만 아니라 유튜브, 페이스북, 인스타그램 등에서도 볼 수 있으며, SNS의 일반적인 UI가 되었다.

짧은 동영상의 선구자인 틱톡을 살펴보면, 앱을 켠 순간 동영상이 재생되기 시작하며, 화면을 세로 방향으로 스와이프할 때마다 아직 보지 않은 동영상이 재생된다. 기존의 동영상 서비스와는 달리 '선택해서 재생'하는 조작이 없다.

'수동적으로 뉴스 동영상을 본다'라는 이번 주제에 관해서는 이 경험을 활용할 것이다.

⊙ 양쪽 페르소나 모두에 유익한 UI/UX를 지향한다

지금까지의 이야기를 바탕으로 UI를 구현해나간다. 이번 UI 검토의 포인트는 50대~60대에 비해 20대~30대 이용자가 더 많다고 여겨지는 틱톡 등의 UI를 참고하는 것, 그리고 50대~60대에게 신뢰성이 높은 동영상임을 알릴 수 있도록 '동영상의 제공자'를 한눈에 알 수 있게 하는 것이다. 또한 동영상이 재생되기 시작했을 때 금방 어떤 뉴스인지 알 수 있도록 뉴스의 기본 정보가 되는 '제목'과 '날짜'도 UI에 표시한다.

그리고 지금까지의 검토에서도 나왔듯이 그 뉴스 동영상의 내용에 흥미를 느꼈을 때, 즉 그 뉴스에 관해서 더 자세히 알고 싶을 때 욕구에 부응하기 위한 이용 흐름(관련 뉴스)도 준비한다. 통상의 시사 뉴스라면 관련 기사를 표시함으로써 그 욕구에 부응하므로, 이번에도 같은 발상을 이용해 관련 동영상이나 기사를 소개한다.

마지막으로, 50대~60대의 경우 이 동영상의 UI를 어떻게 조작해야 하는지 모를 가능성도 있으므로 스와이프하면 다음 동영상이 재생됨을 암시하는 정보도 표시한다.

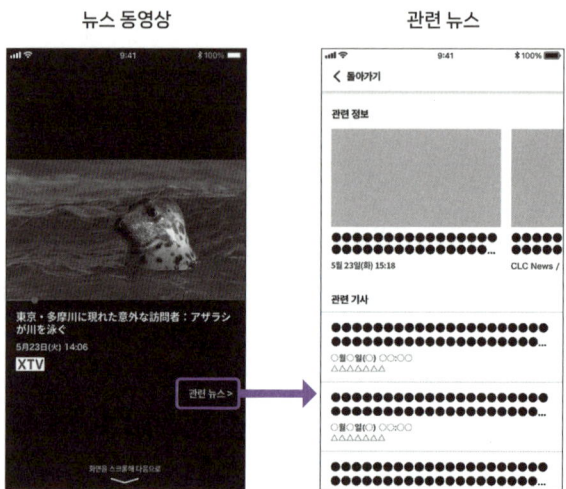

뉴스 동영상 　　　　　 관련 뉴스

프로젝트의 포인트

'뉴스 앱과 다른 경로로 얻는 뉴스를 어떻게 구분해서 사용하고 있는가?'의 조사 결과를 힌트로 다음과 같은 아이디어가 나왔다.
- 틱톡 등의 짧은 동영상처럼 자동으로 재생되는 뉴스 동영상 화면을 준비한다.
- 그 동영상과 관련된 다른 동영상이나 기사도 표시한다.

UI/UX 검토의 포인트

- UI를 생각할 때는 심리학 등에 바탕을 둔 UI/UX 디자인의 법칙을 활용한다.
- 비슷한 기능이나 경험을 제공하는 기존의 UI를 참고하면 사용자가 처음 접하는 UI라도 조작에 어려움을 느끼지 않고 사용할 수 있다(제이콥의 법칙).

3 6 아이디어의 수용성 검증

아이디어가 유효한지 확인하기 위한 조사

사용자 조사 결과를 바탕으로 아이디어를 검토해 몇 가지 매력적인 아이디어를 뽑았다. "자, 이제 만들자!"라고 말하고 싶지만, 아직은 때가 아니다.

지금 나온 아이디어는 아직 가설의 단계이다. 실제로 사용자에게 받아들여질지 어떨지 검증하기 위해 다시 한번 사용자 조사를 실시한다(이것은 2-1의 '가설을 검증하기 위한 정성 조사'에 해당한다).

기본적인 흐름이나 피험자 집단, 사전 설문 조사 등은 이전에 실시한 사용자 조사와 같지만, 인터뷰 내용이 크게 다르다.

조사의 목적과 밝혀내고자 하는 것

먼저, 이전의 사용자 조사와 마찬가지로 조사의 목적과 밝혀내고자 하는 것을 정리한다. 이번 조사의 목적은 지금까지 검토해온 아이디어가 사용자에게 받아들여질지 확인하고 '뉴스를 축으로 한 새로운 기능 또는 콘텐츠를 선정'하는 것이다. 아이디어를 전부 채용해서 만들어야 할지, 아니면 일부만 채용할지, 그것도 아니면 원점으로 돌아가 다시 한번 생각해야 할지 판단한다. 이를 위해 이번에 밝혀내고자 하는 것은 다음 두 가지이다.

① **타깃 사용자가 지금 검토하고 있는 아이디어에 가치를 느낄까?**
검토해온 각각의 아이디어를 보여줬을 때, 타깃 사용자가 그 아이디어를 사용해보고 싶다고 생각할까?

② 좀 더 가치를 느끼게 하기 위한 아이디어의 개선점은 무엇인가?

각각의 아이디어에 개선할 수 있는 점이 있는가? 있다면 무엇인가?

> **POINT**
>
> **프로젝트의 포인트**
> 이번 정성 조사는 다음과 같이 실시한다.
> - 목적
>   ▶ 뉴스를 축으로 한 새로운 기능 또는 콘텐츠를 선정한다.
> - 밝혀내고자 하는 것
>   ▶ 타깃 사용자가 지금 검토하고 있는 아이디어에 가치를 느낄까?
>   ▶ 좀 더 가치를 느끼게 하기 위한 아이디어의 개선점은 무엇인가?

인터뷰 내용의 정의

이번에도 사전에 인터뷰 내용을 정리해놓자(기재는 생략).

⊙ 조사의 도입부

지난번 인터뷰는 먼저 '인사와 설명→피험자의 기본 정보 확인→현재 이용하고 있는 뉴스 앱의 이용 상황과 불만 파악'의 순서로 진행했는데, 이번에도 여기까지는 기본적으로 같다. 다만 이번 사용자 조사는 잠재적인 니즈를 파악하는 것이 목적이 아니므로 마지막의 '현재 이용하고 있는 뉴스 앱의 이용 상황과 불만 파악'에서 '불만 파악'을 빼고 '현재 이용하고 있는 뉴스 앱의 이용 상황'만을 묻는다.

⊙ 각 아이디어의 수용성 검증

이번에 검증하고자 하는 것은 지금까지 검토해온 세 가지 아이디어이다.

Ⓐ 한 번 봤던 기사의 보존이나 열람 기록을 활용한 기사의 재이용 강화

Ⓑ 기사를 본 뒤에 할 행동의 편의성을 높이기 위한 기사의 관련 정보 또는 부가 기능 강화

ⓒ 짧은 동영상을 활용한 수동적인 뉴스 미디어

이 세 가지 아이디어의 검증을 각각 다음과 같은 흐름으로 실행한다.

- 인터뷰어가 아이디어 시트를 제시한다.
- 아이디어에 대한 인상을 확인한다.
- 아이디어를 이용하고 싶은지 확인한다.
- 얼마나 이용하고 싶은지를 10점 만점으로 평가하게 한다.
- 그 이유는 무엇인지, 만점을 주지 않았다면 이유가 무엇인지 확인한다.

ⓞ 아이디어 시트를 준비한다

'Ⓐ 한 번 봤던 기사의 보존이나 열람 기록을 활용한 기사의 재이용 강화'를 예로 들면 아래와 같이 한 장으로 간결하게 정리한 시트를 준비한 다음, 온라인상에 화면을 공유하고 피험자에게 제시한다.

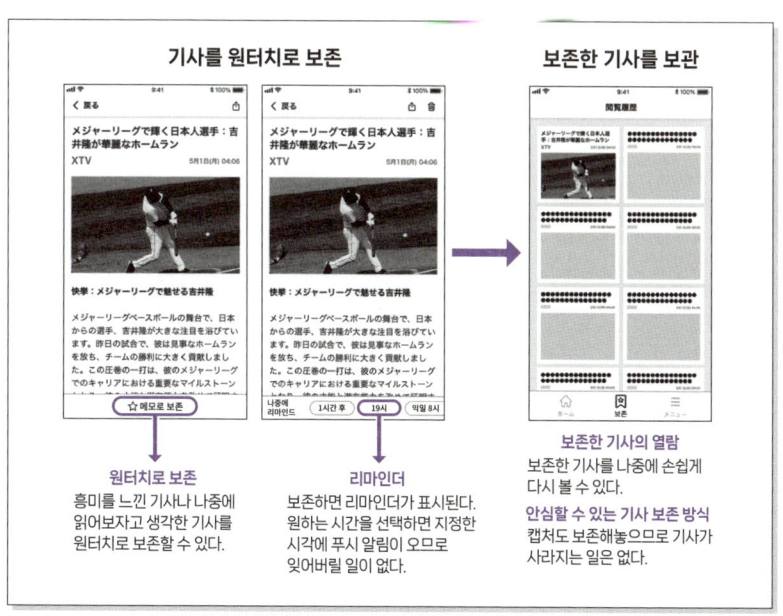

⊙ 피험자에게 아이디어를 보여주는 방법

아이디어를 반드시 단말기에서 보여줄 필요는 없다. 어중간하게 만들어서 보여주면 아이디어의 평가(사용하고 싶은가 아닌가)가 아니라 사용성을 평가(사용하기 편한가 아닌가)하게 되어 원래 목적으로부터 이탈할 위험이 있기 때문이다.

물론 단말기에서 시제품 등을 만져보게 하거나 동영상을 보여주는 편이 아이디어를 경험하는 데 더 도움이 되는 경우도 있다. 그럴 경우는 단말기나 동영상 등도 활용한다.

⊙ 기존 앱을 활용한다

'ⓒ 짧은 동영상을 활용한 수동적인 뉴스 미디어'의 경우, 틱톡 앱에서 '#tiktok에서 뉴스'의 검색 결과를 표시한 방식이 가장 이미지를 제시하기 쉽다.* 이번에는 아이디어 시트도 준비한 상태에서 피험자의 단말기로 틱톡을 켜고 그 검색 결과를 표시해 다뤄보게 함으로써 아이디어의 이미지를 가상 체험하게 하려 한다. 따라서 사전 준비로 피험자에게 미리 틱톡을 설치해 놓도록 부탁한다.

인터뷰 결과와 분석

상세한 내용은 생략하지만, 실제로 인터뷰한 결과를 간략하게 정리했다.

---

* 편집자 주: 한국 틱톡에서는 이 해시태그 기능을 사용하지 않는다.

Ⓐ 한 번 봤던 기사의 보존이나 열람 기록을 활용한 기사의 재이용 강화

UX 기사의 보존과 리마인더

개요	기사의 보존 기능은 전체적으로 고평가. 전원이 9~10점.
의견	● 취미나 가족과 관련된 기사는 일단 보존해놓고 싶다. (32세 여성, 회사원) ● 나중에 누군가에게 알려주고 싶은 기사는 보존하고 싶다. (57세 남성, 회사원) 한편, 리마인더에 관해서는 부정적인 의견도 없고 긍정적인 의견도 없었다. 있어도 안 쓸 것 같다는 의견이 여러 명에게서 나왔다.
개선의 힌트	커다란 개선점은 없으며, 니즈는 높아 보임. 리마인더의 유무는 검토 필요.

UX 기사의 열람 기록

개요	평가는 그냥저냥. 5~8점.
의견	● 사용할지 어떨지는 모르겠지만, 급히 필요할 때 찾을 수 있다는 것이 중요하다. (28세 남성, 회사원) ● 있으면 편리할 것 같지만, 사용하는 일은 없을 것 같다. 보존 기능으로 충분하다. (62세 여성, 주부)
개선의 힌트	일상적으로 사용하는 기능은 아니므로 급히 필요할 때 사용하게 될 텐데, 없어도 딱히 불편하지는 않을 듯하다. 처음에는 기사의 보존 기능만을 만들어놓고 추후 검토해도 충분하지 않을까 싶다.

Ⓑ 기사를 본 뒤에 할 행동의 편의성을 높이기 위한 기사의 관련 정보 또는 부가 기능 강화

UX 관련 정보의 표시

개요	전체적으로 고평가. 전원이 7~10점.
의견	● 검색하는 수고를 덜 수 있어서 편리할 것 같다. (32세 여성, 회사원) ● 정보를 많이 얻을 수 있어 이익을 본 느낌이 든다. (63세 남성, 회사원) 다만 기사별로 열람 기록을 관리하는 것은 많은 사람이 복잡하다고 느끼는 인상이었으며, 긍정적인 반응은 없었다.
개선의 힌트	관련 정보를 주는 것은 기사의 가치를 높인다는 의미에서 좋아 보인다. 다만 구조가 복잡하면 혼란을 유발하므로 단순하게 만드는 것이 좋을 듯하다.

UX 흥미를 느낀 정보의 보관

개요	평가는 그냥저냥. 4~7점.
의견	● 기사를 보존하는 기능만으로 충분하다. (28세 남성, 회사원) ● 별생각 없이 봤던 기사도 쌓여서 결국은 안 보게 될 것 같다. (62세 여성, 주부)
개선의 힌트	자동으로 적절하게 분류해준다면 편리할 것 같다는 의견도 있었지만, 기사 보존 기능도 있기에 니즈는 그다지 높지 않은 듯하다.

UX 푸시 알림 받기

개요	평가는 그냥저냥. 4~8점.
의견	● 일일이 누르지 않더라도 보고 있으니 알아서 왔으면 좋겠다. (28세 남성, 회사원) ● 흥미 있는 기사라면 누른다. (62세 여성, 주부)
개선의 힌트	명시적으로 눌러서 알림을 받는 것도 좋지만, 원래 푸시 알림은 앱이 자동으로 판단해 흥미가 있을 법한 정보를 우선적으로 보여주는 것이 이상적이다. 따라서 일단은 그 기능이 가능한지 검토한다.

ⓒ 짧은 동영상을 활용한 수동적인 뉴스 미디어

UX 동영상 화면과 관련 뉴스

개요	전체적으로 고평가. 전원이 7~10점.
의견	● 일반적인 기사는 안 보고 이것만 볼 것 같다. (32세 주부, 회사원) ● 매우 편리할 듯하지만, 동영상을 직접 선택하고 싶다는 생각도 든다. (63세 남성, 회사원)
개선의 힌트	반응은 매우 좋았지만 틱톡을 사용한 적이 없는 50대~60대의 경우는 낯설게 느꼈으며, 목록에서 선택해 볼 수도 있었으면 좋겠다는 니즈가 강했다.

POINT

UI/UX 검토의 포인트
● 아이디어나 콘셉트의 수용성 검증을 실시할 때는 피험자에게 객관적으로 점수를 매기게 하고 그 점수를 준 이유나 만점을 주지 않은 이유를 물어보면 아이디어가 유효한지 확인하고 개선해야 할 포인트를 찾는 데 도움이 된다.

3 7 아이디어 선정

　아이디어의 수용성 검증 결과를 바탕으로 어떤 아이디어를 실시할지, 무엇을 독자 기능 또는 콘텐츠로 내세울지 결정한다. 이때, 다음의 포인트를 복합적으로 고려하여 판단한다.

- '과제①: 어떻게 해야 사용자가 우리 뉴스 앱을 설치하고 구동하도록 만들 수 있을까?'의 해결에 기여할 수 있겠는가?
- '과제③: 어떻게 해야 사용자를 My Channel의 다른 서비스로 유도할 수 있을까?'의 해결에 기여할 수 있겠는가?
- 이 뉴스 앱의 '독자 기능 또는 콘텐츠'가 되어서 다른 뉴스 앱과 차별화할 수 있는가?
- 아이디어의 수용성 검증 결과
- 기술, 비용 등의 문제를 해결하고 아이디어를 실현할 수 있을 것 같은가?

　판단할 때는 이 포인트들에 입각해 프로젝트 팀 내에서 토론을 거듭한다. 이번에 토론한 결과는 다음과 같다.

Ⓐ 한 번 봤던 기사의 보존이나 열람 기록을 활용한 기사의 재이용 강화

⊙ 기사의 보존과 리마인더

아이디어의 실시	O

　'과제① 어떻게 해야 사용자가 우리 뉴스 앱을 설치하고 구동하도록 만들 수 있을까?'를 해결할 정도의 아이디어는 아니라고 느꼈지만, 편리해 보이며

사용자가 많이 이용할 것 같다. 따라서 다른 앱보다 조금이라도 더 편리하게 만들자는 판단 아래 단순한 즐겨찾기 기능으로 실시하기로 했다.

다만 리마인더 기능은 그다지 니즈를 느끼지 못했기 때문에 이번에는 보류하기로 했다.

⊙ 기사의 열람 기록

아이디어의 실시	×

출시 시점에는 보류하기로 했다. 사용자 조사 결과, 사용자들은 우리 생각과 달리 그다지 필요성을 느끼지 않았다. 그래서 출시 후에 기사 보존 기능의 이용 상황을 확인하면서 다시 검토하기로 했다.

Ⓑ 기사를 본 뒤에 할 행동의 편의성을 높이기 위한 기사의 관련 정보 또는 부가 기능 강화

⊙ 관련 정보의 표시

아이디어의 실시	△

편리할 듯하고 니즈도 높아 보이지만, 실제로 구현하려고 하면 관련 정보의 표시를 자동화하기는 어렵기에 사람이 직접 편집하는 운용 체제가 필수로 보인다. 따라서 운용 비용이 커질 것 같아, 출시 시점에는 실시를 보류하고 출시 후에 운용 체제를 포함해서 재검토하기로 했다.

다만 '과제③ 어떻게 해야 사용자를 My Channel 의 다른 서비스로 유도할 수 있을까?'를 해결할 수 단으로서 일단은 기사와 관련된 My Channel의 서비스에 간이로 연동시키기로 했다. 예를 들어 요리법과 관련한 뉴스라면 요리법 소개 서비스로 유도하는 등의 방식이다.

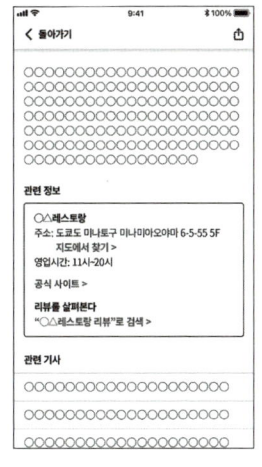

⊙ 흥미를 느낀 정보의 보관/알림 받기

아이디어의 실시	×

관련 정보의 표시를 보류하는 것과 연동해 이쪽도 보류하기로 했다.

Ⓒ 짧은 동영상을 활용한 수동적인 뉴스 미디어

⊙ 동영상 화면과 관련 뉴스

아이디어의 실시	O

사용자 조사에서 평가도 높았고 서비스로서 독자성도 드러낼 수 있을 것 같아, '과제① 어떻게 해야 사용자가 우리 뉴스 앱을 설치하고 구동하도록 만들 수 있을까?'를 해결할 핵심 기능으로 시도해보기로 했다. 따라서 동영상 콘텐츠 제공자와 교섭을 진행하려 한다.

또한 사용자 조사에서 얻은 개선의 힌트를 바탕으로 동영상 목록 화면처럼 사용자가 직접 선택해서 재생할 수 있는 방식의 도입을 추후 검토하기로 했다.

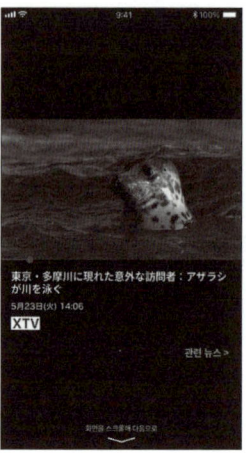

> **프로젝트의 포인트**
>
> 검토 결과, 이번에 만드는 뉴스 앱에 다음과 같은 기능을 담기로 했다.
>
> - **기사의 즐겨찾기**
>   기존의 뉴스 앱은 한 번 봤던 기사를 나중에 다시 보고 싶을 때나 공유하고 싶을 때 그 기사를 찾지 못해서 곤란한 경우가 있었기 때문에 이를 해결하기 위해 기사를 즐겨찾기에 등록할 수 있게 한다.
> - **기사와 관련된 My Channel의 서비스로 이용 흐름 만들기**
>   기사와 관련된 정보를 알고 싶어 하는 사람들을 위해서 관련 My Channel의 서비스로 이용 흐름을 만든다.
> - **뉴스의 동영상 코너**
>   이번 타깃인 20대~30대와 50대~60대의 공통항으로, 수동적으로 동영상을 보는 습관이 있다. 그래서 이 습관을 활용해 현재 증가하고 있는 짧은 동영상 스타일의 뉴스 동영상을 제공한다.

3 8 콘셉트 정의하기

아이디어의 선정이 끝났으니, 이제 이 뉴스 앱을 전체적으로 바라보자. 그러기 위해서 우리가 만드는 뉴스 앱의 콘셉트를 지금까지 실시한 일련의 검토 내용에 바탕을 두고 정의한다.

콘셉트의 역할

⊙ '콘셉트'라는 말의 뜻

'콘셉트'라는 말만큼 정의가 모호한 말도 없을 듯하다. 아마도 책마다 정의가 제각각일 것이며, 회사나 사람도 저마다 다른 의미로 '콘셉트'라는 말을 사용한다. 누구는 '방향성을 나타내는 것'이라고 하고, 또 누구는 '그 제품의 독자성을 나타내는 것'이라고 하며, '그 제품의 가치를 나타내는 것'이라든가 '제품의 이념'이라고 정의한 책도 있다. 기본적으로는 전부 정답이다.

⊙ '판단 기준'이 되는 것이 콘셉트

콘셉트는 서비스나 제품을 만들 때 향후의 명확한 '판단 기준'이 되는 것이다. 이 기준에는 그 회사 사장의 엄명도 물리칠 만한 힘이 있다. 서비스나 제품의 담당자가 바뀌더라도 콘셉트만큼은 보편적인 존재로 계속 남는 까닭에, 그 콘셉트를 기준으로 판단해나가면 방향성이나 내용이 크게 이탈하는 일은 없다.

이를테면 '지금 하려고 하는 것은 콘셉트에 맞는가?' 혹은 '서비스를 더욱 개선하기 위해 콘셉트에 따라서 바꿀 수 있는 것은 무엇인가?' 등, 무언가를 검토할 때는 항상 콘셉트를 의식하게 된다.

⊙ 현실에 맞지 않게 된 콘셉트는 리뉴얼

콘셉트는 쉽게 바꿀 수 있는 것이 아니지만, 그 콘셉트가 세상의 흐름이나 현실에 맞지 않게 되었다면 원점으로 돌아가서 다시 검토해야 할 타이밍이라고 할 수 있다. 그리고 재검토 결과 전체적으로 바꿔야 할 경우는 '리뉴얼'을 실시한다. 이 경우는 콘셉트를 새로 생각한 다음 서비스의 UI/UX를 다시 한번 원점에서 고민한다.

콘셉트를 만드는 방법

⊙ 콘셉트를 이끌어내기 위한 접근법

콘셉트를 이끌어내는 방법은 여러 가지가 있다. 이번에는 먼저 아이디어를 궁리한 다음에 콘셉트를 생각하고 있지만, 콘셉트를 생각한 다음 아이디어를 궁리하는 방법도 있다.

콘셉트 시트 같은 포맷을 채워나가는 방법이나 워크숍을 통해서 이끌어내는 방법, 시제품을 만들면서 평가하며 정리해나가는 방법 등, 프로젝트에 따라 다양한 방법을 쓴다. 어떤 방법을 사용할지는 프로젝트의 진행 방식에 따라 달라진다.

⊙ 이번 콘셉트 검토의 최종 목표

이번에는 다음 콘셉트 시트를 채우는 것을 목표로 삼는다.

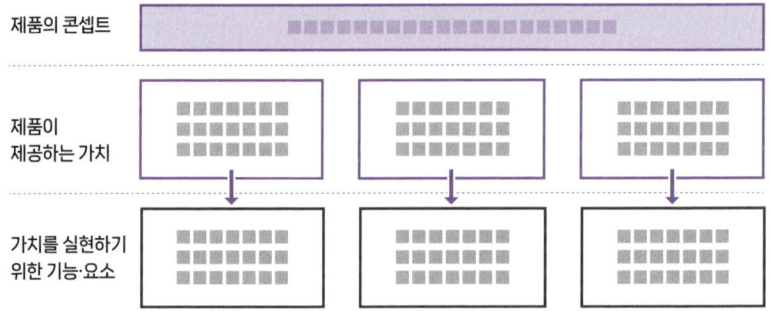

⊙ 제품의 콘셉트

제품의 콘셉트는 만들려 하는 제품(이번에는 뉴스 앱)의 방향성과 가치를 간단명료하게 나타내는 말로, 향후 모든 것의 '판단 기준'이 된다.

⊙ 제품이 제공하는 가치

이 제품을 사용해서 사용자가 얻게 될 가치를 정의한다. 즉, 사용자가 이 제품을 사용하는 이유이다. 어떤 제품이든 사용자는 무엇인가 가치를 느꼈기에 그것을 이용하는데, 그 가치를 명확히 정의하는 것이다. 가치의 개수는 정해져 있지 않지만, 콘셉트 시트에 기재하는 것은 이 제품의 핵심 가치이므로 가치를 명확히 하기 위해 두세 개 정도로 압축한다.

⊙ 가치를 실현하기 위한 기능·요소

제품이 제공하는 가치를 실현하기 위해 제품 내에 필요한 기능이나 콘텐츠 등의 요소를 정의한다. 이것이 향후의 디자인이나 제품을 개발하기 위한 요건이 된다. 그리고 이 부분을 실현하는 것이 바로 UI의 역할이다.

콘셉트 워드의 포인트

나는 콘셉트를 말로 구체화할 때 다음의 세 가지 포인트를 말에 담을 것을 항상 생각한다.

⊙ 사용자의 시점일 것

프로젝트 멤버에게 항상 사용자가 최우선이어야 한다는 의식을 심어줄 수 있도록 사용자 시점의 표현을 쓴다.

가령 서포트 계열의 서비스일 경우, 제공자의 시점으로 '돕는다'가 아니라 사용자의 시점에 맞추어 '도와준다'라는 말을 사용한다.

⊙ 제품의 독자성을 알 수 있을 것

이번에 만들 뉴스 앱도 그렇지만, 유사·경쟁 서비스와의 차이점, 우리는 어떤 부분을 의식해서 만든다는 의사 표시를 하는 것이 중요하다.

가령 뉴스 앱의 경우, '세상의 최신 정보를 즉시 알 수 있다'라는 표현은 단순히 뉴스 앱 자체의 역할을 나타낼 뿐이다. 여기에는 제품의 특징이 전혀 들어 있지 않다.

반면, 야후! 뉴스를 보자. "함께 만들자. 야후! 뉴스"라는 콘셉트 워드를 사용하고 있다.* 사용자 댓글 등의 반응을 통해서 자신들이 제공하는 뉴스의 가치를 높이고 있다는, 딱 야후! 뉴스다운 워딩이다.

⊙ 간결한 말로 정리할 것

콘셉트로 삼을 말을 생각하기 시작하면 이런저런 요소가 덧붙어서 길어지기 쉬운데, 그러면 조금 짧은 설명문과 다를 바가 없다.

또한 콘셉트 워드라고 해서 광고 업계의 카피라이터가 만드는 문구 같은 멋진 말일 필요는 없다. 외부에 발표할 문구가 아니라 어디까지나 내부를 향한 것이니까 말이다. 외부에 발표하고 싶을 때는 해당 분야 전문가의 힘을 빌려서 멋진 말로 다듬으면 될 일이다.

---

* 출처: https://news.yahoo.co.jp/newshack/pr/infographics/

뉴스 앱이 제공하는 가치와 그것을 실현하기 위한 기능·요소를 생각한다

⊙ 생각하는 순서

'제품의 콘셉트, 제품이 제공하는 가치, 가치를 실현하기 위한 기능·요소'라는 세 가지 항목을 콘셉트 시트에 채워나가는데, 갑자기 '제품의 콘셉트'부터 생각할 수 있는 사람은 상당한 경력자일 것이다. 일단은 '제품이 제공하는 가치'와 '가치를 실현하기 위한 기능·요소'부터 생각해나가자. 기본적으로는 이 두 가지를 한 세트로 생각한다. 이 둘을 먼저 정리해두면 콘셉트 워드가 자연스럽게 떠오를 가능성이 커진다.

⊙ 일단은 한발 물러서서 생각한다

지금까지 대부분의 시간을 뉴스 앱에 탑재할 독자 기능에 관해서 생각해왔는데, 이쯤에서 서장에서 정리했던 이번 프로젝트의 포인트와 1-2 '기업 리서치'에서 얻은 프로젝트의 배경을 다시 한번 되돌아보자. 실제 프로젝트에서도 때로는 초기 위치로 돌아가서 해야 할 일이나 방향성을 확인한다.

UX 프로젝트의 포인트

- 최종 목표
  우선도① My Channel의 인지도 향상
  우선도② My Channel의 다른 서비스로 고객을 유도
  우선도③ 앱 내에서의 수입 확보
- 목표를 달성하기 위한 수단
  뉴스 부문을 분리해 뉴스 앱을 만든다.
- 과제
  우리 앱만의 독자 기능이나 콘텐츠가 필요하다고 생각하는데, 그것이 무엇인가?

UX 프로젝트의 배경

- 뉴스 앱 프로젝트를 의뢰한 기업은 인프라 사업이 중심인 회사.
- '안심과 기쁨을 전달한다'라는 비전에 따라, 중기 목표로 인프라 이외의 서비스 사업에서 수익을 늘리려 한다.
- My Channel은 '고객 한 사람 한 사람에게 유용한 서비스를'이라는 콘셉트로 시작한 포털 사이트.
- 사용자가 로그인하면 개인의 취향에 맞는 뉴스를 보여주는 개인화 엔진을 보유하고 있다.
- 단기간에 다양한 서비스를 전개하기 위해 일단은 기존 콘텐츠나 서비스를 활용하면서 계획을 진행하려 한다.
- 현재 주 고객인 50대 이상의 남녀뿐만 아니라 20대~30대 남녀도 이용해주기를 바란다.

그리고 위 내용을 바탕으로 지금까지 실시해온 조사나 검토를 더해 정리하면 다음 표와 같아진다. 색이 옅은 글자는 아직 검토하지 않은 부분이다.

	사용자의 행동	목표의 우선도	과제	해결책
STEP 1	뉴스 앱을 켠다		과제❶ : 어떻게 해야 사용자가 우리 뉴스 앱을 설치하고 구동하도록 만들 수 있을까?	뉴스의 동영상 코너 (와 기사의 보존)
STEP 2	앱의 내부를 돌아다니며 뉴스를 읽기 위한 행동을 한다	우선도③ 앱 내에서의 수입 확보	과제❷ : 어떻게 해야 사용자가 많은 뉴스를 보게 할 수 있을까?	화면 전체를 생각할 때 검토한다
STEP 3	어떤 계기로 My Channel의 다른 서비스로 유도된다	우선도② My Channel의 다른 서비스로 고객을 유도	과제❸ : 어떻게 해야 My Channel의 다른 서비스로 유도할 수 있을까?	기사와 관련된 My Channel의 서비스로 이용 흐름을 설치한다
STEP 4	뉴스 앱뿐만 아니라 My Channel의 다른 서비스를 이용함으로써 My Channel을 전반적으로 이용하게 된다	우선도① My Channel의 인지도 향상	과제❹ : 어떻게 해야 My Channel의 다른 서비스를 이용하게 할 수 있을까?	화면 전체를 생각할 때 검토한다

⊙ 부각되는 세 가지 가치

이 내용들을 정리해보면 주로 세 가지 가치가 부각된다.

① 개개인이 최적화된 정보를 전달받는다

첫째는 뉴스 자체에 관한 가치로, My Channel의 웹사이트에서도 이미 그렇게 해왔듯이 개인에 최적화된 뉴스를 전달함으로써 사용자는 자신이 흥미를 느낄 만한 정보를 더 많이 얻을 수 있다.

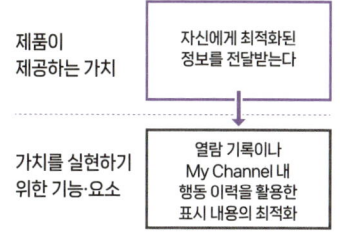

② 더욱 수동적으로 뉴스를 접할 수 있다

둘째로, 수동적으로 뉴스를 보는 행위를 현대적으로 재구성해 사용자가 더욱 간편하게 뉴스를 접할 수 있도록 수동적인 뉴스 미디어를 디자인한다. 이를 위해 짧은 동영상 뉴스 코너를 설치한다.

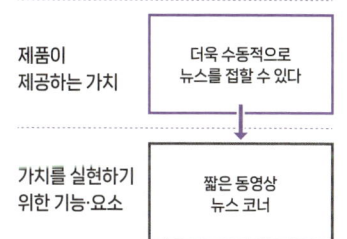

③ 흥미를 느낀 정보는 더욱 깊게 파고들 수 있다

마지막으로, 흥미를 느낀 정보가 있을 때는 더 깊게 파고들 수 있도록 자사의 서비스나 콘텐츠를 연동하여 사용자가 원하는 정보나 서비스에 더욱 원활히 도달할 수 있게 한다.

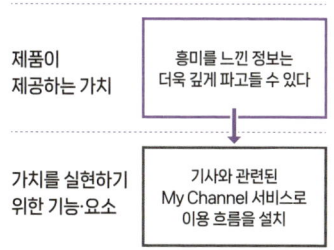

콘셉트 워드를 만든다

⊙ 회사의 비전이나 서비스의 비전과 지향하는 방향이 같은지 확인한다

앞에서 이야기한 세 가지 제공 가치를 되돌아보면서 이 뉴스 앱을 왜 만드는지 생각한다. 그러면 십인십색의 취미·취향·생활 스타일이 존재하는 가운데 일상적으로 접하는 뉴스라는 콘텐츠를 계기로 사용자의 생활에 기쁨이나 편리함, 안심 같은 다양한 가치를 전달하기 위해 이 뉴스 앱을 만든다는 깨달음을 얻게 된다. 그리고 이것은 '안심과 기쁨을 전달한다'라는 회사의 비전이나 '고객 한 사람 한 사람에게 유용한 서비스를'이라는 My Channel의 철학과도 배치되지 않는다.

그럼 이제 프로젝트 멤버와 토론하면서 다양한 안을 내놓으며 콘셉트 워드를 검토한다.

⊙ 이번 프로젝트의 콘셉트 워드

이번에 만든 콘셉트 워드는 이것이다.

> **뉴스를 기점으로 매일의 생활을 풍요롭게**

우리가 만드는 것은 어디까지나 뉴스 앱이며, 뉴스이기에 매일 접하게 된다. 그런 특징을 살려서 단순히 뉴스로 정보를 제공하는 데 만족하지 않고 더 나아가 사용자의 생활을 조금이라도 풍요롭게 만들 뉴스 앱을 지향한다.

⊙ 최종 콘셉트 시트

검토 결과, 우리 프로젝트의 콘셉트는 다음 시트와 같이 정리되었다.

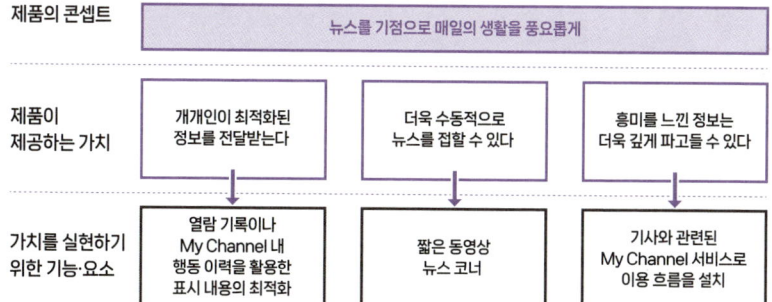

3 9 UI/UX의 방침

UI를 검토하기 전에 UI/UX의 방침을 결정한다

앱의 방향성을 정리했으니 이제 'UI'의 검토에 들어간다.

앱에 넣어야 할 요건을 검토하고, 필요할 듯한 화면의 흐름을 만들며, 화면 하나하나의 구성을 결정하고, 사용자에게 최적의 UI를 디자인하는 작업이다.

구체적인 검토를 시작하기에 앞서, 어떤 방침으로 UI를 검토해야 할지 정리해두면 이후의 과정이 원활히 진행된다. 예를 들면 '헤매지 않는다' '안심할 수 있다' '효율적이다' '전문적인 지식이 필요 없다' '○○이 잘 보인다' 등의 복수 키워드를 설정해놓으면 설계하기가 더 편해진다.

이번에는 사용자 조사에서 얻은 정보나 콘셉트로 정리된 사항에 따라서 다음 세 가지 포인트를 UI/UX의 방침으로 정의한다. 이 세 가지 포인트는 앞에서 마련한 콘셉트 시트와 함께 향후의 화면 구성이나 기능 요건을 생각할 때 판단의 축으로 활용된다.

◉ 젊은층과 시니어층 모두 보기·사용하기 편하다

우리가 만들 앱의 타깃 중에서 시니어층의 경우, 사용자 조사에서 글자가 작으면 읽기 어려워서 스트레스를 받는다는 의견을 내놓았다.

40대부터 나이로 인한 눈의 변화를 자각하기 시작한다고 한다. 가까운 대상에 초점이 잘 맞지 않거나 가까운 거리의 문자(손에 든 스마트폰의 화면)가 잘 안 보이는 식이다. 흔히 '노안'이라고 부르는 현상이다. 개인차는 있지만, 50대 이상이 되면 80퍼센트 이상에게서 자각 증상이 나타난다는 데이터도 있다. 잘 보이지 않는 표시를 뚫어져라 바라보면 금방 눈이 피곤해진다. UI의 차원에서는 문자 크기 조정 기능이나 문자의 굵기, 명암비 등 다양한 해결책을 동원해 이 문제를 완화해야 한다.

또한 시니어층에서는 잘 모르는 사람도 많은 뉴스의 공유 기능 등도 양 세대 모두가 쉽게 이해하고 사용할 수 있도록 방법을 궁리한다.

⊙ '관심이 가는' 것이 많다

우리가 만들 뉴스 앱은 UX적으로든 비즈니스적으로든 뉴스를 기점으로 앱의 내부를 많이 돌아다니게 하거나 My Channel의 다른 서비스로 유도해야 한다. 따라서 뉴스를 보는 흐름 속에 '어, 이거 궁금하네'라거나 '더 알고 싶어' 같이 호기심을 불러일으키는 장치를 넣어둘 필요가 있다.

⊙ 나도 모르게 켜고 싶어진다

앱을 켜면 '뭔가 좋은 정보를 얻을 수 있을 것 같아' '뭔가 좋은 일이 있을 것 같아'라는 기대감이 느껴지는 앱을 지향한다. 후발 뉴스 앱이라는 점도 있지만, 이전부터 보유하고 있는 기사의 개인화 엔진을 활용하고 다른 My Channel 서비스와의 연동을 강화하여 사용자가 뉴스 외에도 '플러스 알파'를 손에 넣을 수 있도록 설계한다. 그럼으로써 후발 주자임에도 우리가 만든 뉴스 앱을 켜는 습관이 들어 사용자가 앱을 계속 써줄 가능성을 높인다.

POINT

프로젝트의 포인트
앞으로 앱을 세세하게 설계할 때 다음 세 가지를 염두에 두고 UI/UX를 검토한다.
- 젊은층과 시니어층 모두 보기·사용하기 편하다.
- '관심이 가는' 것이 많다.
- 나도 모르게 켜고 싶어진다.

POINT

UI/UX 검토의 포인트
- 본격 UI의 검토로 넘어가기 전에 어떤 UI/UX를 실현해야 할지 사전에 정의해놓으면 이후의 검토가 원활히 진행된다.
- 정의한 방침에 따라서 향후의 요건이나 화면 구성을 정리해나간다.

UX

4장
요건 정의

일정

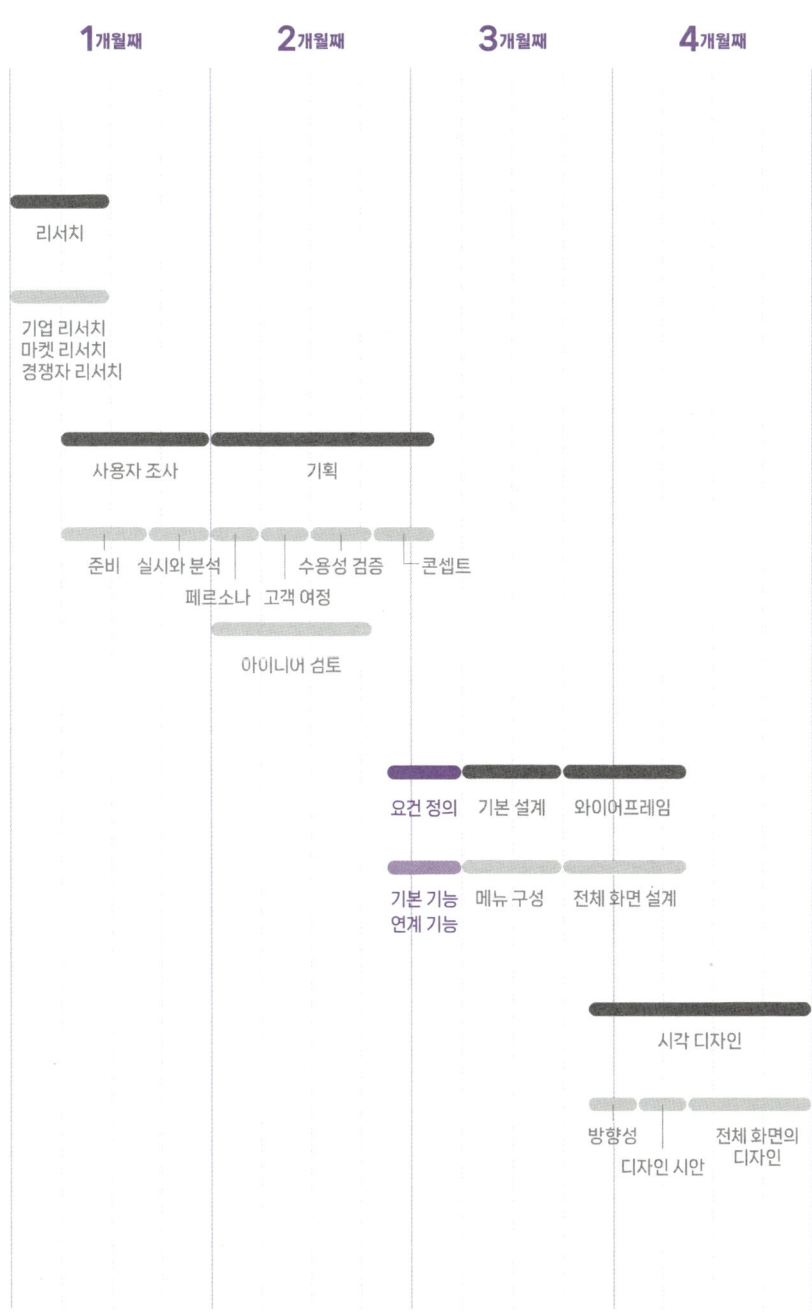

4-1 요건 추출하기

UI를 검토하는 데 필요한 요건 정의

이제부터는 구체적으로 앱을 만들기 위해 상세한 정의를 해나가는 프로세스를 실행한다. 지금부터 앱에서 최종으로 실현하고자 하는 내용(장착할 요건)을 전부 추출하는 작업을 한다. 그렇게 해서 찾아낸 요건을 바탕으로 화면 구성을 검토하고 기술 설계와 설치를 진행한다.

요건을 올바르게 추출하여 UI/UX의 정확도를 높인다

세상에는 요건과 UI를 한 세트로 단번에 아웃풋해내는 뛰어난 UI/UX 디자이너도 극소수이지만 존재한다. 그런 솜씨는 숙련된 기술, 풍부한 경험과 지식에서 나온다. 'UI/UX'라고 하면 UI도 항상 함께 생각해야 한다고 여기는 사람이 있는데, 반드시 그렇지는 않다.

　나는 정보를 올바르게 정리하면 더욱 정확도 높은 UI/UX를 생각해낼 수 있다고 믿기에 정보 정리에 가장 심혈을 기울인다. 실제 현장에서 대충 상상한 요건으로 대충 만든 UI가 훌륭한 역할을 하는 일은 거의 없다. 작은 규모의 앱이라면 또 모르겠지만, 일정 규모 이상의 앱이나 웹사이트라면 반대로 시간이 걸리는 경우가 대부분이다.

　다음 두 가지를 잘 실천하면 요건을 올바르게 추출하는 데 큰 도움이 될 것이다.

- **지금까지 요구되었던 사항이나 논의되었던 부분을 되돌아본다.**
- **다른 앱의 사례를 참고한다.**

　다만 필요한 모든 요건을 찾아내기는 어렵다. 의외로 여기에서 손이 멈춰버리는 사람이 많지 않을까 싶다. '어떻게 찾아내라는 거야? 상세한 건 하나도 정해지지 않았는데?'라며 사고가 정지되는 것이나. 그러고 클라이언트에게 "상세한 요건을 알려주십시오"라고 부탁하기도 한다. 물론 클라이언트가 준비해주는 경우도 있지만, 직접 생각하는 편이 전체적으로 더욱 일관적인 UX를 제공할 수 있으니 부디 직접 추출할 수 있게 되길 바란다.

　요건을 빠르게 추출해내면 부족한 요소의 확인이나 검토 포인트의 논의 등을 단숨에 진행할 수 있다. 구체적인 요건을 빠르게 정리하는 방법으로 '객체 지향'과 '태스크 지향'을 이용해 스토리에서 요건을 추출하는 방법을 소개하겠다.

4 2 객체 지향 UI와 태스크 지향 UI

UI를 설계할 때는 '객체 지향 UI'와 '태스크 지향 UI'라는 두 가지 접근법이 있다. 요건을 추출하는 데 익숙하지 않다면 이 두 접근법을 추천한다. 지금부터 각각을 간략하게 살펴보자.

객체 지향 UI

⊙ 사용자 × 객체

객체 지향 UI는 사용자가 특정 객체와 대치하는 것에 초점을 맞춘 접근법이다. 여기에서 말하는 객체는 앱 내의 기능이나 요소(예: 버튼, 메뉴, 기사 등)를 말한다. 사용자는 각 '객체'에 대해 '행동'을 함으로써 목적한 '태스크'를 실행한다. 예를 들어 뉴스 기사의 목록이 표시되어 있는 화면이라면 '특정 기사(객체)를 터치함(행동)으로써 기사를 읽을(태스크)' 수 있다.

객체 지향 UI로 정리할 경우는 '○○(기사)를 ▲▲한다(읽는다)'와 같이 명사→동사의 순서로 진행한다. ○○가 '표시 요소', ▲▲가 '기능'과 같은 식으로 정리된다.

⊙ '뉴스 기사'일 경우의 정리

예를 들어 뉴스 기사라면,

- 기사를 찾는다.
- 기사를 읽는다.
- 기사를 공유한다.

이 세 가지 스토리를 기재하는 것만으로 '기사'라는 표시 요소에 대해 '찾는다' '읽는다' '공유한다'라는 기능이 있다고 정리할 수 있다.

태스크 지향 UI

⊙ 사용자 × 흐름

태스크 지향 UI는 사용자가 특정 태스크를 달성하는 순서나 흐름에 초점을 맞춘 접근법이다. 태스크 지향 UI의 경우, 객체 지향 UI와 대조적으로 행동을 먼저 고른 뒤에 객체를 골라서 태스크를 실행한다. 가령 복수의 사진을 한꺼번에 삭제할 경우는 처음에 '삭제한다(혹은 선택한다)'(행동)라는 목표가 되는 메뉴를 선택하고, 다음에 '삭제하고 싶은 사진'(객체)을 선택하며, 마지막으로 '삭제'(태스크)를 실행한다. 요컨대 이 경우는 동사→명사의 순서로 진행한다. 기능이 먼저, 표시 요소가 나중에 나오는 것이다. 사용자가 태스크의 목표를 명확히 파악하고 그 목표를 달성하는 데 필요한 절차를 순서대로 실행하게 하여 직관적이고 효율적인 방법을 제공하는 UI이다.

⊙ 행동을 먼저 선택하는 ATM

은행 ATM의 UI는 '입금' '출금' '이체' 등 행동을 먼저 선택한 다음 금액이라는 객체를 결정하는 '태스크 지향 UI'의 대표적인 예시이다.

객체 지향 UI와 태스크 지향 UI를 상황에 맞춰 사용한다

객체 지향 UI로 만들면 '목적한 것→하고 싶은 것'이 되어서 일상생활의 행동 방식과 같은 까닭에, 좀 더 사용하기 편한 제품이라는 측면에서 UI를 검토할 때 객체 지향 UI로 정리하는 경우가 늘어났다.

그렇다면 태스크 지향 UI는 이제 필요가 없어진 것일까? 그렇지는 않다.

앱의 내부 또는 그 화면에서 다루는 오브젝트가 하나뿐일 경우, 그 오브젝트에 대한 행동을 전환하고 싶을 때(모드를 전환하고 싶을 때) 등에는 태스크 지향 UI가 더 효과적일 수 있다.

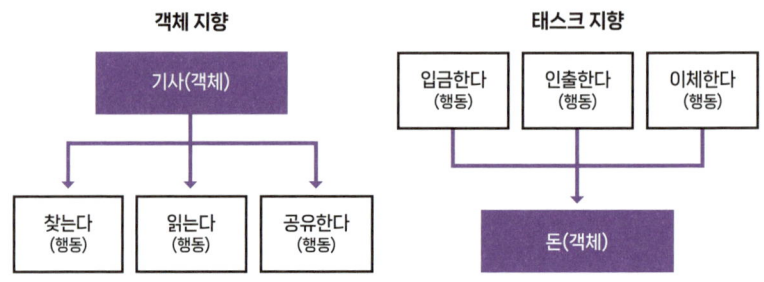

원래 이 수법들은 요건을 UI에 구현할 때의 접근법이지만, 요건을 정리할 때도 의식적으로 사용하면 속도와 정확성이 확보되기에 내가 자주 이용하는 방식이다. 나는 '객체 지향으로 생각하면서, 필요에 따라 태스크 지향으로 정리하는' 방식으로 가장 빠르게 요건을 추출할 수 있다고 생각한다.

> **POINT**
>
> **UI/UX 검토의 포인트**
> - UI를 설계할 때는 '객체 지향 UI'와 '태스크 지향 UI'라는 두 가지 발상이 있다.
> - '객체 지향 UI'가 일상생활의 행동과 같아서 사용자에게 좀 더 편리하다는 인식이 있다.
> - '태스크 지향 UI'는 객체에 대한 행동을 전환하고 싶을 때 등에 효과적일 수 있다.

4 3 스토리에서 요건 추출

스토리에서 기능이나 콘텐츠를 추출한다

요건을 언어화할 때, 이용 장면을 글로 써서 스토리를 만들면 필요한 기능이나 콘텐츠를 추출하기가 쉬워진다.

여기에서는 '스토리를 쓴다'가 무엇인지 설명하겠다. 스토리를 쓰는 법은 크게 두 종류가 있다. 첫째는 소설처럼 쓰는 방법이고, 둘째는 항목별로 간결하게 쓰는 방법이다.

⊙ 소설처럼 쓴 스토리를 통한 정리

소설처럼 쓰는 방법은 예를 들면 다음과 같이 쓰는 것이다.

> 사토는 앱을 다운로드하고, 설치가 끝나자 앱 아이콘을 터치한다. 그러자 앱이 실행되며 설명 화면이 표시된다. 내용을 보니 현재 신규 이용자에게 추첨으로 1,000엔 상당의 아마존 기프트카드를 주는 이벤트를 하고 있어서, 자신이 당첨될지도 모른다는 기대감에 마음이 설렌다.

이 방법에서 중요한 점은 그때 사용자의 감정이나 경험을 자세히 표현하는 것이다. 앱을 이용하는 흐름이나 제공되는 가치, 사용자의 감정을 문장 속에서 시뮬레이션해 앱의 세계관이나 기본 기능을 추출하는 동시에 프로젝트 멤버들과 공통의 가치관을 공유한다. 이 작업은 조금 이전 단계인 콘셉트 검토나 아이디어 검토 때 실시해서 정말로 사용하고 싶어지는 제품이 될지 검증하는 경우가 많다.

⊙ 항목별로 쓰는 스토리를 통한 정리

또 다른 방법은 다음과 같이 항목별로 간단명료하게 스토리를 쓰는 것이다. 이번에는 이 방법으로 요건을 추출하자.

- 앱을 켰다.
- 화면이 뜨고 앱에 대한 설명이 나왔다.
- 설명 화면에서 '다음으로' 버튼을 터치하자 홈 화면이 표시되었다.
- 홈 화면에는 최신 뉴스의 기사 목록이 있다.
- 각 뉴스에는 사진과 제목, 시간이 표시되어 있다.
- 현재 화제가 되고 있는 듯한 최신 뉴스가 표시되어 있다.
- 뉴스를 터치하자 그 뉴스의 기사가 나왔다.

스토리를 쓸 때는 '명사'와 '동사'를 의식한다

포인트는 앞에서 소개한 '객체 지향 UI'의 발상을 바탕으로 쓰면서 명사와 동사를 의식해서 사용하며, 하나의 스토리(한 줄)를 가급적 간단명료하게 쓰는 것이다. 짧게 쓰면 처음부터 요소가 작게 분해되므로 필요한 요소를 추출하기가 쉬워진다.

요소의 단위를 작게 만들면서 적는다

익숙해지면 '각 뉴스에는 사진과 제목, 시간이 표시되어 있다'와 '현재 화제가 되고 있는 듯한 최신 뉴스가 있다'와 같이 요소의 단위를 조금씩 작게 만들면서 적자.

스토리에서 요건을 정의한다

이상의 내용을 바탕으로 정리하면 다음과 같이 요건을 정의할 수 있다.

기능	관련 요소
앱의 설명	● 앱을 소개한다. ● '다음으로' 버튼을 누르면 메인 화면으로 넘어간다.
기사 목록의 표시	● 최신 기사의 목록이 있다. ● 각 기사에는 사진과 제목, 시간이 표시되어 있다. ● 최신 기사 중 현재 주목받고 있는(받을 것 같은) 뉴스가 표시되어 있다. ● 기사를 터치하면 기사의 상세 내용이 표시된다.
각 기사의 표시	(생략)

⊙ 화면이 아니라 앱을 구성하는 요소를 추출한다

스토리에서 요건을 정리할 때의 포인트는 가급적 '화면'을 단위로 삼지 않는 것이다. 앞의 항목별로 쓴 스토리에서 화면이라는 말이 나오지만, 이것은 화면을 상상하지 않으면 스토리를 쓸 수가 없기 때문이다. 스토리에 나온 화면의 흐름이 올바른지 어떤지는 이 시점에서 명확하지 않다. 즉 스토리에서 요건을 정리할 때 중요한 것은 화면에 표시되는 목록을 추출하는 것이 아니라는 말이다. 그보다 앱을 구성하는 요소를 추출하는 것이 더 중요하다. 따라서 지금은 화면이 아니라 화면 구성의 전제가 되는 '기능' 단위로 정리한다. 화면은 최초의 이미지에 너무 구애받지 않도록 요건이 전부 갖춰진 뒤에 흐름이나 각 장면의 구성을 검토한다.

⊙ 객체 지향과 태스크 지향을 전환하며 요건을 정의한다

필요에 따라서는 태스크를 지향해야 한다. 그럴 때는 사고를 전환해서 해당 목적을 달성할 다양한 방법을 생각한다.

예를 들어 대부분이 뉴스 앱은 상부에 가데고리별 탭이 있는데, 그 탭들은 편집이 가능해서 사용자가 원하는 탭을 추가할 수 있다. '추가하고 싶은 탭(미디어)을 찾는다'는 스토리를 구축한다 치면 다음과 같이, 어떻게 해야 사용자가 목적한 탭을 찾을 수 있는지를 적는다.

- 탭을 추가하자고 생각해 탭 추가 화면으로 들어갔다.
- 카테고리에서 찾기, 이름으로 찾기, 인기 순위에서 찾기라는 메뉴가 표시되었다.
- 카테고리에서 찾기를 터치하자 연예, 스포츠 등 다양한 카테고리가 표시되었다.
- 연예를 터치하자 여러 미디어의 목록이 표시되었다.
- 이용자 수가 많은 순서대로 미디어가 나열되어 있다.
- 관심이 가는 미디어의 이름 옆에 있는 '추가' 버튼을 누르자 '추가 완료'로 전환되었다.

이때 지금까지 검토에서 계속 이용해온 '5W1H'를 항상 의식하는 것이 중요하다. '무엇이 어떻게 표시되어 있으며, 무엇을 하면 어떻게 되는가?'를 의식하면서 한 줄 한 줄 적는다.

이것을 요건으로 정리하면 다음과 같다. 이번에는 앞에서보다 한 단계 더 나아가 대기능, 소기능으로 그룹을 나눴다.

대기능	소기능	관련 요소
탭 추가	카테고리에서 찾기	• 카테고리의 목록 • 카테고리별 미디어 목록(이용자가 많은 순서) • 미디어를 추가하는 버튼을 누르면 그 미디어가 탭에 추가
	이름으로 찾기	(생략)
	인기 순위에서 찾기	(생략)

⊙ 제일 먼저 스토리의 관점을 추출한다

이 방법으로 요건을 추출할 때는 항목별로 스토리를 쓰기 전에 어떤 스토리의 관점이 있는지부터 정리하기 시작하면 효율이 높아진다. 스토리의 관점으로는 다음과 같은 것이 있다.

- 앱의 최초 실행.
- 기사를 읽는다.
- 짧은 동영상 뉴스를 본다.
- 탭의 배열을 바꾸고 싶다.
- 탭을 추가하고 싶다.
- 푸시 알림을 받고 앱 실행.
- 설정을 변경하고 싶다.

이처럼 먼저 예상되는 사용자의 행동을 축으로 관점을 정리하고 관점별 스토리를 항목으로 간단명료하게 적으며 요건화해나가면 점점 속도가 빨라진다. 진행하다 보면 부족한 관점이 무엇인지 자연스레 깨닫게 되므로 다시 그 관점에서 요건을 추출한다. 이렇게 반복하면 빠르고 정확하게 요건을 추출할 수 있으며, 최초의 요건 안이 충분히 준비된다.

익숙해지면 스토리 구축부터 요건 추출까지 전부 머릿속에서 진행할 수도 있을 것이다. 이번 뉴스 앱과 비슷한 경우는 한두 시간 정도면 요건을 전부 추출할 수 있으리라 생각한다.

> **POINT**
>
> **UI/UX 검토의 포인트**
> - 가장 먼저, 사용자가 앱을 이용할 때의 스토리의 관점을 추출한다.
> - 다음으로, 그 관점별로 스토리를 적는다.
> - '객체 지향 UI'의 발상을 기반으로 명사와 동사를 의식적으로 사용하면서 하나의 스토리를 간단명료하게 써나간다.
> - '무엇이 어떻게 표시되어 있으며, 무엇을 하면 어떻게 되는가?'를 다면적으로 생각하면서 스토리를 쓴다.
> - 필요에 따라서는 '태스크 지향 UI'의 발상으로 전환해, 목적을 달성할 방법을 생각한다.
> - 스토리를 그렸다면 스토리에 적은 기능이나 요소를 이 앱에 필요한 요건으로 정리한다.

4-4 요건 정의

우리가 만드는 뉴스 앱의 경우, 실현하고자 하는 요건을 정리할 때 크게 두 가지를 정의할 필요가 있다. 첫째는 앞에서 소개한 스토리를 활용한 요건 정의로, 앱의 기본 기능에 해당하는 부분이다. 그리고 둘째는 프로젝트의 중요한 최종 목표 중 하나인 My Channel의 다른 서비스와 연동, 고객 유도에 관한 내용이다. 이 두 가지를 정의하는 것을 요건 정의의 최종 목표로 삼는다.

기본 기능

⊙ 다른 뉴스 앱과 조작성이 같을 것을 전제로 한다

먼저 정의할 것은 뉴스 앱으로서의 기본 기능이다. 그 전제로 보통 뉴스 앱처럼 위에 뉴스의 카테고리를 전환하는 탭이 있는 UI를 가정한다. 이번에 만드는 뉴스 앱의 지향점은 기발하고 새로운 뉴스 앱이 아니라 어디까지나 범용 뉴스 앱이다. 따라서 '뉴스를 본다'라는 기본 동작에 관해서는 3-5에서 소개한 '제이콥의 법칙'에 따라 다른 뉴스 앱과 똑같은 사용성의 UI를 제공하여 '사용자가 이 뉴스 앱을 조작하기 위해 따로 공부할 필요가 없다'라는 후발 앱의 이점을 우선한다.

⊙ 요건을 그룹화해 추출하는 가운데 검토 사항도 정리한다

추출한 요건을 다음 표에 정리했다. 정보의 단위 크기는 어디까지나 예시이다. 적절히 정리해두면 그것이 그대로 화면 구성의 토대가 되기도 하므로 깔끔하게 그룹화하면서 정리해놓는다. 또한 요건을 정리하는 가운데 검토할 점 등도 함께 적는다.

참고로 내 경우는 먼저 iOS에서의 실현 요건을 기반으로 쓴다. iOS가 제한 사항도 많고 과거의 경험상 앱 신청이 반려되는 일도 많기 때문이다. 그래서 먼저 iOS 쪽부터 정리해놓으면 나중에 안드로이드용을 만들 때 어떻게 할지 검토하기 좀 더 수월해진다.

No.	대 카테고리	주된 기능·요소	구성 요소	표시 요소	검토 사항·메모
1	기사 목록	주요 기사의 목록	각 뉴스	사진·제목·날짜·제공처·NEW 아이콘	어떤 로직으로 표시? 기사의 읽음·읽지 않음 관리를 하는가? NEW 아이콘을 표시하는 로직은?
			광고	광고 서비스에 의존	어디의 광고 서비스를 사용하는가? 어디에 광고를 표시?
		장르별 기사 목록	각 뉴스	(상동)	(상동)
			광고	(상동)	(상동)
		미디어별 기사 목록	각 뉴스	(상동)	(상동)
			광고	(상동)	(상동)
		기사 목록의 갱신	갱신 버튼		
2	주목 순위	기사·동영상의 순위 10건	각 뉴스	순위+기사	어떤 로직으로 표시?
3	기사의 상세	기사 본체	기사	사진·제목·날짜·제공처·본문	
			공유	SNS나 이메일 등을 통한 공유	어떤 공유 방법을 대상으로 삼을 것인가?
			즐겨찾기 버튼		
		관련 정보	My Channel 연동	관련 서비스의 표시	어떻게 연동할 것인가?
			관련 기사·관련 동영상	사진·제목·날짜·제공처	
			다른 화제의 기사	사진·제목·날짜·제공처	
			광고	(상동)	
4	기사의 검색	기사의 검색	검색 폼	순차 검색	
				검색 기록	열람 기록을 삭제할 수 있는 편이 나을까?

No.	대 카테고리	주된 기능·요소	구성 요소	표시 요소	검토 사항·메모
5	탭의 편집	탭의 재배열			최초의 탭은 움직일 수 없도록 설정해도 될까?
		탭의 삭제			장르 탭과 미디어 탭을 혼합해서 표시?
		장르 탭의 표시·비표시			
6	미디어 탭의 검색·추가	이름으로 찾기	검색 폼	순차 검색	
		카테고리에서 찾기	카테고리 목록		
		인기 순위에서 찾기			
		검색 결과	미디어 목록	로고·이름·추가 버튼	
7	뉴스의 동영상	각 뉴스 동영상	동영상	스크롤해 다음 동영상으로	어떤 로직으로 표시?
			관련 정보	제목·날짜·제공처	
			관련 기사·동영상으로의 이용 흐름		
			즐겨찾기 버튼		
		뉴스 동영상 목록	동영상 목록	제목·날짜·제공처	
			광고	(상동)	
8	보존한 기사	보존한 기사 목록		(상동)	
		보존한 동영상 목록		(상동)	
9	공지	공지 목록		제목·공지의 상세로 이동하는 버튼	새로운 미디어의 추가나 이벤트, 점검의 공지를 가정 어떻게 표시?
		공지 상세		제목·날짜·본문	
		앱의 강제 업데이트		공지·스토어로 이동하는 버튼	트러블용으로 준비할까? ※앱을 업데이트해야만 이용할 수 있게 한다.
10	계정 인증	로그인			
		패스워드 분실			
		계정 생성			
		로그아웃			
		계정 삭제			iOS의 경우는 이 기능이 없으면 앱을 공개할 수 없다.

11	문자 조정 기능	문자 크기의 선택			어떤 화면에 문자 크기의 변경을 반영할까? 시스템의 문자 크기와 연동할 것인가? 크기는 몇 단계?
12	푸시 알림	설정 ON/OFF			어떤 푸시 알림을 준비할 것인가? 알림을 누르면 이동할 화면은 따로 준비?
13	고객센터	카테고리 목록			고객 지원은 Q&A 형식이면 될까?
		카테고리별 질문 목록			
		질문별 답변 목록			
14	이용 약관	약관 본문			사전에 동의한 다음 이용을 시작?
15	라이선스 표기	라이선스 정보			앱 내에서 이용한 라이선스의 표시
16	알림 허용	푸시 알림의 허용	허용을 유도하는 화면	허용을 ON하도록 유도	
			OS의 대화창	표시는 OS에 맡긴다	
		앱 주적의 허용			허용이 필요한 기능을 제공할 것을 가정
17	스토어 평가 유도	스토어 평가 대화창			어떤 타이밍에 표시?
18	다크 모드 지원	라이트 테마·다크 테마의 전환			지원할 것인가? 지원한다면 단말기에 의존? 앱에서 선택?
19	태블릿 지원	태블릿에서의 이용			태블릿에서도 이용할 수 있게 할 것인가? 가능하게 한다면 태블릿용 레이아웃을 준비?
20	위젯	단말기 홈 화면의 위젯을 제공			만들까?

⊙ 처음에는 정확성보다 속도를 의식한다

이런 기본적으로 담아야 할 것들의 시안을 UI/UX 검토에서 빠르게 만들어내는 일은 전체 흐름에서 매우 중요하다. 시간을 너무 많이 들이면 오래전의 폭포수 모델[폭포에서 한번 떨어진 물은 거슬러 올라갈 수 없듯이 소프트웨어 개발도 각 단계를 확실히 매듭짓고 승인 과정을 거친 후에 다음 단계로 넘어가는 순차적인 접근 방법–옮긴이]처럼 되어버리기 때문에, 올바른 요건 추출보다 논의를 위한 시안, UI를 구성해보기 위한 시안으로서 추출할 것을 추천한다. 그러는 편이 팀 내에서 빠르게 논의하고, 누락을 최소화하며 요건을 정의할 수 있다.

표에서 10번 '계정 인증'의 '계정 삭제'나 15번~20번은 모두 앱을 만들 때 반드시 들어가는 요소이므로, 익숙해지면 첫 단계부터 검토 사항에 넣어놓자. 추가로, 이 책에서는 '접속자 분석' 등의 눈에 보이지 않는 요건은 소개하지 않지만, 원래는 그런 요건도 병행해서 정의한다.

My Channel 연동

⊙ My Channel과 연동할 때 검토해야 할 관점

다음에는 아직 모호한 상태인 My Channel 서비스와의 연동을 정리한다. My Channel에서 제공하고 있는 각종 서비스를 다음의 관점에서 정리해놓으면 앱 내에서의 표현 방법이나 연동 방법을 검토하기가 용이해진다.

- Ⓐ 뉴스처럼 매일 습관적으로 보는 것인가?
  (=뉴스의 콘텐츠 중 하나로 표시한다)
- Ⓑ 뉴스와는 별개의 서비스로, 사용자의 이동을 유도하는 편이 나은가?
  (=뉴스와는 별개의 콘텐츠로 표시한다)
- Ⓒ 기사와 관련지을 수 있을 것 같은가?
  (=뉴스 기사의 관련 서비스로 표시한다)

⊙ 각 서비스의 연동 방법을 검토한다

Ⓐ~Ⓒ의 관점을 바탕으로 서비스별 연동 방법이나 이미지를 정리한다.

서비스	Ⓐ 뉴스처럼 매일 습관적으로 본다	Ⓑ 별개의 서비스로, 사용자의 이동 유도	보충 설명	Ⓒ 기사와의 관련	이미지
날씨	○	×	뉴스 앱의 한 콘텐츠로 표시하는 편이 좋을 듯	○	날씨나 재해 기사에 관련 정보로 표시하기 좋다
환승 검색	×	△	환승 정보를 검색하려고 굳이 이 앱을 경유할지 의문	○	특정 장소에 관한 기사에 경로를 표시하면 대략적인 거리를 짐작하기 용이하다
운세	○	×	뉴스 앱의 한 콘텐츠로 표시하는 편이 좋을 듯	×	
동영상 스트리밍	×	○		○	동영상이나 영화와 관련된 기사라면 연동·홍보가 용이하다
게임	×	○		○	게임과 관련된 기사라면 연동·홍보가 용이하다
패션 쇼핑 사이트	×	○		○	패션과 관련된 기사라면 연동·홍보가 용이하다
일용품 쇼핑 사이트	×	○		○	일용품과 관련된 기사라면 연동·홍보가 용이하다
식료품 쇼핑 사이트	×	○		○	식료품과 관련된 기사라면 연동·홍보가 용이하다
사전	×	×	사전 기능뿐이라면 검색 엔진으로 충분	○	기사에 나온 어려운 단어의 해설을 표시할 수 있다
여행 예약	×	○		○	여행 관련 기사라면 연동·홍보가 용이하다
부동산 검색	×	○		△	이사나 독립을 주제로 한 기사라면 연동·홍보가 용이하지만, 기사를 계기로 이사하고 싶을지는 의문
요리법	×	○		○	요리와 관련된 기사라면 연동·홍보가 용이하다
쿠폰	×	○		○	쿠폰을 제공하는 가게의 기사라면 연동·홍보가 용이하다

날씨와 운세는 아침 텔레비전 방송과 마찬가지로 뉴스의 콘텐츠로 표시하는 것이 좋아 보인다. 또한 사전의 경우는 독립 서비스로, 사용자의 이동을 유도할 정도는 아니므로 보류하지만, 다른 서비스에 관해서는 사용자의 이동을 적절히 유도할 수 있는 표현이나 아이디어를 추후에 궁리하기로 한다.

UI를 생각하기 위한 준비가 완료되었다

이제 앱의 UI에 담을 재료가 상당 부분 갖추어졌다.

UI/UX를 검토할 때, 어떤 타이밍에 화면을 이용한 검토를 실시하는 것이 최적인가는 프로젝트마다 다르다. 우리 뉴스 앱의 경우는 일반적인 타이밍이다. 이런 프로젝트의 경우는 다짜고짜 UI를 사용해서 검토하기보다 사전에 정보를 빠르고 올바르게 정리하는 편이 좋은 UI를 만들어내는 방법이다.

지금까지 기업 리서치, 마켓 리서치, 경쟁자 리서치, 사용자 조사, 기획 등 여러 가지를 했는데, 예산이나 일정은 프로젝트에 따라 다르다. 어디에 중점을 둘지, 어떤 프로세스로 할지 궁리해 프로젝트의 상황에 맞춘 최적의 프로젝트 계획을 세우자.

> **POINT**
> **프로젝트의 포인트**
> 새로운 뉴스 앱에서 실현하고자 하는 요건을 다음의 두 가지 관점에서 정의했다.
> - 기본 기능
> - My Channel 연동
> 이 내용을 바탕으로 앞으로는 UI를 사용한 더욱 구체적인 검토에 들어간다.

와이어프레임이나 디자인의 검토는 『UI 디자인하기』에서

뉴스 앱 프로젝트의 'UX 디자인하기'는 이것으로 끝이다. 프로젝트의 오리엔테이션으로 시작해, 리서치를 통해서 프로젝트의 상황을 이해하고, 나아가 사용자 조사에서 얻은 힌트를 바탕으로 앱의 독자 기능과 콘텐츠를 만들어냈으며, 콘셉트를 정의하고 앱의 요건 정의까지 실시했다.

지금부터 이 프로젝트는 추출된 요건을 UI에 담는 작업에 들어간다. 다음 책인 『UI 디자인하기』에서는 먼저 UI를 생각하기 전에 필요한 기초 지식과 UI의 기본 구성 방법을 소개하고, 그런 다음 각 화면을 설계하는 가운데 디자인 현장에서는 무엇을 생각하며 설계를 진행하는지 설명한다. 또한 UI를 설계할 때 도움이 되는 팁도 소개한다. 실제로 화면을 디자인하면서 디자인할 때의 방향성을 검토하는 방법이나 의식해야 할 포인트를 설명할 것이다.

우리 뉴스 앱의 UI가 어떤 모습이 되어갈지 기대된다.

UX

5장

출시 후 UI/UX의 개선 프로세스

5장

서비스를 시작할 때의 UI/UX 검토와 서비스를 시작한 뒤의 UI/UX 검토는 접근법이 다르다. 출시 뒤에는 사용자나 수치와 마주하면서 서비스의 개선에 온 힘을 다해야 한다. 그리고 많은 사람에게 사랑받는 서비스가 될 수 있도록, 또한 비즈니스 측면에서 **목표**를 달성할 수 있도록 노력해야 한다. 이를 위해 필요한 접근법과 지식을 설명한다.

5-1 출시한 뒤가 진짜 시작이다

출시한 뒤에 시작되는 본격적인 프로모션

　지금까지는 새로운 프로젝트를 무에서부터 만드는 프로세스를 진행해왔다. 다만 세상에는 새로 만드는 프로젝트보다 이미 출시되어 운용 중인 프로젝트가 더 많다.

　서비스의 출발선은 세상에 나온 뒤이다. 어떤 서비스든 운용에 비용이 드는 것은 사람들이 사용해주어야 한다. 안 그러면 언젠가 종료될 수밖에 없다. 그래서 기업은 사용자를 획득하고자 비용을 들여서 지속적으로 프로모션을 한다. 프로모션에 전혀 돈을 쓰지 않고 사용자를 획득하기는 상당히 어렵다. 그런 까닭에 기업 담당자는 출시 전부터 어떤 광고, PR을 실시할지 검토해 예산을 책정하고 실행 계획을 준비한다.

개선과 시책의 지속적인 실시

UI/UX에 관여하는 우리 같은 사람들은 서비스를 출시하고 나면 입소문이나 광고, PR 등으로 획득한 사용자가 지속적으로 서비스를 이용하도록 개선을 진행한다. 앱을 출시하기까지 수많은 조사와 가설을 바탕으로 기획과 설계를 실시하는데, 출시 후에는 그것들이 제대로 기능하고 있는지 검증하고 앱을 개선하기 위한 시책을 검토한다.

검토하는 시책은 예를 들면 다음과 같다.

- 이용 빈도를 늘리기 위한 시책
- 이용 시간을 늘리기 위한 시책
- 이용 계속 기간을 늘리기 위한 시책
- 지표가 되는 수치를 높이기/달성하기 위한 시책

이 장에서는 출시 후 UI/UX를 개선하고자 할 때 필요한 기초 지식과 방법을 소개한다.

5.2 데이터 분석

KGI/KPI

어떤 프로젝트든 객관적인 수치 지표를 설정하여 개선해야 할 점을 명확히 하는 것이 중요한데, 그 지표로서 자주 사용되는 것 중에 'KGI'와 'KPI'가 있다.

KGI(Key Goal Indicator)는 비즈니스적 혹은 전략적 목표를 나타내기 위한 지표이다. '언제까지 무엇을 어느 정도 달성할 것인가?'를 설정하는데, 기본적으로는 한 가지를 설정한다. 예를 들면 '연내에 매출 얼마' 같은 지표이다.

KPI(Key Performance Indicator)는 KGI를 달성하기 위한 특정 프로세스가 적절히 실행되고 있는지 측정하는 것이 목적인 지표이다. KGI를 달성하는 과정에는 복수의 프로세스가 관여하기에 복수의 KPI를 설정한다. 주 단위 혹은 월 단위로 이 KPI의 수치를 추적하고, 그 결과를 기반으로 개선안을 검토해 실행에 옮기는 과정을 반복한다.

KPI의 예를 몇 가지 소개한다.

⊙ 신규 설치 수

신규 사용자의 획득으로 이어지는 지표로, 이용자의 모수를 높이기 위해 중요하다. 다만 대부분의 경우 입소문이나 광고를 포함한 프로모션에 따라서 변화하기 때문에, 서비스 전체의 관점에서는 중요하지만 UI/UX의 개선이라는 관점에서는 지표로 삼는 일이 적다.

⊙ DAU/WAU/MAU

일간(Daily Active Users)/주간(Weekly Active Users)/월간(Monthly Active Users) 단위로 앱을 이용한 사용자 수. 실제 이용자 수이므로 이 수치를 높이는 것을 하나의

목표로 한다.

⊙ 계속 이용률

설치한 사용자가 특정 기간에 지속적으로 앱을 이용한 비율을 나타낸다. 설치 후 이튿날의 계속 이용률, 7일째의 계속 이용률, 30일째의 계속 이용률 등 몇 가지 기간으로 구분해서 확인한다. 이 수치를 향상시키면 활성 사용자 수의 안정적인 증가를 기대할 수 있다.

⊙ 구동 횟수

사용자가 앱을 이용하는 횟수로, 이 수가 증가하지 않으면 아무것도 시작되지 않는다. 앱의 구동 횟수에는 크게 두 종류가 있다. '푸시 알림을 경유한 구동 횟수'와 '자연적인 구동 횟수'이다.

뉴스 앱의 경우가 특히 그렇지만 사용자가 앱을 지속적으로 이용하게 하려면 앱을 구동할 계기를 만들어야 하는데, 푸시 알림은 그 효과적인 수단이다. 그래서 구동 횟수를 늘리려면 먼저 푸시 알림의 허용률을 높이는 것부터 시작한다. 요컨대 현재 푸시 알림의 허용이 OFF인 사용자가 ON으로 바꾸도록 유도하는 시책을 검토할 필요가 있다. ON 상태인 사용자가 늘어나면 필연적으로 푸시 알림의 발신 수도 증가한다. 그다음에는 시행착오를 거치면서 내용과 타이밍을 고민해 도착한 푸시 알림의 오픈율을 높여야 한다.

푸시 알림을 경유한 구동 횟수와는 반대 개념이 자연적인 구동 횟수, 다시 말해 홈 화면의 앱 아이콘을 터치해서 앱을 구동하는 사례의 수다. 이 자연적인 구동 횟수를 늘리려면 앱의 이용이 습관화되도록 만드는 것이 중요하다.

⊙ 체류 시간

사용자가 앱을 한 번 구동해서 이용하는 평균 시간을 가리킨다. 이 시간이 짧다면 특정 목적을 달성한 뒤 즉시 꺼버린다거나 딱히 볼 만한 것이 없었다는 등의 원인을 생각해볼 수 있다. 연속해서 사용자의 흥미를 끄는 데 성공한다면 새로운 화면으로 계속 이동하면서 체류 시간이 길어진다.

⊙ SV(스크린뷰)

SV(Screen View)는 총 화면 표시 횟수로, 웹사이트로 치면 페이지뷰(PV: Page View)에 해당한다. 동영상 앱처럼 같은 화면에 계속 머무는 경우를 제외하고, 체류 시간이 길면 그만큼 이 화면 저 화면을 돌아다니기 때문에 SV가 증가한다. SV를 높이면 광고 터치 횟수, 중요 버튼 등을 누르는 횟수가 종합적으로 증가하므로 SV는 KGI를 달성하기 위한 중요한 지표 중 하나이다.

⊙ CTR(클릭률)

CTR(Click Through Rate)은 광고의 표시 횟수에 대해 사용자가 광고를 터치한 수의 비율을 나타낸다. 광고 수익이 중시되는 앱에서는 SV와 CTR을 늘리면 수익이 증가한다.

⊙ ARPU/ARPPU

ARPU/ARPPU는 과금 서비스 등 사용자가 직접 서비스에 돈을 낼 경우에 자주 이용되는 지표이다. 이 수치들을 높이면 전체 매출의 증가로 이어진다.

ARPU(Average Revenue Per User)

사용자 한 명당 평균 매출로, 매출액을 전체 사용자 수로 나누어 계산한다. 예를 들어 월간 매출액이 1억 엔이고 사용자 수가 50만 명이라면 그 달의 ARPU는 200엔이 된다.

ARPPU(Average Revenue Per Paid User)

과금을 하는 사용자만을 모수로 삼은 지표로, 과금 사용자 한 명당 평균 과금액이다. 매출액을 과금 사용자 수로 나누어 계산한다. 월간 매출액이 1억 엔이고 과금 사용자의 수가 10만 명이라면 그 달의 ARPPU는 1,000엔이다.

⊙ 전환율

앱의 특정 버튼을 터치하는 등 특정 행동을 하는 것을 전환(컨버전)이라고 부르며, 그 행동이나 동작을 실시한 비율을 전환율이라고 한다. 대상이 되는 버튼은 장바구니 버튼, SNS 공유 버튼 등 서비스에 따라 달라진다. 앱별로 중요하게 여길 대상을 결정해 그 앱의 개선점을 발견할 수 있다.

⊙ KPI 트리

이런 수치를 트리 구조로 정리하는 작업을 KPI 트리라고 부른다. KPI 트리를 만들면 병목이 뚜렷이 보여서 명확한 개선 시책을 검토하기가 용이해진다. 가령 KGI를 '광고 매출'로 설정했을 경우의 KPI 트리는 다음과 같다.

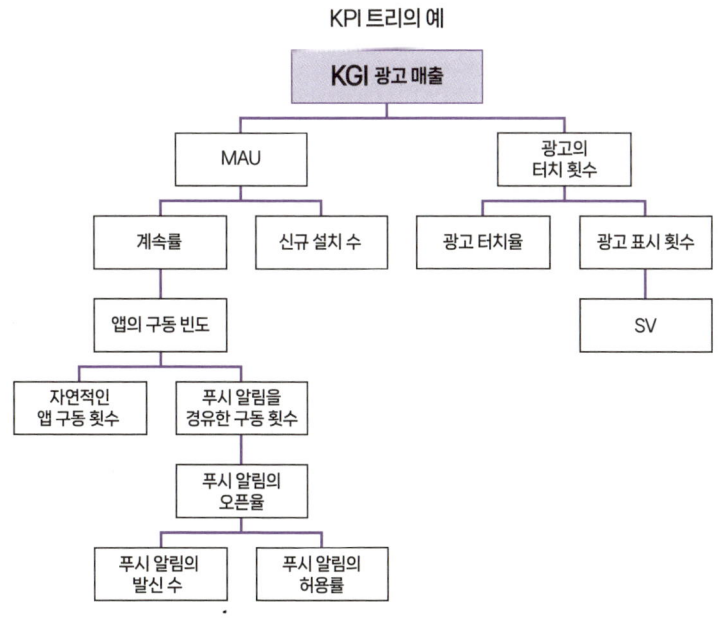

접속자 분석

앱 내에서 사용자가 하는 행동을 분석해 개선점을 발견하는 데 활용한다. 예를 들면 화면 내의 어디가 터치되는지, 어디까지 스크롤되고 있는지 등 특정 화면에서 사용자가 하는 행동을 분석하거나 특정한 흐름(사용자 등록 흐름, 구입 흐름 등) 중 어디에서 이탈하는지를 분석함으로써 UI/UX의 개선점을 찾아내거나 가설이 옳았는지 등을 검토한다.

사용자의 신규 등록 흐름을 분석할 경우는 그 흐름의 어디에서 사용자가 이탈하고 있는지(이탈률) 확인하고 개선하면 신규 등록 완료율이 상승해 회원 수의 증가로 이어진다. 다음 예를 보면 약관 동의 화면과 사용자 정보 등록 화면에서 많은 사용자가 이탈하고 있음을 알 수 있다.

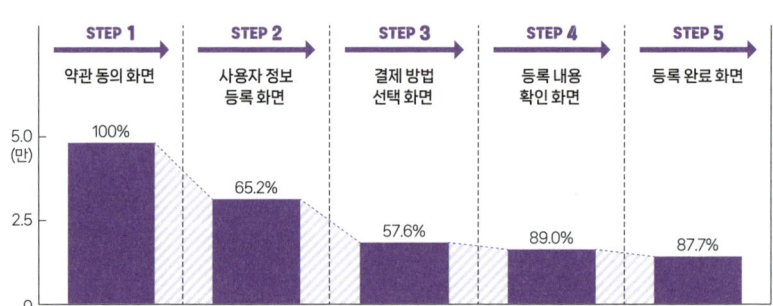

신규 등록 흐름에서 이전 화면으로부터의 이탈률 확인의 예

매직 넘버

매직 넘버는 예를 들면 '첫 일주일 동안 3회 이상 구동하면 30일 후의 앱 계속 이용률이 80퍼센트가 넘는다'와 같이, 사용자가 특정 행동을 일정 횟수 이상 하면 그 서비스가 중요시하는 KPI가 비약적으로 상승하는 요인을 특정하는 방법이다.

매직 넘버의 유명한 사례로는 X가 있다. 과거에 X는 '이용을 시작한 첫날에 다섯 명 이상을 팔로우한 사용자는 계속 이용률이 높다'라는 매직 넘버를 발견하고 처음 등록할 때 팔로우 대상을 추천해 필수로 다섯 명 이상을 팔로우하게 한 적이 있다.

　매직 넘버를 발견하면 그것과 관련된 시책을 우선 시행한다. 가령 '첫 일주일 동안 3회 이상 구동하면 30일 후의 앱 계속 이용률이 80퍼센트가 넘는다'라는 사실을 발견했다면 '어떻게 해야 첫 일주일 동안 3회 이상 구동하도록 만들 수 있을까?'를 궁리한다. 이어서 푸시 알림을 효과적으로 활용하거나 첫 일주일 동안은 포인트 등의 인센티브를 제공하는 등, 사용자가 첫 일주일 안에 3회 이상 앱을 구동하도록 유도하는 시책을 펴는 식이다.

5 3 A/B 테스트

사용자의 실제 경험을 비교한다

앱이나 웹사이트에서 특정 전환율을 높이기 위해 사전에 구체적인 변경안을 일부 사용자에게 경험하도록 하여 정말로 기존에 비해 전환율이 높아질지 테스트하는 방법을 'A/B 테스트'라고 한다.

A/B 테스트로 가설을 검증한다

예를 들면 중요한 버튼의 색이나 위치를 변경한 안을 두 패턴 정도 준비하고 그 두 패턴과 현재의 패턴까지 합계 세 패턴을 같은 기간에 무작위로 사용자에게 표시한다.

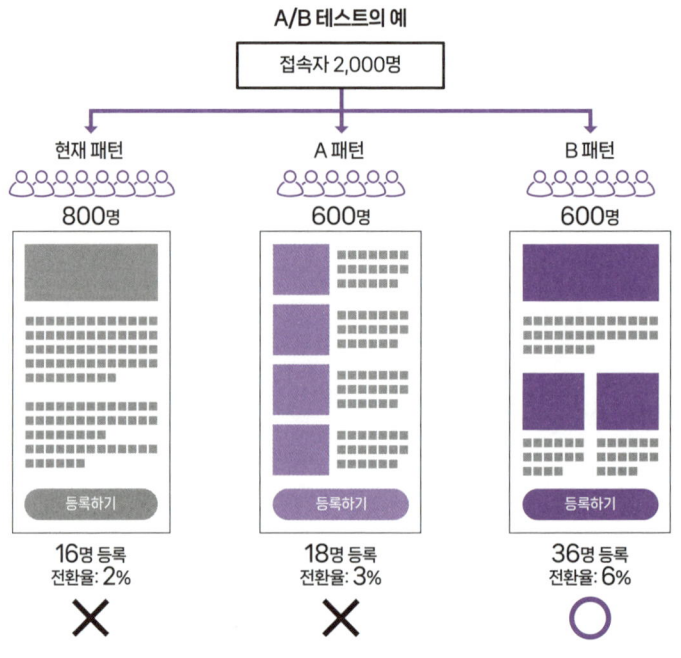

그리고 2주 정도 기다려 일정 이상의 샘플이 확보되면 셋 중 어떤 패턴의 전환율이 가장 높았는지 살펴본다.

A/B 테스트 결과 가장 전환율이 높았던 패턴을 채택해 화면을 수정한다.

리뉴얼 같은 대규모 작업 없이 최소한의 비용으로 테스트할 수 있다는 점이 A/B 테스트의 이점이다. UI/UX의 개선은 가설의 연속이기에 그 가설을 검증할 수 있는 환경을 적극적으로 이용하면 좋다.

뉴스 앱에서 실시하는 A/B 테스트의 예

가령 우리가 만들 뉴스 앱에서는 기사가 터치될 확률과 방문당 스크린뷰 수를 높여 이용 시간의 증가로 연결하려는 목적에서 뉴스의 목록을 표시하는 레이아웃 패턴(레이아웃, 문자의 크기와 굵기, 영상의 크기 등)을 테스트할 수 있다.

A/B 테스트를 위한 레이아웃 패턴의 예

5-4 사용성 테스트

실제로 조작하는 모습을 관찰한다

사용성 테스트는 피험자를 모아서 실제로 앱이나 웹사이트를 조작해보게 하여 문제를 발견하는 방법이다. 실제로 조작하는 모습을 관찰함으로써 데이터에서는 보이지 않는 사용자의 조작(헤맴 등)이나 생각(무엇을 생각하는가)을 발견하고 이해하는 것이 목적이다.

사용성 테스트를 하는 모습

그러면 구체적인 흐름을 보자.

STEP 1 목적과 시나리오의 설정

사용성 테스트를 실시하는 목적과 그것을 평가하기 위한 시나리오를 설정한다. 예를 들어 '상품 구입 프로세스에서의 과제를 발견한다'가 목적이라면 '앱에서 상품을 찾아내 선택한 뒤 구입하게 한다'는 시나리오를 설정해 평가한다.

STEP 2 피험자에게 설명 및 부탁

피험자에게 목적은 설명하지 않고 해주기를 바라는 조작에 관해서만 설명한다. 이때 피험자가 좀 더 구체적인 이미지를 떠올릴 수 있도록 '이제 곧 여름이니 티셔츠를 하나 사려고 이 앱을 켰다' 같은 설정을 말해주면 피험자도 망설임 없이 조작할 수 있다.

또한 조작할 때 마음의 소리를 입 밖으로 말하도록 피험자에게 부탁한다. 이를테면 "어떤 걸 살까…" "어, 이거 괜찮아 보이는데?" "이 가격이면 비싸지는 않네"처럼 평소에는 마음속에서만 중얼거렸던 생각을 소리 내어 말해달라고 부탁하는 것이다. 그래야 사용자의 조작과 그때의 생각을 파악해 문제점을 추출할 수 있다.

STEP 3 조작하게 한다

피험자에게 실제로 조작하게 하고, 모습을 관찰하면서 마음에 걸리는 점을 메모한다. 관찰 중에는 피험자에게 말을 걸지 않고 조작을 마치기를 기다린다.

STEP 4 질문한다

피험자가 조작을 마쳤다면 먼저 실제로 조작해본 감상을 묻고, 그 감상을 좀 더 깊이 파고든다.

그다음, 관찰할 때 마음에 걸렸던 부분이 있었다면 그때 왜 그 조작을 했는지, 왜 그렇게 생각했는지 질문해 사용자의 생각을 명확히 한다.

STEP 5 과제를 정리한다

이 테스트를 복수의 피험자에게 실시해 특정인에게 한정된 문제인지 일반적인 문제인지 판단하면서 조작의 공통적인 과제를 정리한다.

> **STEP 6** 개선책을 검토한다

과제를 추출했다면 개선책을 검토하고 실행에 옮긴다.

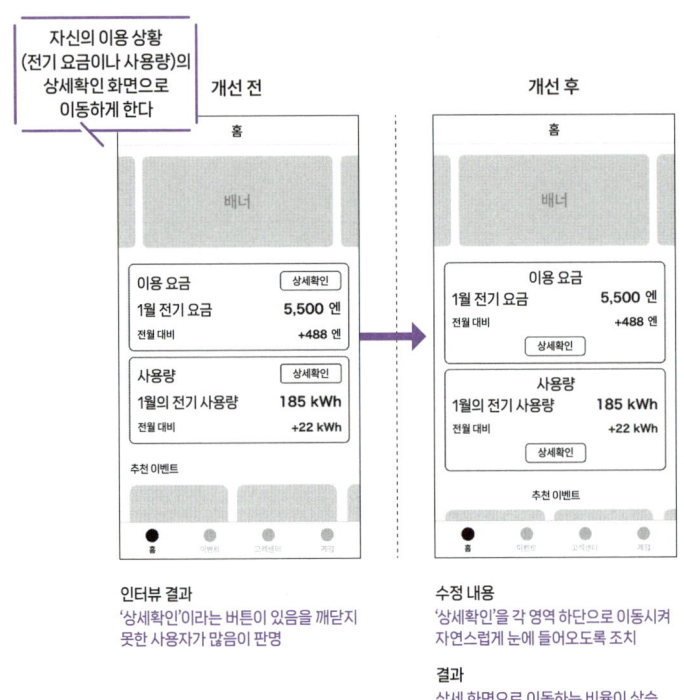

사용성 테스트를 이용한 개선의 예

5-5 휴리스틱 평가와 전문가 평가

UI/UX 전문가의 평가

앱이나 웹사이트의 사용성을 평가하는 방법 중 하나로, 사용성 전문가가 경험칙(휴리스틱)에 입각해서 평가해 문제점을 추출한 뒤 개선안을 검토하는 방법이 있다.

사용성 테스트의 경우는 피험자를 모으고 테스트를 실시하는 데 시간이 걸리는 데 반해, 이 방법은 최소한의 인원(3~5명 정도)만으로 단시간에 실시할 수 있어, 빠르게 제품의 과제나 개선안을 정리할 수 있다.

이제부터는 '휴리스틱 평가'와 '전문가 평가'에 관해서 알아보자.

휴리스틱 평가

'제이콥의 법칙'을 제창한 사용성 연구의 일인자 제이콥 닐슨 박사가 1990년에 제창한 평가 방법으로, 현재도 수많은 제품에 활용되고 있다. 휴리스틱 평가의 목적은 소프트웨어의 UI/UX에 관한 과제를 사용자의 시점에서 빠르게 추출하고 해결책을 강구하여 사용성을 향상시킴은 물론, 나아가 해당 소프트웨어의 KPI를 높이는 데 기여하는 것이다.

휴리스틱 평가는 닐슨이 제창한 사용성의 10원칙을 바탕으로 실시된다. 이 원칙은 휴리스틱 평가 때뿐만 아니라 UI/UX를 설계할 때도 큰 도움이 된다.

① 시스템 상태의 가시성

시스템의 상태를 사용자에게 적절히 표시해야 한다. 현재 시스템이 어떤 상태인지를 사용자가 이해할 수 있게 한다.

② 시스템과 현실 세계의 일치

전문 용어나 비즈니스 용어가 아니라 사용자에게 친숙한 일반적인 말이나 개념을 사용해서 설계 및 디자인해야 한다.

③ 제어 주도권과 자유를 사용자에게 제공

사용자는 잘못된 조작을 할 때가 있는데, 그럴 경우 잘못된 조작을 철회하거나 중단할 수 있게 해야 한다.

④ 일관성과 표준성

UI에 이용되는 표현은 일관성이 있어야 하며, 사용자가 쉽게 익힐 수 있도록 표준 표현이나 조작 방법으로 설계해야 한다.

⑤ 오류의 방지

사전에 화면상에서 오류가 발생하지 않도록 설계한다. 오류가 발생했을 경우 적절한 대처 방법을 제공하는 것도 중요하지만, 그 전에 오류를 방지하는 시스템과 표시가 요구된다.

⑥ 기억에 의존하지 않는다

사용자의 기억에 의존하지 않고 필요한 정보를 필요한 때 적절히 표시하여 사용자의 기억 부담을 최소한으로 한다.

⑦ 유연성과 효율성

사용자를 초보자부터 상급자까지 폭넓게 가정하고 모두에게 적절한 설계를 한다. 초보자에게는 적절한 지원을 하고 상급자에게는 조작의 고속화를 가능하게 하는 등 각자 숙련도에 맞춰 효율적으로 이용할 수 있게 한다.

⑧ 아름답고 간결한 디자인

UI에 관계가 없거나 필요성이 낮은 정보를 담지 않으며, 불필요한 장식은 삼간다. 불필요한 정보나 장식이 많으면 정작 필요한 정보의 시인성이 떨어진다.

⑨ 사용자가 스스로 오류를 인식, 진단, 회복할 수 있게 한다

오류가 발생하는 원인과 대처 방법을 알기 쉽게 표시하여 사용자가 빠르게 문제를 이해하고 스스로 해결할 수 있게 한다.

⑩ 도움말과 설명서의 준비

도움말을 보지 않고도 이용할 수 있도록 만드는 것이 최선이지만, 필요할 때 사용자를 지원하는 도움말이나 설명서를 준비해야 한다. 이 정보는 검색하기 쉽고 사용자가 하는 작업에 초점을 맞춰 간결해야 한다.

전문가 평가

휴리스틱 평가를 확장한 것으로, 전문가가 열 개 항목 외에 자신의 다각적인 경험에 비추어 평가를 실시한다. 앱이나 웹사이트를 실제로 조작해보고 사용성 부분의 과제를 단기적으로 찾아낸다.

휴리스틱 평가보다 유연한 평가가 가능하므로 우리 회사에서는 전문가 평가를 실시할 때가 많다. 그 방법을 소개한다.

STEP 1 평가의 목적을 설정한다

앱 전체를 평가해 개선점을 이끌어낼 것인가 아니면 특정 부분을 심층적으로 평가할 것인가 등, 평가의 범위와 목적을 설정한다.

STEP 2 미션의 정의

평가 대상으로 삼을 사용자가 앱에서 해야 할 미션을 설정한다. 미션은 1~4개 정도로 압축해서 정의한다. 예를 들면 다음과 같은 구체적인 내용이다.

- 사용자 등록을 한다.
- ○○을 구입한다.
- 메시지를 보낸다.

STEP 3 각 미션의 평가

미션을 달성하기 위한 이용 흐름을 조작해, 조작의 불편함이나 이탈의 원인이 되는 요소를 추출한다. 각 화면의 과제는 물론이고, 일련의 조작 흐름이라는 관점에서 살펴본다.

최초 구동 흐름에 대한 평가의 예
최초 앱 구동 시의 진행에 관해

STEP 4 각 화면의 평가

평가 화면의 표시를 확인하고 조작도 해보면서 전체 흐름이라는 측면이 아닌, 각 화면의 세세한 과제를 추출한다.

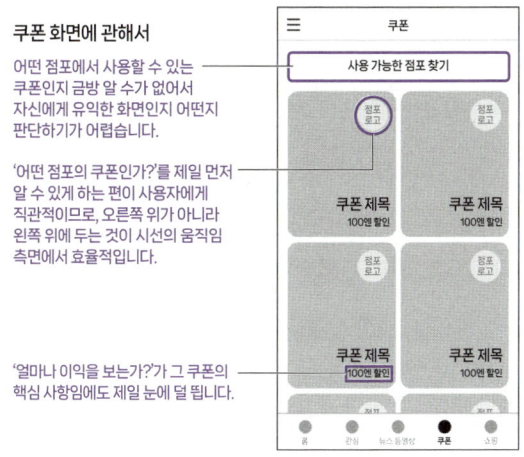

쿠폰 화면에 대한 평가의 예

쿠폰 화면에 관해서
- 어떤 점포에서 사용할 수 있는 쿠폰인지 금방 알 수가 없어서 자신에게 유익한 화면인지 어떤지 판단하기가 어렵습니다.
- '어떤 점포의 쿠폰인가?'를 제일 먼저 알 수 있게 하는 편이 사용자에게 직관적이므로, 오른쪽 위가 아니라 왼쪽 위에 두는 것이 시선의 움직임 측면에서 효율적입니다.
- '얼마나 이익을 보는가?'가 그 쿠폰의 핵심 사항임에도 제일 눈에 덜 띕니다.

그리고 추출된 과제를 다음의 12개 카테고리로 분류한다.

과제 카테고리	설명
기본 설계	앱의 기본 방침, 근간 설계에 문제가 있다.
일관성	철학이나 표현이 일관적이지 않다.
조작성	조작성에 문제가 있다.
시인성	시인성·가독성·일관성 등에 문제가 있다.
행동의 상상	사용자가 어떤 행동을 해야 할지 상상하지 못한다.
정보 표시	정보가 부족하다, 설명이 부족하다.
콘텐츠	표시되는 콘텐츠에 문제가 있다.
언어적 표현	표시되는 문언의 표현에 문제가 있다.
기능의 최적화	기능이 최적으로 설계, 장착되어 있지 않다.
디자인	시각적 표현에 문제가 있다.
상호작용	애니메이션 표현에 문제가 있다.
퍼포먼스	앱의 쾌적성에 문제가 있다.

다음으로, 추출한 과제에 대한 대응의 우선도를 3단계로 평가한다.

우선도	설명
높음	목적을 달성할 수 없거나 없을 가능성이 있다.
중간	사용자가 불만을 느끼거나 서비스의 질을 높이는 데 반드시 필요하다.
낮음	그대로 두어도 큰 문제가 없다.

마지막으로, 과제를 집계해서 이 앱의 과제에 어떤 경향이 있는지 확인한다.

집계 결과의 예

과제 카테고리	우선도: 높음	우선도: 중간	우선도: 낮음
기본 설계	3	3	12
일관성	0	0	14
조작성	0	3	18
시인성	0	1	13
행동의 상상	0	1	9
정보 표시	0	3	16
콘텐츠	0	0	7
언어적 표현	0	1	18
기능의 최적화	0	0	2
디자인	0	0	73
상호작용	0	0	0
퍼포먼스	0	0	0
합계	3	12	182

STEP 5 개선 화면의 검토

어떤 순서로 개선해나갈지에 관해, 실시할 순서를 정리하고 우선도가 높은 것부터 구체적인 개선안을 검토해 실행으로 옮긴다.

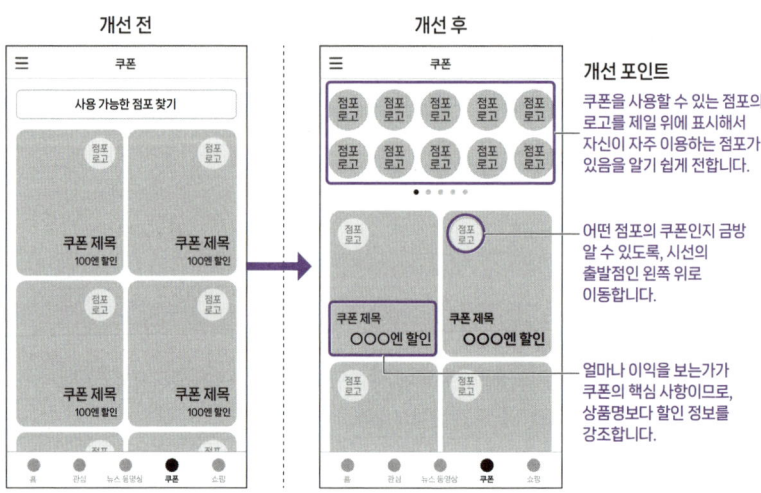

쿠폰 화면 개선안의 예

5 6 워크숍

운영자의 생각을 정리하는 워크숍

지금까지 소개한 개선 방법은 데이터 시점(데이터 분석 등), 사용자 시점(사용성 테스트 등), 전문가 시점(휴리스틱 평가 등)의 방법이었는데, 마지막으로 소개할 것은 운영자의 시점에서 개선책을 추출하는 방법이다. 당연하지만, 앱이나 웹사이트를 운영하는 사람들의 의견은 매우 중요하다. 운영하는 사람들은 그 서비스를 가장 잘 이해하고, 가장 열심히 생각하며, 가장 사랑하는 사람들이다. 계속 그 서비스를 운영하다 보면 아무래도 치우친 시선으로 바라보게 되기 때문에 점차 제삼자의 관점이 중요해지지만, 운영자의 생각을 추출하는 것은 가장 기본적으로 중요한 프로세스라 할 수 있다.

지금부터 소개하는 방법은 프로젝트 운영에 관여하는 5~10명 정도의 관계자가 모여서 토론할 때 쓸 만한 워크숍 활용법이다. 최종 목표는 우선해야 할 과제와 그 과제를 실현할 시책을 이끌어내는 것이다.

⊙ 워크숍에서 활약하는 편리한 도구

전원이 실제로 모여서 워크숍을 실시한다면 화이트보드나 붙이는 메모지를 사용하고, 온라인에서 실시할 경우는 피그잼_{FigJam}*이나 미로_{Miro}** 등의 온라인 협업 도구를 사용한다.

워크숍에는 프로젝트 팀의 토론이 활발해지고, 팀의 결속력이 높아지며, 같은 가치관을 지닌 상태에서 프로젝트를 진행할 수 있게 된다는 이점도 있다. 이번에 소개하는 것은 어디까지나 일반적인 방법 중 하나로, 워크숍 방법

---

* https://www.figma.com/ko-kr/figjam/
** https://miro.com/ko/

은 여러 가지일 수 있다.

온라인 도구를 이용한 워크숍의 예

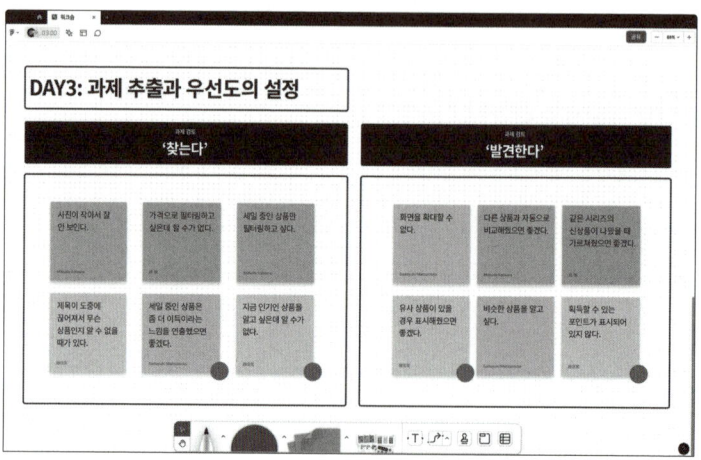

STEP 1 전체적인 전략이나 UX의 최종 목표 등을 확인한다

워크숍을 개최하기에 앞서 사전 준비를 한다. 먼저 현시점의 운영 방침이나 UI/UX의 콘셉트나 최종 목표, 페르소나의 이미지 등에 관해서 확인한다.

개개인의 전제가 다르면 토론이 제대로 진행되지 못하므로 워크숍에 참가하는 멤버의 공통 인식을 정리한다.

STEP 2 토론하기 쉬운 주제와 그 최종 목표를 설정한다

다음에는 토론하기 쉽도록 주제를 나눈다. 예를 들면 앱에서 사용자가 하는 행동의 단계에 맞춰서 주제를 나누는 식이다. 가령 쇼핑 앱이라면 '찾는다' '발견한다' '비교한다' '구입한다'라는 네 가지 주제를 설정한다.

| 찾는다 | 발견한다 | 비교한다 | 구입한다 |

그리고 주제별로 바람직한 모습으로 최종 목표를 설정해놓는다. 가령 '찾는다'라면 '목적한 상품을 원활히 검색할 수 있다' 등이다. 각 주제의 목적을 최종 목표로 설정하면 그 최종 목표에 대한 과제를 추출하기 쉽고, 토론의 방향성을 정리하기도 좋다.

이제 실제로 프로젝트 멤버가 모여서 워크숍을 실시한다.

STEP 3 과제를 추출한다

한 주제당 30분 등으로 시간을 정하고 워크숍 참가자들에게 각자 과제를 적게 한다. 과제의 수에 상한선은 없으며, 시간이 남아 있는 한 계속 적는다(만약 주제의 폭이 너무 넓다면 사전에 주제를 분해해서 소주제를 만들고 소주제별로 과제를 추출한다).

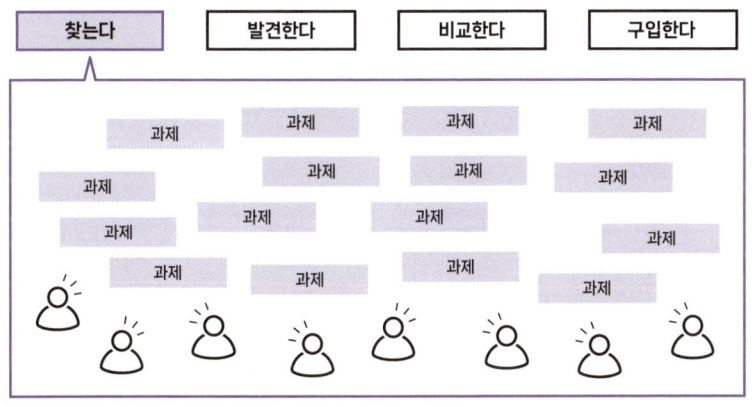

제한 시간이 끝나면 참가자 모두 자신이 적은 과제를 직접 발표하고 설명한다. 필요하다면 토론도 한다. 이것은 워크숍에서 가장 중요한 프로세스이다. 개개인이 저마다의 생각을 품고 모두와 토론하면 프로젝트가 어떤 방향으로 나아가야 할지가 어렴풋이 보이기 시작한다. 모두가 중요하게 생각하는 점의 경향성도 파악된다.

설명과 토론이 끝나면 과제를 그룹으로 나누기도 하고 중복된 과제가 있을 경우 하나로 합치기도 하면서 정리한다.

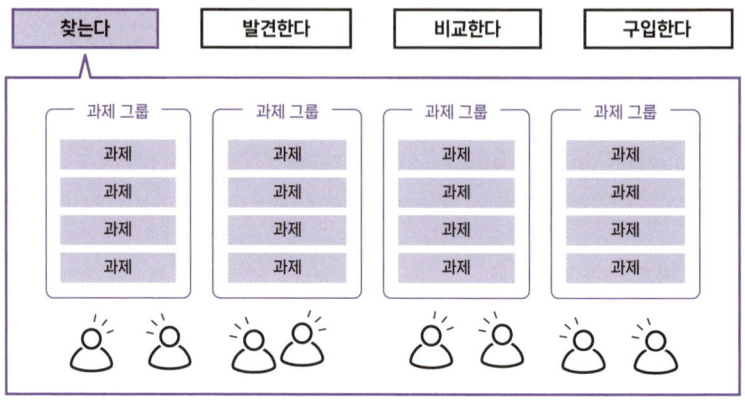

STEP 4 우선적으로 대응할 과제를 선정한다

다음에는 전원이 1인당 1~3표 정도(과제의 수에 따라서 조정한다)를 해결이 필요하다고 생각하는 과제에 투표한다.* 그리고 득표수가 많은 과제 1~3개 정도(과제의 수에 따라서 조정한다)를 해당 주제에서 우선적으로 대응할 과제로 선정한다.

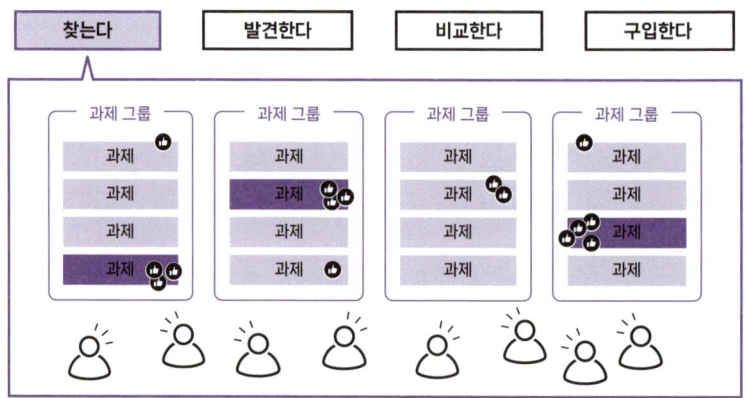

또한 투표 결과와는 별개로 우선해야 할 과제는 없는지 워크숍 중에 확인

---

* 피그잼이나 미로 등의 온라인 도구에는 투표 기능이 있다.

하고, 있다고 판단했을 경우는 그것도 우선해야 할 과제에 추가한다.

STEP 5 대응할 과제를 해결하기 위한 아이디어를 창출한다

이번에는 과제를 추출할 때와 똑같이 참가자 개개인이 과제별로 그 과제를 해결할 아이디어를 내놓는다. 이 시점에서는 절대 실현이 불가능하지만 않다면 기술적인 제약에 너무 얽매이지 말고 아이디어를 낸다.

아이디어 내기는 한 과제당 15분 정도를 기준으로 실시한다. 세 과제를 합쳐서 30분 정도로 설정해도 좋을 것이다(시간이 부족하다면 미리 설정했던 종료 시간을 맞이한 시점에 5~10분 정도를 연장한다).

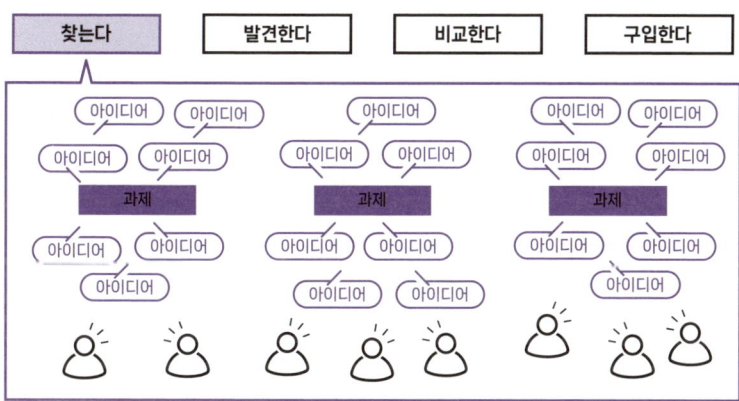

시간이 끝나면 과제 때와 마찬가지로 참가자 한 명씩 아이디어를 발표하고 설명하며, 필요하다면 토론도 한다. 토론이 끝나면 중복된 아이디어가 있을 경우 하나로 합친다.

STEP 6 실시할 아이디어를 선정한다

과제를 투표할 때와 마찬가지로 1인당 1~3표 정도를 자신이 실시해야 한다고 생각하는 아이디어에 투표한다. 그리고 득표수가 많은 아이디어 1~3건 정도를 그 과제를 해결하기 위한 시책으로 선정한다.

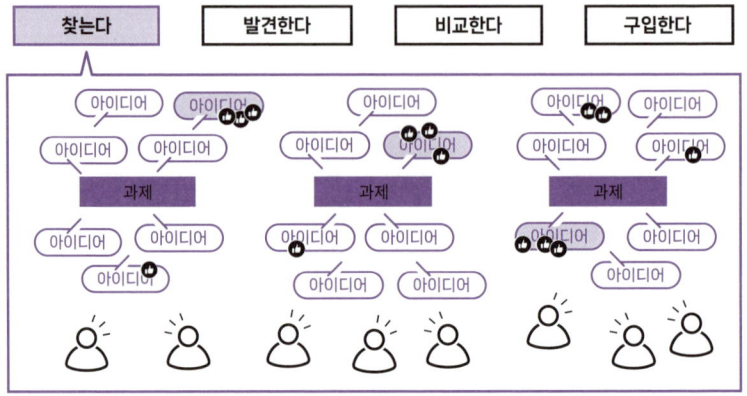

STEP 7 STEP3~6을 주제별로 반복한다

STEP3~6을 주제별로 반복한다. 그 결과, 주제가 네 가지라면 주제별로 우선해야 할 과제가 세 개씩 추출되고, 나아가 과제별로 그것을 해결하기 위한 시책이 세 가지씩 모이게 된다. 요컨대 4주제×3과제×3시책=36개의 시책이 모인다.

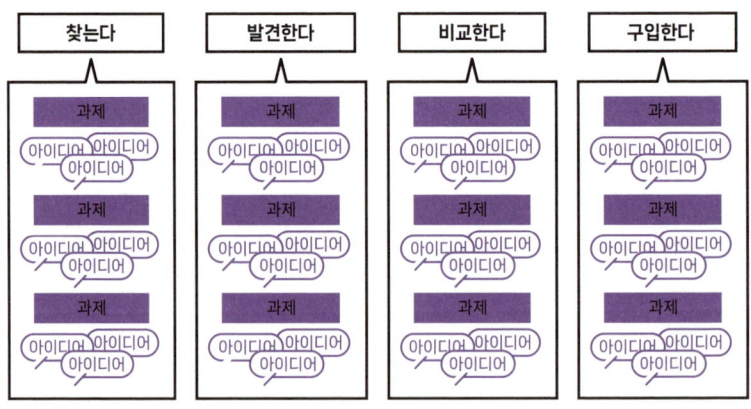

STEP 8 토론 내용을 바탕으로 향후의 방향성을 정리한다

이런 과정으로 워크숍에서 토론을 하면서 과제나 아이디어를 정리해나가면, 예를 들어 '초보자에 대한 지원을 강화한다' '계속 이용하고 싶어지도록 만든다' 등 방향성이 유사한 것이 선정되는 경우가 많다. 그것이 앞으로 일정 기간 개선의 방향을 나타내는 말이 되므로, 전원이 공유해 인식을 한곳으로 모으면서 워크숍을 마무리한다.

STEP 9 **시책별로 우선순위를 정리한다**

각 시책의 개발 비용이나 실현 가능성 등을 자세히 조사해 각 시책의 우선순위를 결정하고 상위부터 순서대로 실행한다.

워크숍에서 중요한 점

워크숍에는 많은 사람이 참가하는 까닭에 준비와 촉진 과정이 매우 중요하다. 워크숍을 실시할 때 중요한 포인트를 몇 가지 소개한다.

⊙ 토론하기 좋은 환경을 조성한다

개개인의 전제 조건이 다르면(예: 페르소나의 이미지가 저마다 다르다 등) 생각의 출발 지점이 달라지기 때문에 토론이 제대로 진행되지 못한다. 그러므로 전제 조건을 통일할 필요가 있다. 또한 토론의 주제가 막연하면 논점이 분산되어서 어수선해질 수 있으므로 어느 정도는 범위를 좁히는 편이 좋다. 사전에 리허설을 실시하면 전제 조건이나 주제의 범위에 문제가 있는지 확인할 수 있다.

⊙ 전원이 평등하게 의견을 말할 수 있는 분위기를 조성한다

워크숍에는 신입부터 중견이나 관리직까지 수많은 프로젝트 멤버가 모이는데, 이번에 소개한 방법처럼 참가자 전원이 느끼고 있는 과제나 아이디어를 편하게 발표할 기회를 만든다. 지위고하와 상관없이 전원이 같은 위치에서 의견을 말할 수 있는 분위기를 조성하면 평소에는 상사의 눈치를 보던 사람도 지금까지 나오지 않았던 새로운 의견을 내놓을 수 있다. 과제나 아이디어의 투표도 온라인 도구에 따라 무기명 투표가 가능하므로 상사의 눈치를 볼 필요가 없다.

⊙ 주인 의식과 공통 인식을 고취한다

워크숍에서 일련의 과정에 참가해 자신의 의견이나 생각을 표시하고 토론에 참가하면 프로젝트 멤버로서 주인 의식이 싹튼다. 그전까지는 지시받은 대로만 일하던 사람도 자신의 존재 의의를 확인하고 더욱 의욕이 생길 것이다. 또한 워크숍에서 실시하는 토론에는 프로젝트 멤버 전원이 참가하므로 그곳에서 나온 판단의 이유 등도 이해하게 된다. 결과적으로 향후의 방향성이나 시책의 의미에 대한 공통 인식이 형성되기에 프로젝트를 원활히 진행할 수 있다.

5 7 개선이냐, 리뉴얼이냐

리뉴얼을 실시하는 타이밍

서비스를 출시한 뒤로는 지금까지 소개한 방법 등을 통해서 서비스의 개선을 거듭하게 된다. 오랫동안 서비스를 운영하다 보면 '리뉴얼'을 검토하는 타이밍이 반드시 찾아온다. 여기에서 말하는 리뉴얼은 UI를 쇄신해서 내놓는 것이다. 대개 다음 세 가지 중 한 가지를 이유로 리뉴얼을 검토한다.

① 디자인이 구시대적이다.
② 현재의 설계가 현시점에서 서비스의 방향성과 맞지 않게 되었다.
③ 시스템이 복잡해졌다.

리뉴얼은 운영자의 사정이며, 사용자가 떠날 위험성이 있다

리뉴얼은 대부분의 경우 사용자가 원해서가 아니라 운영자의 사정으로 실시된다. 제품의 품질이 극단적으로 나쁘다는 예외적인 상황을 제외하면, 사실 사용자는 현재 상태에 다소 불만이 있을지언정 대체로 만족하기에 사용하고 있다. 그런 상황에서 어느 날 갑자기 사용법이나 UI가 바뀌면 사용자로서는 새로 익혀야 한다는 부담감이 생기며, 경우에 따라서는 이 때문에 서비스를 떠나기도 한다. 요컨대 리뉴얼은 매우 리스크가 큰 행위일 수도 있는 것이다.

어떤 시책이든, 서비스를 개선하고 기능과 UI를 개선하는 과정에서는 반드시 불만을 느끼는 사용자가 적잖이 생겨난다. 다만 해결해야 할 불만인지 아닌지는 신중하게 파악할 필요가 있다. 모든 불만에 대응하려 하면 오히려 불편한 서비스가 되어버릴 수도 있다. 또한 리뉴얼에 반대하는 의견이 다수인 프로젝트도 많으므로 주의해야 한다.

시스템이 복잡해졌다면 UI/UX를 재검토할 타이밍

세 가지 이유 중 하나인 '③ 시스템이 복잡해졌다'는, 대부분 그 제품 내에서 하고자 하는 것이 많아진 결과 기능이 복잡해진 것이 요인이다. 따라서 리뉴얼 검토 타이밍에 제품 내에서 무엇을 하고 싶은지 정리해 UI/UX도 바꿀 것을 권한다. 이 경우는 콘셉트, 설계, 기능, UI, 디자인, 개발 등 리뉴얼의 범위가 넓어진다.

리뉴얼을 실시할 경우는 대개 현재 공개 중인 서비스의 개선 작업을 일시 중단하고 리뉴얼에 예산과 인력을 집중한다.

단계적인 리뉴얼

한편, '① 디자인이 구시대적이다'라거나 '② 현재의 설계가 현시점에서 서비스의 방향성과 맞지 않게 되었다'인 상황에서는 한꺼번에 리뉴얼하는 것이 반드시 최선의 방법이라고는 말하기 어렵다. 개선을 진행하면서 단계적으로 리뉴얼이 가능하다면 그것이 사용자에게 스트레스를 가장 적게 주고 큰 반발도 사지 않으면서 리뉴얼을 성공시킬 방법일지 모른다.

먼저, 대규모 리뉴얼의 방향성을 그리면서 우선순위를 정하고 계획을 세운다. 그러는 한편으로 일상적인 개선이나 새로운 기능의 탑재 등도 진행하므로 리뉴얼에만 집중할 때보다는 시간이 걸리지만, 리뉴얼이라는 거대한 가설을 단계적으로 검증할 수 있다는 이점도 있다. 또한 검증 결과에도 빠르게 대응해 개선을 진행할 수 있게 된다.

최선의 리뉴얼 계획

부디 리뉴얼을 실시할 때는 '운영자 시점의 리뉴얼'과 동시에 '사용자 시점의 리뉴얼'이라는 관점에서 누구에게 이익이 되는지, 리스크는 없는지 검토하며 최선의 리뉴얼 계획을 세우길 바란다.

마치며

마지막으로, 여기까지 읽어준 독자 여러분이 앞으로 UI/UX 업계에서 크게 활약하기를 기원하며 몇 가지 조언을 하고 책을 마무리하려고 한다.

프로젝트의 계획은 처음이 중요하다

⊙ 프로젝트의 성질을 파악한다

지금까지 수많은 프로젝트를 담당하면서 느낀 점 중 하나는 프로젝트를 시작하기 전의 계획이 중요하다는 것이다. 똑같은 UI/UX의 프로젝트라고 해도 진행 방식은 프로젝트마다 다르다. 이번 뉴스 앱 같은 프로젝트도 있고, 좀 더 시제품 사고[시제품을 빠르게 만들어내면서 개량을 거듭해 품질을 높이는 접근법-옮긴이]에 가까운 프로젝트도 있다. 사용자 조사에 더 많은 시간을 들여야 하는 프로젝트가 있는가 하면, 사용자 조사를 하지 않고 전문가 평가만을 실시한 다음 UI 설계에 더 많은 시간을 투입해야 하는 프로젝트도 있다.

더 나은 결과로 이끌 프로젝트 계획을 세우려면 관계자를 상대로 청취하고, 해당 프로젝트에서 가장 논의가 필요한 부분이나 검증이 어려운 부분을 미리 파악해야 한다.

⊙ 프로젝트 멤버를 고려한다

프로젝트 계획을 세울 때는 클라이언트 측의 프로젝트 팀 구성원을 파악하는 일도 중요하다. 가령 클라이언트 측 책임자에게 프로젝트에 딱 맞는 경험이 없다면 좀 더 주의 깊게 프로젝트를 진행하고 사례를 소개하며 사용자 조사를 실시하는 등 이해를 도울 접근법을 준비하는 것이 효과적이다.

⊙ 시제품을 준비한다

전례가 거의 없었던 것을 만들 경우는 실제로 작동하는 제품이나 형태를 갖춘 물건이 있는 편이 이미지를 떠올리기 쉽고 발견이나 깨달음도 많이 얻을 수 있으며 논의도 활발해진다. 이때는 시제품을 제작하면서 개선해나가는 방법이 좋은 결과를 낳을 때가 많다.

⊙ 프로젝트 진행 방식의 예

우리 회사에서 진행하고 있는 프로젝트들은 크게 다음 네 가지 유형으로 분류할 수 있다.

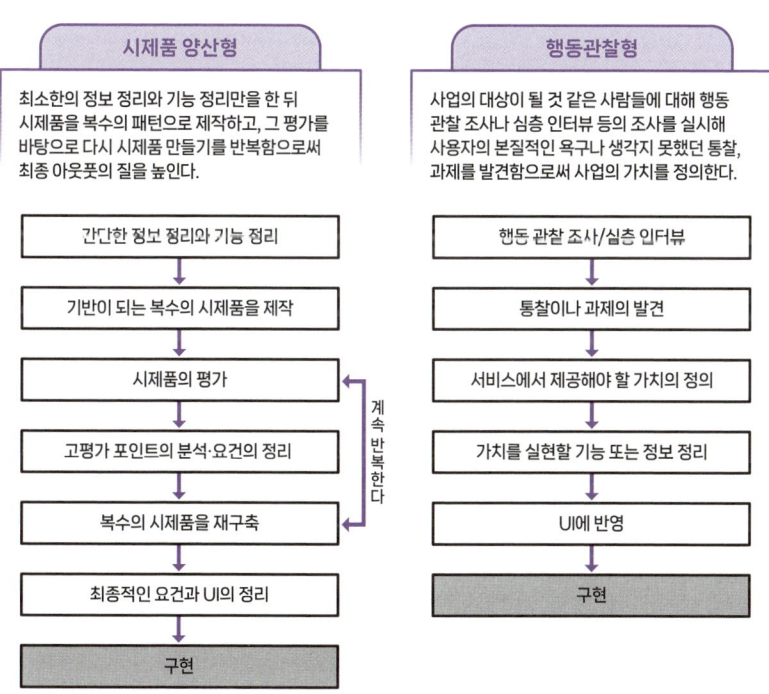

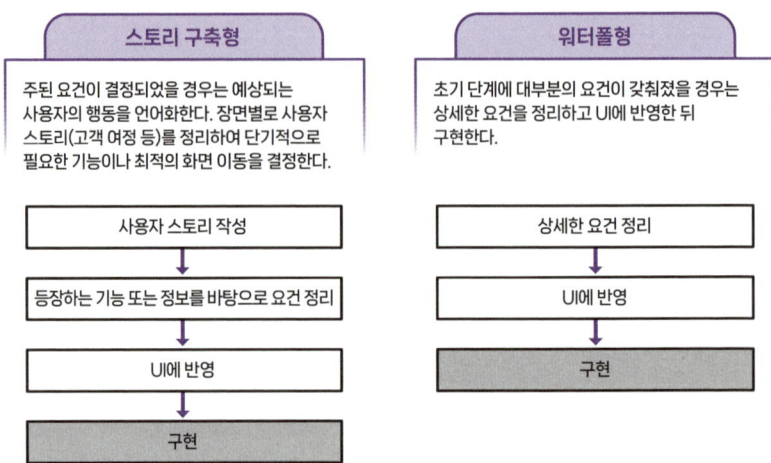

그리고 프로젝트의 특징이나 프로젝트 팀 멤버의 특징, 예산과 기한에 맞춰서 가장 적절한 계획을 세울 필요가 있다.

UX 흔한 프로젝트 흐름의 예

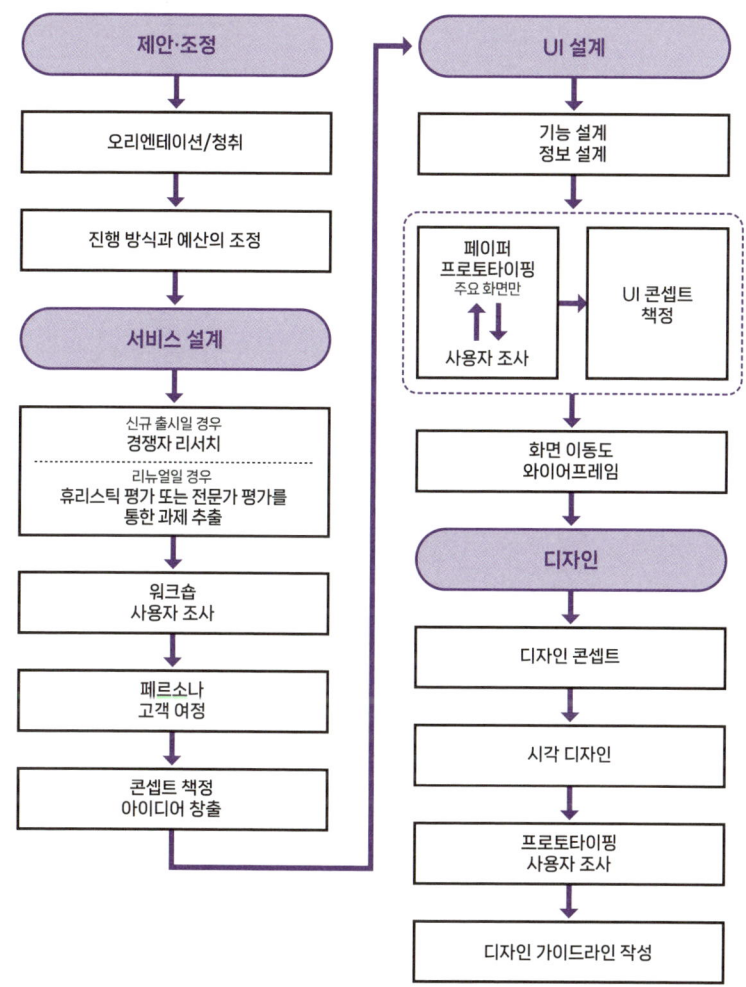

⊙ 계획의 재검토

만약 프로젝트를 진행하는 도중에 계획을 바꾸는 편이 좋은 결과를 낼 것 같다고 느꼈다면 유연하게 계획을 변경하자. UI/UX의 검토는 프로세스에 따라 시간과 비용, 아웃풋이 달라지는데, 더 나은 UI/UX를 찾아내기 위해 프로세스 자체의 개선을 거듭한다.

여섯 가지 관점을 의식한다

우리 회사에서는 서비스의 개선을 위해서 UI/UX를 설계할 때 항상 다음의 여섯 가지 관점을 의식한다.

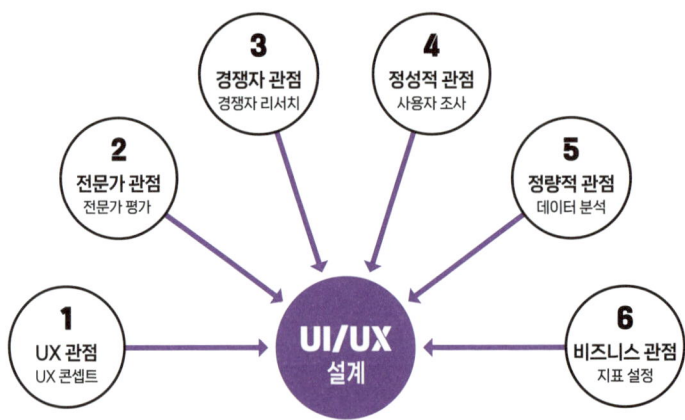

⊙ 여섯 가지 관점

첫째는 UX 관점의 콘셉트와 최종 목표이다. 서비스를 검토할 판단의 축이므로 근간이 된다.

둘째는 전문가 관점이다. 전문가 평가를 통해 기존의 앱이나 웹사이트는 어디에 과제가 있는지를 신속하게 찾아낸다.

셋째는 경쟁자 관점이다. 업계를 아는 것도 중요하지만, 경쟁 서비스의 특징, 모방해야 할 부분, 모방해서는 안 되는 부분을 파악해서 우리 서비스를 더욱 좋게 만들 재료로 삼는 것도 중요하다.

넷째는 정성적 관점으로, 사용자 조사이다. 심층 인터뷰와 사용성 테스트 등을 통해 실제 '사람'과 접촉하며 지금까지 발견하지 못했던 통찰을 얻는다.

다섯째는 정량적 관점으로, 데이터 분석이다. 사용자가 실제로 어떻게 이용하고 있는지, 과제가 되는 화면은 어디인지 등을 수치에서 찾아내 핀포인트로 수정해나간다.

여섯째는 비즈니스 관점으로, KPI 등의 지표이다. 대부분의 프로젝트는 KGI/KPI를 달성하지 못하면 종료될 가능성이 생긴다. 그 지표들을 어떻게 향상시켜서 달성할지, UI/UX의 시점에서 시책을 궁리하고 실행해나간다.

⊙ 가설의 정확도를 높인다

UI/UX를 검토할 때는 수많은 가설을 쌓아나간다. 하지만 누구나 그 가설에 불안감을 느낄 때가 있다. 그럴 때는 이 여섯 가지 관점에서 검토하고 있는지 되돌아보기 바란다. 만약 아직 실시하지 않은 관점에서의 검토가 있다면 꼭 실시해서 더욱 정확도가 높은 가설로 진화시키자. 정확도가 높아지면 상대에게 더욱 자신 있게 설명할 수 있다.

매일의 인풋을 늘린다

⊙ 성장의 지름길

UI/UX 분야에서 단기간에 성장하는 방법은 최대한 많은 앱 또는 웹사이트와 접하는 것이다.

이번에 만드는 뉴스 앱의 경우는 예시로 '야후! 뉴스' 앱을 분석했는데, 이런 분석을 거듭하면 전 세계의 우수한 UI/UX에 관여하는 사람들의 생각을 접할 수 있다. 그 경험은 틀림없이 사고의 폭을 넓히는 데 크게 공헌할 것이다. 또한 유사한 서비스를 비교하면서 다른 관점도 생긴다. 가령 각각의 SNS는 사용자가 올린 글에 댓글을 달도록 유도하기 위해 어떤 시스템을 택하고 있을까? 가장 중요한 사용자의 행동은 무엇이며 각각의 SNS는 그 행동을 유도하기 위해 어떤 시책을 실시하고 있을까? 이런 생각을 거듭할수록 다양한 분석이 가능하다. 축적한 분석은 여러분이 새로운 프로젝트의 UI/UX에 관여하게 되었을 때 '이러해야 한다'라는 생각을 든든하게 뒷받침해줄 것이다.

⊙ 사용해봄으로써 얻을 수 있는 발견

이따금 "저, 페이스북은 지웠습니다" 같은 말을 하는 UI/UX 디자이너를 보게 되는데, 매우 아쉬운 결정을 했다고 느낀다. 전 세계에 수많은 사용자가 있는 앱에는 틀림없이 세계에서도 손꼽히는 UI/UX 디자이너들이 관여하고 있을 텐데 말이다. 그들의 작품을 접할 기회가 있는데 그 기회를 스스로 내팽개치는 것은 커다란 손실이다. 유명한 앱이나 화제가 되고 있는 앱은 자신의 능력을 높여줄 존재라고 생각하고 무작정 써보자. 특히 그 앱의 핵심 기능(글쓰기·구매하기 등)은 실제로 사용해보길 바란다. 보기만 하는 것과 직접 사용해보는 것은 얻을 수 있는 내용에서 하늘과 땅만큼 차이가 난다. 가령 지금까지 인터넷 방송에서 후원을 해본 적이 없다면 시험 삼아 후원을 해보며 후원하는 사람의 기분을 느껴보자. 여러분이 당사자가 됐을 때 비로소 얻을 수 있는 큰 발견이 틀림없이 존재할 것이다.

⊙ UI/UX의 마니아가 된다

적어도 현재 유행하고 있거나 화제가 되고 있는 앱은 전부 이용해보기 바란다. 그리고 각 앱의 설계 사상이나 특징 정도는 머릿속에 넣어두자. 특정 분야의 일을 한다면 그 분야의 주요 앱이나 웹사이트는 전부 경험해보아야 한다. 그렇게까지 어려운 작업도 아니고 시간도 그리 오래 걸리지 않는다. 모든 경험이 그대로 여러분의 자산이 되며, 틀림없이 언젠가 큰 도움을 줄 것이다.

부디 UI/UX의 마니아가 되길 바란다. 그리고 그렇게 해서 느낀 점이나 알게 된 것을 주위 사람들과 토론하며 나누자.

프로가 되자

⊙ 프로 UI/UX 디자이너는 어떤 존재인가?

자격증 같은 것이 없어도, "저는 UI/UX 디자이너입니다"라고 말한 순간부터 여러분은 주변 사람들에게 UI/UX 디자인 전문가로 인식된다. UI/UX에 관해서 무엇이든지 알고 있는 사람, 문제가 발생했을 때 해결해줄 사람이 되는 것이다. 그런 기대에 끊임없이 부응하는 것이 프로의 모습이다.

◉ 끊임없이 기대에 부응한다

예를 들어 가전제품 판매점에서 텔레비전 판매 코너의 직원에게 "텔레비전을 사려고 하는데, 회사별로 어떤 차이점이 있나요?"라고 물어봤는데 "글쎄요… 잘 모르겠네요"라는 대답이 돌아온다면 여러분은 어떤 생각이 들겠는가? 인테리어 디자이너에게 "이 정도의 예산으로 가죽 소파를 사고 싶은데, 추천하는 제품이 있나요?"라고 물어봤는데 디자이너가 "검토해서 나중에 말씀드리겠습니다"라며 즉답을 피한다면? "사람들이 이 소파가 좋다고 하던데, 이유가 뭔가요?"라고 물었더니 "앉아보면 안락하거든요"라고 대충 얼버무린다면 어떤 생각이 들겠는가?

요컨대 우리는 상대의 직함에 맞춰 그 사람을 해당 방면의 프로로 대하며 기대에 걸맞은 대답을 듣지 못하면 실망한다. UI/UX 디자인이라는 직업에 관해서도 마찬가지이다. 상대는 프로를 기대하고 여러분에게 대가를 지급한다.

"왜 이 위치에 버튼을 두는 겁니까?" "좋아요 버튼은 오른쪽에 두는 것이 좋을까요, 왼쪽에 두는 것이 좋을까요?" "로딩 중의 연출을 어떻게 해야 사용자가 기다린다는 지루함을 느끼지 않을까요?" "이 화면에서 지향해야 할 사용자 경험의 목표는 무엇인가요?" "구매 버튼을 고정하는 것과 고정하지 않는 것 중 어느 쪽의 전환율이 높을까요?"

일을 하다 보면 다양한 질문이 쏟아진다. 질문에 적확히 답하는 것이 프로의 소임이다.

◉ 수많은 경험과 도전을 통해서 계속 성장한다

최근에는 모호한 대답밖에 못하면서 UI/UX 디자이너라고 자칭하는 사람이 늘어났다. UI의 외견에 관해서밖에 대답하지 못하는 어설픈 사람도 많다. 만약 여러분이 진심으로 UI/UX 전문가가 되고 싶다면 주위로부터 어떤 기대를 받고 있는지 명확히 인식하고 끊임없이 성장해야 한다.

그러려면 지식을 늘리고 실패를 반복하는 가운데 수많은 경험을 쌓는 것이 중요하다. 수많은 소프트웨어를 접하면서 공부해 지식의 양을 늘리고 다양한 경험과 도전을 통해서 깊은 식견을 키워나갈 필요가 있다. 프로젝트 속에서 수많은 가설을 검증하며 자기 나름의 법칙을 찾아나가자.

앞으로 UI/UX 분야에서 활약하고 싶은 사람은 자신이 프로임을 자각하고, 직함에 부끄럽지 않은 힘을 키울 수 있도록 전보다 더 강한 호기심과 발전 욕구를 품으며 UI/UX와 마주하길 바란다.

찾아보기

5W1H	85
A/B 테스트	214
KGI/KPI	208
KPI 트리	211
UI(사용자 인터페이스)	11
UI/UX	10, 11, 12
UX(사용자 경험)	10
X(구 트위터)	60
가설	126
가치관 공유	29
개선	207
개인화	54
객체 지향	188
검토 프로세스	20
게이미피케이션(게임화)	58
경쟁자 리서치	47
고객 여정	137
만드는 방법	138
과제	18
기업 리서치	29
기획	121
니즈	71
데스크 리서치	38
데이터 분석	208
도널드 노먼(Donald A. Norman)	12
독자의 콘텐츠화	57
리뉴얼	233
마인드맵	125
마켓 리서치	38
매직 넘버	212
불만	124
비즈니스 모델	34
사용자 조사	70
사용성 테스트	216
사전 설문 조사	80
사전 지식	34
수용성 검증	72, 163
스토리	16, 191
시나리오	125
심리학	160
심층 인터뷰	71
아이디어	121
검토	124, 135, 157
수용성	163
선정	169
힌트	127
아이디어 시트	165
앱 분석	47, 48
오리엔테이션	14
요건	186
추출	186
그룹화	196
요건 정의	192, 196
우선도	18
워크숍	225
인간 중심 설계	12
인사이트	71
인터뷰	75
결과 분석	166
주의 사항	94
내용	84
인풋	26
일정	22
전문가 평가	219, 221
접근법	18
접속자 분석	212
정량 조사	72
정성 조사	71, 75
제이콥의 법칙	160
조사 결과	39
남녀 비율	41
만족도	41
이용 미디어	43
질문 포인트	93
청취	31
최종 목표	16
콘셉트	173
콘셉트 시트	180
콘셉트 워드	180
콘텐츠 제공자	35
클라이언트의 정보	31
탐색형	71
태스크 지향	189
페르소나	114
만드는 방법	116
정의	114
편의성	137
푸시 알림	62
프로젝트 계획	20
피험자 집단	79
피험자의 선정	90
휴리스틱 평가	219

옮긴이 김정환

건국대학교 토목공학과를 졸업하고 일본외국어전문학교 일한통번역과를 수료했다. 21세기가 시작되던 해에 우연히 서점에서 발견한 책 한 권에 흥미를 느끼고 번역의 세계에 발을 들여, 현재 번역 에이전시 엔터스코리아 출판기획 및 일본어 전문 번역가로 활동하고 있다.

경력이 쌓일수록 번역의 오묘함과 어려움을 느끼면서 항상 다음 책에서는 더 나은 번역, 자신에게 부끄럽지 않은 번역을 할 수 있도록 노력 중이다. 공대 출신의 번역가로서 공대의 특징인 논리성을 살리면서 번역에 필요한 문과의 감성을 접목하는 것이 목표다.

역서로 『AI분석으로 발견한 상위 5% 리더의 습관』, 『무섭지만 재밌어서 밤새 읽는 화학이야기』, 『무섭지만 재밌어서 밤새 읽는 지구과학 이야기』, 『대학에 가는 AI vs 교과서를 못 읽는 아이들』, 『상위 5퍼센트는 어떻게 리드하는가?』, 『모든 것에 양자가 있다』, 『이동 평균선 투자법』 등이 있다.

프로세스・오브・UI/UX [UX デザイン編]

(Process Of UI/UX [UX Design Hen]）：8151-6)
© 2024 Makoto Katsura / Xtone Ltd.
Original Japanese edition published by SHOEISHA Co.,Ltd.
Korean translation rights arranged with SHOEISHA Co.,Ltd. through AMO Agency
Korean translation copyright © 2025 ITDAM
이 책의 한국어판 저작권은 AMO에이전시를 통해 저작권자와 독점 계약한 잇담에 있습니다.
저작권법에 의해 한국 내에서 보호를 받는 저작물이므로 무단 전재와 무단 복제를 금합니다.

사용자를 생각하는 UI/UX 디자인
UX 디자인하기

초판 1쇄 발행 2025년 8월 11일

지은이 가쓰라 마코토(桂信)/주식회사 엑스톤
옮긴이 김정환

책임편집 이현은 | **편집** 이호정 | **디자인** 정용선
제작·마케팅 이태훈 | **경영지원** 김도하 | **인쇄·제본** 재영P&B

펴낸곳 주식회사 잇담
펴낸이 임정원
주소 서울특별시 강남구 언주로 201, 1108호
대표전화 070-4411-9995
이메일 itdambooks@itdam.co.kr
인스타그램 @itdambooks

ISBN 979-11-94773-04-7 93000

- 잇담북스는 주식회사 잇담의 자체 콘텐츠 브랜드입니다.
- 이 책은 저작권법에 따라 보호받는 저작물로 무단 전재와 복제를 금지합니다.
- 이 책 내용의 전부 또는 일부를 이용하려면 반드시 저작권자와 주식회사 잇담의 서면 동의를 받아야 합니다.
- 책값은 뒤표지에 있습니다.
- 잘못된 책은 구입하신 곳에서 바꾸어 드립니다.